高速铁路管理人员和专业技术人员培训教材

专业关键技术教材

高速铁路通信技术
——业务网

中国铁路总公司

中国铁道出版社
CHINA RAILWAY PUBLISHING HOUSE

内容简介

本书为中国铁路总公司组织编写的高速铁路管理人员和专业技术人员培训教材之一，是通信专业关键技术教材。全书共五篇十八章，主要内容包括：业务网基础知识、铁路调度通信、铁路会议通信、铁路综合视频监控、铁路应急通信等五部分。

本书适用于高速铁路通信专业技术人员培训，也可供业务网相关设备运用管理人员学习，对各类职业院校相关师生学习也有重要的参考价值。

图书在版编目(CIP)数据

高速铁路通信技术．业务网/中国铁路总公司编著．—北京：中国铁道出版社，2016.4

高速铁路管理人员和专业技术人员培训教材

ISBN 978-7-113-19242-6

Ⅰ.①高…　Ⅱ.①中…　Ⅲ.①高速铁路—铁路通信—技术培训—教材　Ⅳ.①U238

中国版本图书馆 CIP 数据核字（2014）第 210515 号

书　　名：高速铁路管理人员和专业技术人员培训教材
高速铁路通信技术——业务网

作　　者：中国铁路总公司

责任编辑：亢嘉豪　崔忠文　**编辑部电话**：（路）021-73146　（市）010-51873146　**电子信箱**：dianwu@ vip. sina. com

封面设计：崔丽芳

责任校对：焦桂荣

责任印制：陆　宁　高春晓

出版发行：中国铁道出版社（100054，北京市西城区右安门西街 8 号）

网　　址：http：//www. tdpress. com

印　　刷：北京精彩雅恒印刷有限公司

版　　次：2016 年 4 月第 1 版　2016 年 4 月第 1 次印刷

开　　本：787 mm × 1 092 mm　1/16　印张：12. 25　字数：297 千

书　　号：ISBN 978-7-113-19242-6

定　　价：58. 00 元

Preface 前言

党的十六大以来，在党中央、国务院的正确领导下，我国铁路事业得到了快速发展，目前，中国高速铁路运营里程已经位居世界第一。在建设和运营实践中，我国高速铁路积累了丰富经验，取得了大量创新成果。将这些经验和成果进行系统总结，编写形成规范的培训教材，对于提高培训质量、确保高速铁路安全有着十分重要的意义。为此，中国铁路总公司组织相关专业的技术力量，统一编写了这套高速铁路管理人员和专业技术人员培训系列教材。

本套培训教材共分高速铁路行车组织、机务、动车组、供电、工务、通信、信号、客运8个专业，每个专业分为科普教材、专业关键技术教材和案例教材三大系列。科普教材定位为高速铁路管理人员普及型读物，对本专业及相关专业知识进行概论性介绍，学习后能够基本掌握本专业所需的基本知识、管理重点、安全关键；专业关键技术教材定位为高速铁路专业技术人员使用的学习用书，对本专业关键技术进行系统介绍，学习后能够初步掌握本专业新技术和新设备的运用维护关键技术；案例教材定位为高速铁路岗位人员学习用书，对近年来中国高速铁路运营实践中发生的典型案例及同类问题的处理方法进行总结归纳，学习后能为处理同类问题提供借鉴。

本书为通信专业关键技术教材《高速铁路通信技术——业务网》。业务网是提供铁路通信业务网络的总称。全路组网的业务系统主要包括铁路调度通信系统、会议通信系统、铁路综合视频监控系统、铁路应急通信系统等。铁路调度通信系统是铁路通信网中重要的专用通信系统，为铁路总公司、铁路局、车站调度员、值班员与所管辖区内有关运输生产作业人员之间业务联系使用的专用电话业务，是指挥列车运行、保证行车安全、提高运输效率的重要设施。会议通信系统是利用视频会议设备和数字传输电路（数据网）传送活动图像、语音、应用数据（电子白板、计算机屏幕）等信息，为参加会议的各方提供交互式的会议业务。铁路综合视频监控系统是采用现代视频监控技术和IP传输方式构建的网络化、数字化的视频监控系统，系统提供应用所需的视频图像，满足铁路多个业务部门及铁路其他信息系统对视频信息的需求，从而实现视频网络资源和信息资源的共享。铁路应急通信系统是在铁路发生自然灾害、行车事故或其他突发性公共事件时，为确保救援指挥需要，在突发事件现场与应急救援指挥中心之间、应急救援指挥中心与应急救援指挥分中心之间以及突发事件现场内部建立的语音、数据、图像传送的通信系统。

全书分为五篇：基础知识，铁路调度通信，铁路会议通信，铁路综合视频监控，铁路应急通信。业务网基础知识的主要内容包括：音频编解码技术、视频编解码技术、常用通信协议、相关通信技术、音视频质量评价方法。铁路调度通信的主要内容包括：调度通信系统、调度通信设备和维护。铁路会议通信的主要内容包括：视频会议系统、视频会议设备和维护。铁路综合视频监控的主要内容包括：综合视频监控系统、综合视频监控设备和维护。铁路应急通信的主要内容包括：应急通信系统、应急通信设备和维护。

本书由闫永利主编，卢燕飞主审。参加编写人员有：魏有银（第二篇）、付翠竹（第三篇）、崔万利（第四篇）、宋明（第五篇）。参加审定人员有：李力、马知宇、任启军。本书编写过程中，还得到了沈尧星、陈金华、周军民等专家的大力支持与帮助，在此一并表示衷心感谢！

由于近年来高速铁路技术发展较快，同时编者的水平及精力所限，本书内容不全面、不恰当甚至错误的地方在所难免，热忱欢迎使用本书的广大读者以及行业内专家学者对本书提出批评、指正意见，以便编者对本书内容不断地改进和完善。

编　者

二〇一五年十月

Contents 目 录

第一篇　业务网基础知识

第二篇　铁路调度通信

第三篇　铁路会议通信

第四篇 铁路综合视频监控

第五篇 铁路应急通信

第一篇　业务网基础知识

结合高速铁路通信业务特点，本篇主要介绍通信相关概念和常识、基础知识以及关键技术。

首先简要介绍通信基本模型和OSI模型，以期读者对通信有概括性的了解；然后结合音视频应用，主要讲述音视频模拟信号的数字化及编码标准，同时对数字音视频信号传输和交换控制协议进行介绍；最后介绍语音和图像质量的评价方法。

第一章　基 本 知 识

第一节　通信基本模型

一、通信系统的定义与特点

在人类的活动过程中需要相互之间传递各种信息，也就是说将承载着各种信息的信号通过某种方式由发送者传递给接收者，这种信息的传递过程就是通常所说的通信。用电信号或光信号传递和交换信息的系统，称为电信系统。

人类社会活动所有不同的消息都可以归为两类：一类称为连续消息，另一类称为离散消息。连续消息是指消息的状态是连续的，如强弱连续变化的语音、亮度连续变化的图像等，连续消息又称作模拟消息，信息中随时间变化而连续取值的信号称连续信号或模拟信号，如普通电话机输出的信号就是模拟信号，传输模拟信号的通信系统称为模拟通信系统；离散消息是指消息的状态是离散可数的，它们不是时间的连续函数，其取值仅为有限可数的离散值，把这样的消息称为离散消息或数字消息，信息中时间和状态都是离散的信号称作离散信号或数字信号，如电报、数字、数据、监控指令等，传递数字信号的通信系统称为数字通信系统。

数字通信比模拟通信更能适应人们对通信的更高要求，具有如下特点：(1)数字信号便于存储；(2)数字通信的抗干扰能力强，可通过再生消除干扰的积累；(3)数字信号可变为光脉冲信号，易于通过光纤传输；(4)数字信号容易加密；(5)数字通信可靠性高，可通过冗余校验实现差错控制；(6)灵活性与通用性良好，因数字通信中各类消息实质上均为二进制码，便于传输和处理。

二、通信系统的构成及作用

在人类社会活动中，交换与传递信息所需的一切技术设备的集合俗称为通信系统（实际是通信系统的一部分，不包括烽火传信、飞鸽传书等方式）。通信系统的种类繁多，但其基本模型都可以用图1—1来表示。

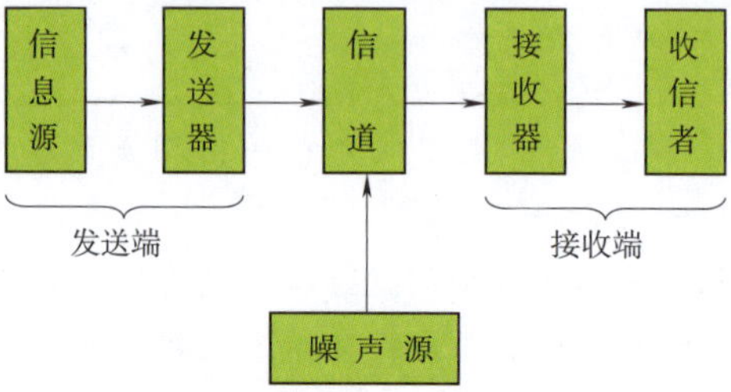

图1—1 通信系统的基本模型

图1—1所示的基本模型是单向的通信系统，如广播、无线寻呼系统等。通常点对点通信系统都应该是双向的，即通信的双方都拥有收/发信设备，传输媒介也是能双向传输的，如电话通信系统。下面介绍通信系统构成及每个组成部分的作用。

1. 信息源：即信源，是各类信息产生的源点。可以是人说话的声音、看到的图像，也可以是计算机（PC机）发出的某条指令等。根据信息源输出信号性质的不同可以分为连续性信息源与离散性信息源。连续性信息源（如电话机、摄像机等）输出连续幅度信号；离散性信息源（如电传机、计算机等）输出离散的符号序列或文字。通常，信息源需把待传送的信息（如语言、报文、数据和图像等）转变为电信号或光信号。

2. 发送器：即发送设备，也称为变换器，它的主要作用是将信息源发生的信息（原始电信号或光信号）变换成适合在信息交换与传输通道中传送的信号。

3. 信道：信号传输的通路称为信道。在传输信号的同时也对信号造成损害（如使信号产生畸变）。信道按传输介质的种类不同可以分为有线信道和无线信道。在有线信道中电信号（或光信号）在架空明线、电缆、光缆等传输媒介上传输；在无线信道中电信号沿空间传输。

4. 接收器：即接收设备，也称为反变换器，工作过程是发送设备的逆过程，也就是还原的过程。它的基本功能是完成和发送设备相反的变换，从传输媒质输出的带有噪声和干扰的信号（包括有用信号）中恢复出原始信号。

5. 收信者：即信宿，也就是信息传送的终点，是将复原的原始电信号转换为相应的消息（如耳机、扬声器恢复出的原始电信号变换为语音）。它可以与信息源相对应构成人—人通信或机—机通信；也可以与信息源不一致，构成人—机通信或机—人通信。

6. 噪声源：通信系统内各种噪声和干扰影响的等效结果。通信系统的噪声来自系统各个组成部分，从发送和接收信息的周围环境，各种设备的电子器件到信道所受到的外部电磁场干扰，都会对信号形成噪声影响。在通信系统中，信号通过媒介一般要经过长距离的传输，极易受到噪声的干扰。同时由于传输损耗使得进入接收设备的信号十分微弱，所以在系统内相关的环节要有抑制噪声与干扰的设备，以防止有用信息的失真降低到最低限度。

三、通信系统的分类

通信系统的分类方法较多，通常采用按消息的物理特征、传输媒质、系统组成的特点、传输信号的特征、调制方式和复用方式来分类。下面简要介绍相关分类。

（一）按消息的物理特征来分类

根据消息物理特征的不同，可分为电话通信、电报通信、数据通信和图像通信等。这些系统可以是专用的，但通常是融合的或并存的。随着通信网络和计算机技术的发展，网络统一承载、终端融合使用正在改变我们的生活方式。

（二）按传输媒质来分类

按传输媒质的不同可分为无线通信和有线通信。无线通信通常是借助于电磁波在自由空间进行传播；而有线通信的传输媒质可以是架空明线、电缆和光缆等。无线通信根据电磁波波长的不同可分为长波通信、中波通信、短波通信、微波通信等。

（三）按系统组成的特点来分类

1. 短波通信系统。该系统工作在 2～30 MHz 的短波波段，传输带宽窄，系统容量小，主要用于特殊的业务和军事通信中。

2. 微波中继通信系统。采用微波波段 2～12 GHz 进行通信，传输带宽高，系统容量大，主要用于长距离通信。

3. 卫星通信系统。它是在地面微波中继通信和空间技术基础上发展起来的，是微波中继通信系统的一种特殊形式，覆盖区域大，通信距离远，利用三颗人造同步卫星可实现全球通信。

4. 光纤通信系统。光波为载波，光纤为传输媒介的通信系统。光纤通信以其高带宽、小衰耗、低成本等特性已成为通信技术的主流技术，并已步入我们的家庭。

5. 移动通信系统。以移动体对固定地点之间或移动体之间的通信，目标是任何人、任何地点、任何时间都可以进行通信，移动通信系统运用了多种通信技术。

6. 电视通信系统。主要指各种有线电视通信设备与线缆系统。

（四）按传输信号的特征来分类

传输模拟信号的通信系统称为模拟通信系统，传输数字信号的通信系统称作数字通信系统。与数字通信相比，模拟通信设备相对简单，但传输占用频带窄，抗干扰能力差。

数字通信抗干扰能力强，有较好的保密性和可靠性，易于集成化，缺点是构成较为复杂。数字通信系统模型如图 1—2 所示。

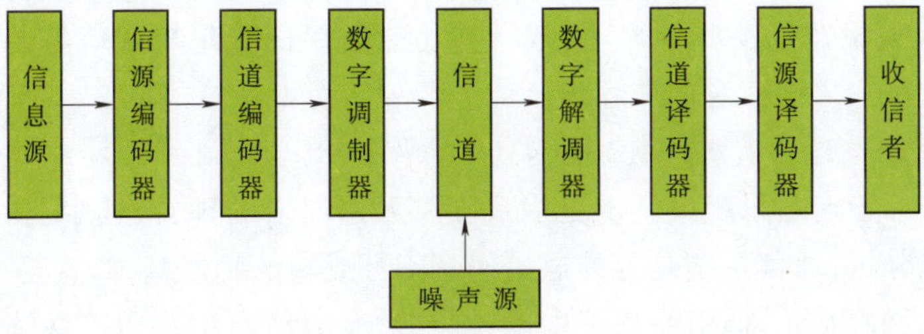

图 1—2　数字通信系统模型

（五）按调制方式来分类

根据是否采用调制方式，可将通信系统分为基带传输和调制传输（又称频带传输）。基带传输是将未经调制的原始电信号（或光信号）直接在线路上进行的一种传输，如音频市内电话和数字信号的基带传输等；调制传输是先对原始电信号（或光信号）进行调制后再在信道上进行的一种传输。

（六）按复用方式分类

在通信系统中，信道能提供比原始电信号（或光信号，又称基带信号）高得多的带宽，为提高信道利用率，将多路信号同时在信道内传送，这就是复用技术。它可分为基带复用、频分复用、时分复用与码分复用四种复用方式。

1. 基带复用：指在短距离内直接在传输介质上传输模拟基带信号的系统，优点是线路设备简单，缺点是传输介质的带宽利用率较低，不适于在长途线路上用。

2. 频分复用：用频谱搬移的方法使各路基带信号分别占用不同的频率范围，目前主要用于微波链路和铜线介质上，在光纤介质上该方式更习惯被称为波分复用。波分复用原理就是在保证一定频率间隔情况下，使光纤上单个波长的信道传输变为多个波长同时传输多路光信号，以充分利用光纤资源，提高信息传输容量。

3. 时分复用：采用脉冲调制的方法使不同路数的信号占据不同的时间区间，它具有差错率低、安全性好、数字电路高集成度与带宽利用率高的特点，数字通信采用时分复用技术。

4. 码分复用：用一组正交的脉冲序列来分别携带不同的信号，主要用于空间通信的扩频通信系统中。

四、通信网络

要方便、快捷地提供各种通信业务，必须构建高带宽、广覆盖，具有移动性的通信网络。

（一）通信网络的定义

能够将声音、图像、文字、数据、视频等媒体变换成电信号或光信号，而且在任何两地间所处的通信终端设备以及人和通信终端设备之间，按照预先约定的规则（或称协议等）进行传输和交换建立的通信系统，为个人、企事业单位和社会提供各类通信服务，通常称之为通信网络。

（二）通信网络的组成与功能

通信网络系统一般由“用户终端接入系统”、“传输与汇聚系统”和“路由转换交换系统”以及“电信级质量监控保障系统”组成。其功能是要适应用户通信需要，实现通信网内任意两个或多个用户之间信息的交互。

（三）通信系统与通信网络系统的关系

通信网络来源于通信系统又高于通信系统。无论网络的种类、技术、功能等如何复杂，从物理硬件设施分析，通信系统是各种通信网络不可或缺的物质基础，这是一种自然发展规律，没有线就不能成为网。通信系统可以单独存在，而通信网络是通信系统的扩充，通信网络不能离开通信系统而单独存在。

（四）现代通信网络系统的特点

1. 技术的先进性：目前的通信技术发展趋势是以电信级的"IP 分组交换宽带网络"作为统一的承载话音业务、数据业务与交互式视频业务的通信平台，形成具有"三重业务传输能力"的综合信息 IP 传送网络。

2. 网络化与四维时空性：在地球上通信网所能覆盖的任何地方，人们都可以进行信息的传送。

3. 优质的服务性：高可靠性、传播对象大众化、质优价廉的商业模式、通信产品与服务的多样性。

4. 国民经济的基础产业性：通信行业是一个信息化社会的基础产业；信息化又是一种特殊的生产力。

5. 通信系统的分层结构：按专业功能分为物理媒介层、传输层和交换层；按通信服务的区域性分为用户终端网络、用户接入网、城域汇聚传输网、广域业务交换网。

6. 通信网络技术仍在持续高速发展。

第二节　OSI 模型

开放系统互联参考模型（OSI，Open System Interconnection）是一个协议规范。OSI 模型有 7 层结构，每层都可以有几个子层。OSI 的 7 层从下到上分别是：物理层、数据链路层、网络层、传输层、会话层、表示层、应用层。如图 1－3 所示。

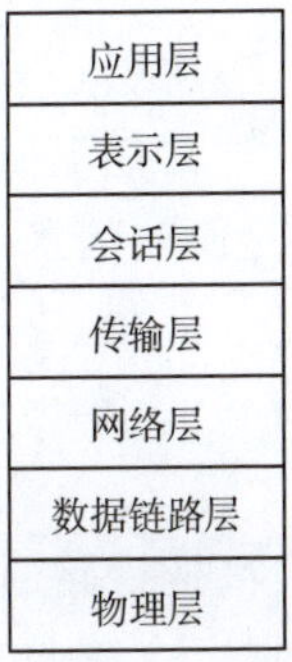

图 1—3　数据通信系统的分层模型

一、物理层（Physical Layer）

传递信息需要通过一些物理媒体，如双绞线、同轴电缆等，但具体的物理媒体并不在 OSI 的 7 层之内，有人把物理媒体当作第 0 层，物理层的任务就是为它的上一层提供一个物理连接，以及它们的机械、电气、功能和过程特性。例如，规定使用电缆和接头的类型、传送信号的电压等。在物理层，数据还没有被组织，仅作为原始的位流或电气电压处理，单位是比特。

二、数据链路层（Data Link Layer）

数据链路层负责在两个相邻结点间的线路上，无差错地传送以帧为单位的数据。每一帧包括需传送的数据和一些必要的控制信息。数据链路层要负责建立、维持和释放数据链路的连接。在传送数据时，如果接收方检测到所传数据中有差错，就要通知发方重发这一帧。

三、网络层（Network Layer）

在通信网络中进行信息交换的两个终端之间可能会经过很多个数据链路，还可能经过很多通信子网。网络层的任务就是选择合适的网间路由和交换结点，确保数据及时传送。将数据链路层提供的帧组成数据包，包中封装有网络层包头，其中含有逻辑地址信息，即源站点和目的站点地址的网络地址。

四、传输层(Transport Layer)

该层的任务是根据通信子网的特性,并以可靠和经济的方式有效利用网络资源,为两个端系统(也就是源站和目的站)的会话层之间,提供建立、维护和取消传输连接的功能,负责可靠地传输数据。在这传输,信息的传送单位是报文。

五、会话层(Session Layer)

也可以称为会晤层或对话层,在会话层及以上的高层次中,数据传送的单位不再另外命名,统称为报文。会话层不参与具体的传输,它提供包括访问验证和会话管理在内的建立和维护应用之间通信的机制。例如,服务器验证用户登录便是由会话层完成的。

六、表示层(Presentation Layer)

该层主要解决信息的语法表示问题,提供一种公共语言以便能进行互操作。它将欲交换的数据从适合于某一用户的抽象语法,转换为适合于 OSI 系统内部使用的传送语法,即提供语法转换、语法选择和连接管理服务。数据的压缩和解压缩、加密和解密等工作都由表示层负责。

七、应用层(Application Layer)

应用层是 OSI 系统的最高层,直接和应用程序接口并提供网络应用服务。

通常把上面的 7 个层次分为低层与高层。低层为 1 ~4 层,是面向通信的;高层为 5 ~7 层,是面向信息处理的。

第三节 高速铁路通信系统的业务应用

高速铁路通信网络是由铁路承载网和相关业务网构建的综合通信网络,所应用技术的先进性、支撑业务的多样性和高可靠性的要求,决定了高速铁路通信网络的装备水准要高于普速铁路。目前高速铁路通信业务主要分为以下几个方面。

一、话音业务

话音业务属于通信基本业务,高速铁路通信系统所提供的话音业务最主要的是调度通信,其主要为铁路行车指挥、运输生产和经营管理提供固定话音服务,与 GSM-R 结合实现无线调度通信,为沿线各车站提供站内直通和相邻站间的语音通信。

除调度通信外,办公语音业务也是高速铁路通信业务之一,其主要为高速铁路各个车站及基层单位办公提供基本的有线公务自动电话服务;为在车站站场或沿线区间等非固定场所执行公务的工作人员提供公务移动电话服务。

二、数据业务

随着数据通信技术及信息技术的发展,高速铁路通信系统中的数据网所承载的数据业务也越来越多，为高速铁路运营各种数据信息应用提供基础的网络承载。高速铁路通信系统可以提供以下的数据服务：

(1)为影响行车安全的数据专网提供专线服务，包括专用光纤和实时透明的数据专线；

(2)为各类信息系统提供承载网络，包括业务中心和终端的接入，其带宽和可靠性满足应用系统的要求；

(3)利用 GSM-R 网络实现车地信息交互，为在车站站场或沿线区间户外执行公务的工作人员提供公务移动低速数据服务。

三、图像通信业务

多媒体通信在高速铁路得到了广泛应用，目前主要的图像通信业务包括：

(1)为调度、客运、公安等部门提供视频监控业务；

(2)为调度指挥、运输生产和经营管理提供电视会议服务；

(3)为事故抢险提供应急图像通信业务。

图 1—4 所描述的是高速铁路通信系统各子系统组成及主要业务。有些业务由信号、电力等其他专业部门维护、使用和管理，通信专线或通信网络已经成为该业务系统不可或缺的组成部分，通信专业需要与各专业密切配合，做好其业务系统的构建和后期维护使用工作。本书重点介绍由铁路通信专业提供的业务系统，包括：调度通信系统、会议通信系统、视频监控系统及应急通信系统。

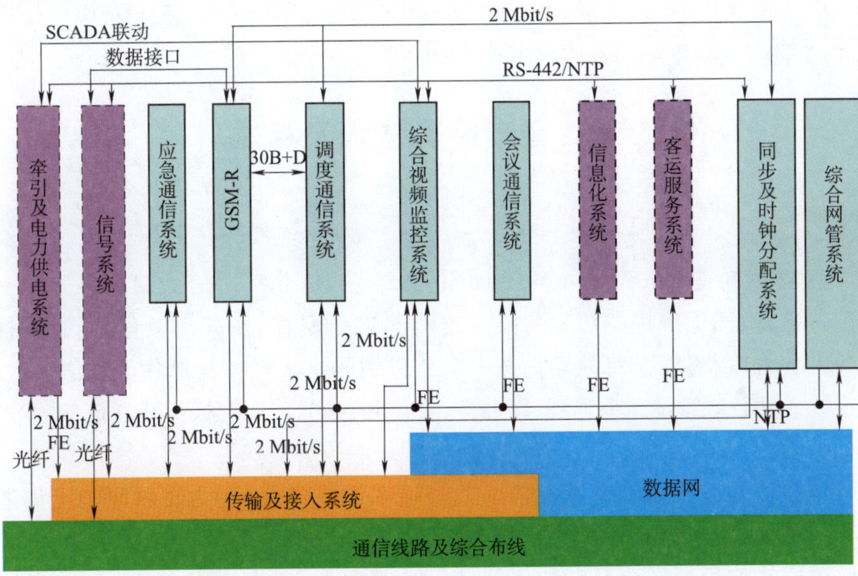

图 1—4 高速铁路通信系统各子系统组成及主要业务

第二章 音频编解码技术

第一节 音频编解码技术的发展

音频编码的主要目的是在保证一定重构质量的前提下，以尽量少的比特数来表征音频信息。目前声音的编码技术和标准很多，通常把已有的话音编译码器分成以下三种类型：波形编译码器(Waveform Codecs)、音源编译码器(Source Codecs)和混合编译码器(Hybrid Codecs)。一般来说，波形编译码器的话音质量高，但数据率也很高；音源编译码器的数据率很低，但产生的合成话音的音质有待提高；混合编译码器使用音源编译码技术和波形编译码技术，数据率和音质介于二者之间。目前在通信领域，主要使用波形编码器和混合编译码器。

随着计算机网络、移动通信等的不断发展以及应用需求多样化的推动，音频编码技术的研究不再仅仅局限于压缩特性，而渐渐开始向网络适应性、用户交互性、高保真等方面转移，这从 MPEG 音频标准的发展过程中可见一斑。近几年来，音频编码技术一方面继续研究如何进一步提高压缩率和抗误码特性使其适合移动和网络多媒体应用，另一方面又不断地向无损编码、可伸缩编码、空间音频编码等分支方向发展。

第二节 音频编码技术及标准

一、PCM 编码

PCM 脉冲编码调制是 Pulse Code Modulation 的缩写，是数字通信的编码方式之一。它的主要过程是将话音、图像等模拟信号每隔一定时间进行取样，使其离散化，同时将抽样值按分层单位四舍五入取整量化，将抽样值按一组二进制码来表示抽样脉冲的幅值。

模拟信号数字化必须经过三个过程，即抽样、量化和编码，以实现模拟话音信号的数字化。

(一)抽　　样

抽样是把模拟信号以其信号带宽 2 倍以上的频率提取样值，变为在时间轴上离散的抽样信号的过程。例如，话音信号带宽被限制在 0.3 ~ 3.4 kHz 内，用 8 kHz 的抽样频率(fs)，就可获得能取代原来连续话音信号的抽样信号。对一个信号进行抽样获得的抽样信号是一个脉冲幅度调制(PAM)信号，如图 2—1 所示。对抽样信号进行检波和平滑滤波，即可还原出原来的模拟语音信号。

(二)量　　化

抽样信号在时间轴上是离散的信号，但仍然是模拟信号，其样值在一定的取值范围内，可有无限多个值。显然，对无限个样值一一给出数字码组来对应是不可能的。为了实现以

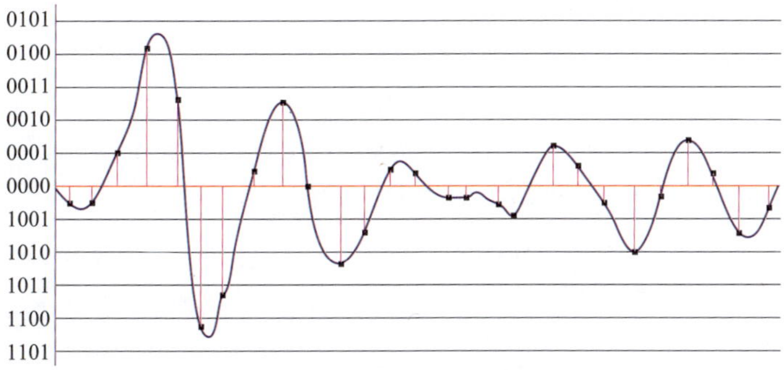

图 2—1　音频编码的数字化过程

数字码表示样值,必须采用“四舍五入”的方法把样值分级“取整”,使一定取值范围内的样值由无限多个值变为有限个值。这一过程称为量化。

量化后的抽样信号与量化前的抽样信号相比较有所失真,且不再是模拟信号。这种量化失真在接收端还原模拟信号时表现为噪声,这种噪声称为量化噪声。量化噪声的大小取决于把样值分级“取整”的方式,分的级数越多,即量化级差或间隔越小,量化噪声也越小。

(三)编　码

量化后的抽样信号在一定的取值范围内仅有有限个可取的样值,且信号正、负幅度分布的对称性使正、负样值的个数相等,正、负向的量化级对称分布。若将有限个量化样值的绝对值从小到大依次排列,并对应地依次赋予一个二进制数字代码(例如,赋予样值 0 的二进制数字代码为 0),在码前以“+”、“-”号为前缀,来区分样值的正、负,则量化后的抽样信号就转化为按抽样时序排列的一串二进制数字码流。这种把量化的抽样信号变换成给定字长的二进制码流的过程称为编码。

二、音频编码标准

随着各种数字音频技术的应用,音频编码算法的标准越来越多,表 2—1 所示的是一些主流音频编码标准的主要特点。

表 2—1　主流音频编码标准的主要特点

序号	音频压缩标准	编码技术	声音质量	数据率
1	G. 711	波形编码—PCM 编码	话音质量	64 kbit/s
2	G. 721	波形编码—ADPCM	话音质量	32 kbit/s
3	G. 723. 1	混合编译码器	话音质量	5. 3/6. 3 kbit/s
4	G. 728	混合编译码器	话音质量	16 kbit/s
5	G. 729	混合编译码器	话音质量	8 kbit/s
6	GSM	混合编译码器	话音质量	13. 2 kbit/s
7	Mp3	混合编译码器	各种声音质量	128 kbit/s(常用)
8	G. 722. 1c	混合编译码器	调频广播(14 kHz)	24/48 kbit/s
9	G. 719	混合编译码器	CD 质量(20 kHz)	48 kbit/s

下面介绍两种最常用的音频编码标准 G. 711 和 G. 723。

(一)G. 711 标准

G. 711 标准在 1988 年被国际电信联盟(ITU)标准化。它代表了对数 PCM(logarithmic Pulse-Code Modulation)抽样标准,主要用于电话。它主要用脉冲编码调制对音频采样,采样率为 8 kbit/s。它利用一个 64 kbit/s 未压缩通道传输语音信号。

G. 711 标准下主要有两种压缩算法。一种是 μ 律(μ-law),主要运用于北美和日本;另一种是 A 律(A-law),主要运用于欧洲和世界其他地区。它们的压缩率为 1:2,即把 16 位数据压缩成 8 位。

G. 711 是缺省的脉冲码调制(PCM)标准,用于公用交换电话网络(PSTN)。G. 711 将模拟语音信号(300 ~ 3 400 Hz)数字化为 64 kbit/s 的码流。

(二)G. 723 标准

G. 723 标准是 ITU-T 在 1996 年制订的一种多媒体语音编解码标准。其典型应用包括 VoIP 服务、H. 323 视频电话、无线电话、数字卫星系统、ISDN 及各种多媒体语音信息产品。G. 723 标准传输码率有 5. 3 kbit/s 和 6. 3 kbit/s 两种,编程中可切换,该标准主要包含了编码算法和解码算法。

G. 723 编码器采用 LPC 合成—分析法和感觉加权误差最小化原理编码,属于混合编译码技术。G. 723 标准可在 6. 3 kbit/s 和 5. 3 kbit/s 两种码率下工作。对激励信号进行量化时,高速率(6. 3 kbit/s)编码器的激励信号采用多脉冲最大似然量化(MP-MLQ),低速率(5. 3 kbit/s)编码器的激励信号采用代数码本激励线性预测(ACELP)。

G. 723 算法对语音信号有很好的编解码效果,同时也可处理音乐和其他声音信号。例如,输入 64 kbit/s(8k × 8)的 μ 律 PCM 采样语音信号。每次处理一帧语音信号,每帧 240 个采样点(30 ms,1 920 bit)。在 5. 3 kbit/s 的码率下,每帧语音被压缩成 20 个字节(160 bit)传输;在 6. 3 kbit/s 的码率下,每帧语音被压缩成 24 个字节(1 92 bit)传输,通过二次编解码,使得语音信号码率进一步降低。

在网络带宽不变、存储容量不变的情况下,可同时传输、存储更多的语音信息。

(三)其他音频编解码技术

数字音频技术的广泛应用,带动了音频编码技术的飞速发展,促进了数字音频技术在各种通信系统中的应用。

1. 感知音频编码

感知音频编码基于人耳听觉系统的掩藏特性,利用心理声学模型计算每个量化频带掩蔽阈值并用掩蔽阈值指导量化和编码。国内学者对感知音频编码中的关键技术(包括窗切换技术、时频变换、立体声编码和熵编码)都做了比较深入的研究。我国制订的具有自主知识产权的 AVS 音频编码技术就是当前精细可伸缩感知音频编码技术中的一个典型代表。

2. 移动音频编码

无线传输信道带宽一般比较窄,信道的传输环境比较恶劣,误码率比较高,因而移动音频编码与传统的音频编码不同,必须满足较为苛刻的要求。目前国内移动音频编码主要基于以下方面:

（1）语音/音频混合编码

在移动多媒体应用中，音频内容较为复杂，包括语音、音乐以及语音和音乐的混合（混合音频），因此移动音频编码必须能够对上述较为复杂的音频信号进行高效编码。随着移动多媒体应用的日益广泛，语音/音频混合编码成为移动音频编码中需要迫切解决的问题。国内外学者就此提出了多种解决方案，如变换预测编码（TPC）和多模式编码，相关探索仍在进行中，也部分投入了使用。

（2）带宽扩展编码

无线信道的带宽限制了传输的码率，因而它要求音频编码器提供更高的压缩率。为了达到这一点可以降低音频信号的编码带宽，只编码人耳感知重要的信号低频部分而丢掉高频部分，但使用上述方法的结果是回放音质的下降。为了进一步提高编码增益，满足低码率应用需求，在移动音频编码中提出了带宽扩展技术，旨在从窄带音频信号恢复完整的宽带音频信号。早期的带宽扩展技术研究主要是利用 300 Hz ~ 3.4 kHz 窄带语音信号合成 3.4 kHz ~ 7 kHz或 8 kHz 高频成分以重建 300 Hz ~ 7 kHz 或 8 kHz 的宽带信号，但它们在重建高频信号时不用任何原始高频信息而直接利用低频带“盲式”重建高频信号，对于信息主要分布在高频部分的音调其重建效果不好。同时当信号呈现较强的非平稳特性时，重建的高频信号会出现较强的噪声，音质明显下降。近年来，人们着重开始研究“非盲式”重建算法，即在编码端提取少量反应高频信号特征的参数传到解码端，然后在解码端使用频谱搬移将低频段信号的频谱搬移至高频段实现信号频谱扩展，同时利用提取的高频特征参数对重建的高频带频谱包络进行调节使其与原始信号的频谱包络较好地相似。相关算法在进一步研究和实践中。

（3）变速率编码

无线信道的传输环境比较恶劣，带宽比较窄，这对移动编码算法提出了自适应变速率编码，即编码速率在帧与帧之间连续可调。例如，在信道深衰落时，信道编码中的冗余比特数不足以纠正传输错误，这时应提高信道编码速率，减小音频编码速率，以保证通信质量。相反，在信道质量较好时，应通过提高音频编码速率来提高音频编码质量。移动音频中的变数率编码研究主要包括自适应速率判决、检测通信时是否存在话音的话音检测（VAD）、克服背静噪声不连续的舒适背静噪声生成（CNG）以及变数率矢量量化等。

第三章　视频编解码技术

第一节　视频编解码技术的发展

一、视频编解码技术的原理

人类步入网络时代以来，就一直期待着实时传输视频图像信号，但所面临的主要问题是既要保证传输图像质量，又要尽可能少占用有限的信道资源。由于视频图像信号的空间冗余度和时间冗余度很大，可以方便而有效地进行数据压缩，因此视频编解码技术成为多媒体时代最热门的技术之一，广泛应用于电视会议、可视电话、视频监控等远程图像传输系统中。视频编解码技术首先要实现视频信号的数字化。

视频是由一幅幅图像组成，所以视频编解码首先要从图像编解码开始。常见的电视图像是由多个光点组合而成，电视机利用 R（红）、G（绿）、B（蓝）三色不同比例的混合来表示各种色彩，如图 3—1 所示，从而实现视频信号点对点的转化。然而在实际中，将 RGB 信号按一定比例组合成为 Y（亮度）、色度（U、V）信号。RGB 到 YUV 的转换关系为：$Y=0.3R+0.59G+0.11B$、$U=B-Y$、$V=R-Y$。通过这样的转换后，可以根据亮度和色度分量对于人眼的敏感程度的不同，减少色度分量的信号，例如两个色度信号（U、V）比亮度信号 Y 只有一半的传输量，这就是常说的 4:2:2 图像压缩格式。

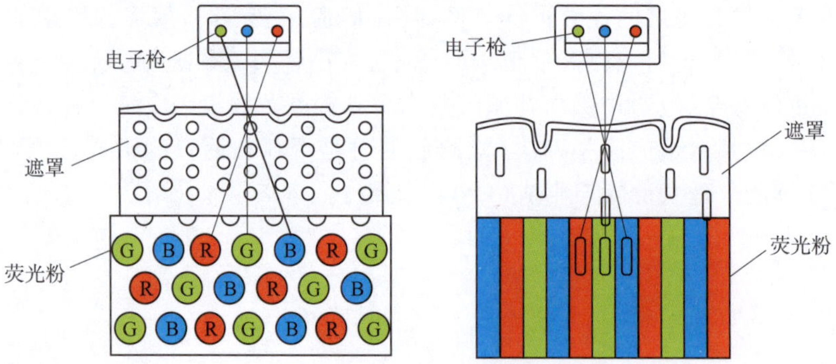

图 3—1　电视荧光屏的 RGB 显色的原理

通过这样处理可以实现视频信号的数字化中的基本压缩，然而简单的视频信号数字化是远远达不到人们的要求的，因为当模拟信号数字化后其频带大大加宽，一路 6 MHz 的普通电视信号数字化后，其数码率高达 162 MHz 以上。未压缩的数字视频信号只能用于本地设备之间的数据交换，不适合传输和存储。只有采用数字压缩技术才能很好地解决传输带宽和存储空间被大量占用的难题。数字图像压缩技术就是利用视频图像的在空间和时间上的冗余特性，去除冗余信息，只保留非相关信息，以节省传输频带。接收端利用这些非相关信息，按照一定的解码算法，可以在保证一定图像质量的前提下恢复原始图像。

二、视频编解码技术的发展

视频编码技术有 ISO/IEC 制定的 MPEG-x 和 ITU-T 的 H. 26x 两大系列视频编码国际标准，如图 3—2 所示。从 H. 261 视频编码建议，到 H. 262/3、MPEG-1/2/4 等都有一个共同的不断追求的目标，即在尽可能低的码率(或存储容量)下获得尽可能高的图像质量。目前，随着市场对图像传输需求的增加，如何适应不同信道传输特性的问题也日益显现出来。于是 IEO/IEC 和 ITU-T 两大国际标准化组织联手制定了视频新标准 H. 264 来解决这些问题。

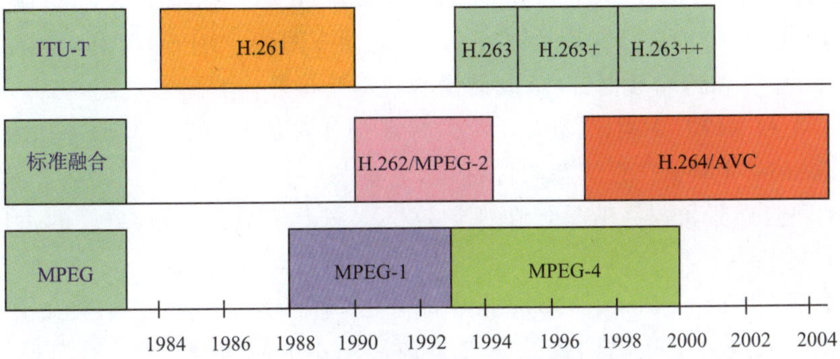

图 3—2　视频压缩主要标准

H. 261 是最早出现的视频编码建议，目的是规范 ISDN 网上的会议电视和可视电话应用中的视频编码技术。它采用的算法结合了可减少时间冗余的帧间预测和可减少空间冗余的 DCT 变换的混合编码方法。在 ISDN 信道上应用时，其输出码率是 $p\times64$ kbit/s。p 取值较小时，只能传清晰度不太高的图像，适合于面对面的电视电话；p 取值较大时(如 $p>6$)，可以传输清晰度较好的会议电视图像。H. 263 建议的是低码率图像压缩标准，在技术上是 H. 261 的改进和扩充，支持码率小于 64 kbit/s 的应用。但实质上 H. 263 以及后来的 H. 263 + 和 H. 263 + + 已发展成支持全码率应用的建议，从它支持众多的图像格式这一点就可看出，如 Sub-QCIF、QCIF、CIF、4CIF 甚至 16CIF 等格式。总之，H. 261 建议是视频编码的经典之作，H. 263 是其发展方向，并将逐步在实际中取而代之，主要应用于通信方面，但 H. 263 众多的选项往往令使用者无所适从。

视频编码建议 H. 264 在混合编码的框架下引入了新的编码方式，提高了编码效率，面向实际应用。它是两大国际标准化组织的共同制定的，得到了广泛的应用。但技术的发展从未有止境，H. 265 是 ITU-T VCEG 继 H. 264 之后所制定的新的视频编码标准。H. 265 标准围绕着现有的视频编码标准 H. 264，保留原来的某些技术，使用先进的技术用以改善码流、编码质量、延时和算法复杂度之间的关系，达到最优化设置。H. 264 由于算法优化，可以低于 1 Mbit/s 的速度实现标清数字图像传送；H265 则可以实现利用 1 ~ 2 Mbit/s 的传输速度传送 720 P(分辨率 1 280 ×720)普通高清音视频传送，已经进入到推广使用阶段。

MPEG 系列标准最初主要针对存储的数字媒体的应用，后来随着网络技术的发展，也开始广泛应用到传输媒体，其核心视频编码的基本框架与 H. 261 一致。最初 MPEG 系列的标准 MPEG-1 和 MPEG-2 主要应用于 VCD 和 DVD 两种数字媒体上存储数字视频信息。最新的 MPEG-4 标准已经广泛使用,但是其中“基于对象的编码”部分由于尚有技术障碍,目前还难以普遍应用。

第二节 MPEG-4 标准

MPEG-4 标准于 1998 年 11 月公布。它不仅是针对一定比特率下的视频、音频编码,更加注重多媒体系统的交互性和灵活性。MPEG-4 标准主要应用于可视电话(Video Phone)、视像电子邮件(Video Email)和电子新闻(Electronic News)等,其传输速率要求较低,在 4.8 ~ 64 kbit/s 之间,可传送分辨率为 176 × 144 的动态图像。MPEG-4 利用很窄的带宽,通过帧重建技术,压缩和传输数据,以求以最少的数据获得最佳的图像质量。

与 MPEG-1 和 MPEG-2 相比,MPEG-4 的特点是其更适于交互 AV 服务以及远程监控。MPEG-4 是第一个“主动式”的动态图像标准,它的另一特点是综合性。从开发初衷上说,MPEG-4 试图将自然景象与人造呈现在视觉效果意义上相融合,以有更广的适应性和更灵活的可扩展性。

MPEG 全称是 Moving Pictures Experts Group,是“动态图像专家组”的英文缩写。该专家组成立于 1988 年,致力于运动图像及其伴音的压缩编码标准化工作,原先他们打算开发 MPEG1、MPEG2、MPEG3 和 MPEG4 四个版本,以适用于不同带宽和数字影像质量的要求。MPEG1 技术被广泛应用于 VCD,而 MPEG2 标准则用于广播电视和 DVD 等,MPEG3 最初是为 HDTV 开发的编码和压缩标准,但由于 MPEG2 的出色性能表现和 MPEG4 的快速研发,MPEG3 未能形成气候。与 MPEG1、MPEG2 相比,MPEG4 更加注重多媒体系统的交互性和灵活性。

第三节 H.264 标准

H.264 标准是 ITU-T 的 VCEG(视频编码专家组)和 ISO/IEC 的 MPEG(活动图像编码专家组)的联合视频组(JVT,Joint Video Team)开发的一个新的数字视频编码标准,它既是 ITU-T 的 H.264,又是 ISO/IEC 的 MPEG-4 的第十部分。1998 年 1 月份开始草案征集,1999 年 9 月,完成第一个草案,2001 年 5 月制定了其测试模式 TML-8,2002 年 6 月的 JVT 第 5 次会议通过了 H.264 的 FCD 板。2003 年 3 月正式发布。在 2005 年又开发出了 H.264 的更高级应用标准 MVC 和 SVC 版本。

一、H.264 标准的主要特点

1. 更高的编码效率:与 H.263 等标准的特率效率相比,能够平均节省大于 50% 的码率。

2. 高质量的视频画面:H.264 能够在低码率情况下提供高质量的视频图像。

3. 提高网络适应能力:H.264 可以工作在实时通信应用(如视频会议)低延时模式下,也可以工作在没有延时的视频存储或视频流服务器中。

4. 采用混合编码结构：与 H. 263 一样，H. 264 也采用 DCT 变换编码加 DPCM 差分编码的混合编码结构，还增加了多模式运动估计、帧内预测、多帧预测、基于内容的变长编码、4 × 4 变换等新的编码方式，提高了编码效率。

5. 编码选项较少：在 H. 263 中编码时往往需要设置相当多选项，增加了编码的难度，而 H. 264 做到了力求简洁的“回归基本”，降低了编码时复杂度。

6. 可应用在不同场合：H. 264 可以根据不同的环境使用不同的传输和播放速率，并且提供了丰富的错误处理工具，可以很好的控制或消除丢包和误码。

7. 错误恢复功能：H. 264 提供了解决网络传输包丢失问题的工具，适用于在高误码率的无线网络中传输视频数据。

8. 较高的复杂度：H. 264 性能的改进是以增加复杂性为代价而获得的。据估计，H. 264 编码的计算复杂度大约相当于 H. 263 的 3 倍，解码复杂度大约相当于 H. 263 的 2 倍。

二、H. 264 采用的关键技术

（一）帧内预测编码

帧内编码用来缩减图像的空间冗余。在给定帧中充分利用相邻宏块的空间相关性，对一给定宏块编码时，可以根据周围的宏块预测（典型的是根据左上角宏块、左边宏块和上面宏块，因为此宏块已经被编码处理），然后对预测值与实际值的差值进行编码，这样，相对于直接对该帧编码而言，可以大大减小码率。H. 264 提供 9 种模式进行 4 ×4 像素宏块预测，包括 1 种直流预测和 8 种方向预测。对于图像中含有很少空间信息的平坦区，H. 264 也支持 16 ×16 的帧内编码。

（二）帧间预测编码

帧间预测编码利用连续帧中的时间冗余来进行运动估计和补偿。H. 264 的运动补偿支持以往视频编码标准中的大部分关键特性，而且灵活地添加了更多的功能，除了支持 P 帧、B 帧外，H. 264 还支持一种新的流间传送帧——SP 帧。码流中包含 SP 帧后，能在有类似内容但有不同码率的码流之间快速切换，同时支持随机接入和快速回放模式。

（三）整数变换

在变换方面，H. 264 使用了基于 4 ×4 像素块的类似于 DCT 的变换，但使用的是以整数为基础的空间变换，不存在反变换因为取舍而存在误差的问题。与浮点运算相比，整数 DCT 变换会引起一些额外的误差，但因为 DCT 变换后的量化也存在量化误差，与之相比，整数 DCT 变换引起的量化误差影响并不大。此外，整数 DCT 变换还具有减少运算量和复杂度，有利于向定点 DSP 移植的优点。

（四）量　　化

H. 264 中可选 52 种不同的量化步长，这与 H. 263 中有 31 个量化步长很相似，但是在 H. 264 中，步长是以 12. 5% 的复合率递进的，而不是一个固定常数。

在 H. 264 中，变换系数的读出方式也有两种：之字形（Zigzag）扫描和双扫描。大多数情况下使用简单的之字形扫描；双扫描仅用于使用较小量化级的块内，有助于提高编码效率。

(五)熵编码

视频编码处理的最后一步是熵编码,在 H.264 中采用了两种不同的熵编码方法:通用可变长编码(UVLC)和基于文本的自适应二进制算术编码(CABAC)。

在 H.263 等标准中,根据要编码的数据类型,如变换系数、运动矢量等,采用不同的 VLC 码表。H.264 中的 UVLC 码表提供了一个简单的方法,不管符号表述什么类型的数据,都使用统一变字长编码表。统一变字长编码表的优点是简单,缺点是单一码表是从概率统计分布模型得出的,没有考虑编码符号间的相关性,在中高码率时效果不是很好。

因此,H.264 中还提供了可选的 CABAC 方法。算术编码使编码和解码两边都能使用所有句法元素(变换系数、运动矢量)的概率模型。为了提高算术编码的效率,通过内容建模的过程,使基本概率模型能适应随视频帧而改变的统计特性。内容建模提供了编码符号的条件概率估计,利用合适的内容模型,存在于符号间的相关性可以通过选择要编码符号邻近的已编码符号的相应概率模型来去除,不同的句法元素通常保持不同的模型。

目前,H.264 标准已经广泛用于电视电话会议、视频监控系统等业务应用中。

第四节 AVS 标准

AVS(Audio Video Coding Standard,音视频编码标准)是我国具备自主知识产权的第二代信源编码标准,是《信息技术——先进音视频编码》系列标准的简称,也是数字音视频产业的共性基础标准,包括系统、视频、音频、数字版权管理四个主要技术标准和符合性测试等支撑标准。

数字音视频编解码技术标准工作组由原国家信息产业部科学技术司于 2002 年 6 月批准成立。工作组的任务是面向我国的信息产业需求,联合国内企业和科研机构,制(修)订数字音视频的压缩、解压缩、处理和表示等共性技术标准,为数字音视频设备与系统提供高效经济的编解码技术,服务于高分辨率数字广播、高密度激光数字存储媒体、无线宽带多媒体通信、互联网宽带流媒体等重大信息产业应用。

在 2003 年 12 月 18 ~ 19 日举行的第 7 次会议上,工作组完成了 AVS 标准的第一部分(系统)和第二部分(视频)的草案最终稿(FCD)和报批稿配套的验证软件。2004 年 12 月 29 日,全国信息技术标准化技术委员会组织评审并通过了 AVS 标准视频草案。2005 年 1 月,AVS 工作组将草案报送信息产业部。3 月 30 日,信息产业部初审认可,标准草案视频部分进入公示期。2004 年度第一季度(第 8 次全体会议)正式开始"数字版权管理与保护"标准的制定,已近尾声。2005 年初(第 12 次全体会议),完成了第三部分(音频)草案。

在标准制订过程中已经开始了 AVS 的产业化。

第五节 智能视频处理技术

智能视频监控系统正在引起更多人的关注,各国相关研究机构对监控场景的自动视频理解技术进行了广泛的研究。智能视觉监控系统不仅能够定位人和人的身体部分,还可通过建立外观模型来实现多人的跟踪,并可以检测人是否携带物体等简单行为。

智能视频分析技术研究的内容包括：

(1)运动检测。从序列图像中将变化区域从背景图像中提取出来。运动区域的提取对于目标分类、跟踪和行为理解等后期处理非常重要，以后的处理仅仅考虑图像中对应于运动区域的像素。但是，由于背景图像并非一成不变，天气、光照、影子等均会对背景产生影响，所以运动检测仍有一定难度。

(2)实时性基于三维模型的车辆与行人的定位、识别和跟踪。跟踪等价于在连续的图像帧间创建基于位置、速度、形状、纹理、色彩等有关特征的对应匹配，常用的数学工具有卡尔曼(Kalman Filtering)滤波、Condensation 算法、动态贝叶斯网络(Dynamic Bayesian Network)等。

(3)基于移动摄像机的视觉监控技术，即将现有参数固定的静态摄像机改进为参数可自动调节的动态摄像机。

(4)多摄像机的协作监控。单个摄像机的视野有限，要监控大范围的动态场景就需要多个摄像机，此外，多个摄像机也有利于解决遮挡问题。多摄像机的定标与数据融合是两个关键问题。例如可利用多摄像机对人进行跟踪，选择最好的视点来解决互遮挡和自身遮挡。

(5)异常现象的检测、报警与目标的行为预测。视觉监控系统的最终目的是为了解释监视场景中所发生的事件，根据要求对异常事件进行报警，并能根据当前目标所处的状态对将要发生的事件进行预测。

(6)研究对目标运动情况给出语义解释方法，并将简单的行为识别与语义理解推广到对交通场景的自然语言描述。

(7)身份识别。目前的研究主要集中在人的脸像识别、步态识别或特定行为的识别。近距离时一般可以通过跟踪人脸来进行身份识别；如果是远距离的监控，脸的特征可能被隐藏，或者分辨率太低不易识别，在其运动步态可见情况下，可将步态作为一个独特的生物行为特征应用于人的身份鉴别。

随着技术发展，采用视频智能处理技术的智能网络摄像机已经大量投入应用。车牌识别、人脸识别、越界告警等智能分析业务在方便我们生活的同时，也在不断丰富视频监控系统的应用。

第四章 常用通信协议

第一节 语音通信控制协议

一、No. 7 信令

No. 7 信令又称为公共信道信令,即以时分方式在一条高速数据链路上传送一群话路信令的方式,通常用于局间。在我国使用的 No. 7 信令系统称为中国 No. 7 信令系统。由于将信令和话音通道分开,可采用高速数据链路传送信令,因而具有传输速度快、呼叫建立时间短、信号容量大等特点。

No. 7 信令网是一个带外数据通信网,叠加在交换网之上,是支撑网的重要组成部分。在固定电话网或 ISDN 网局间,完成本地、长途和国际接续;在移动网内的交换局间提供本地、长途和国际电话呼叫业务以及相关的移动业务,如短信等业务;为固定网和移动网提供智能网业务和其他增值业务;采集和传递运行管理和维护信息。

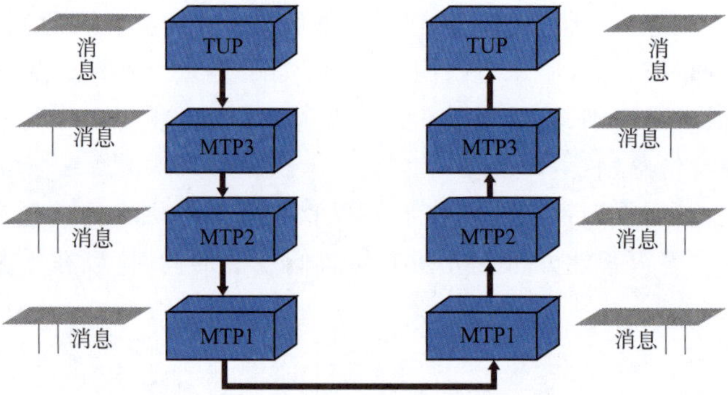

图 4—1 No. 7 信令系统的基本分层结构

图 4—1 所示的 No. 7 信令系统基本分层结构,可分为消息传送部分(MTP)和用户部分(UP)。消息传送部分(MTP)的主要任务是保证信令消息的可靠传送,分为三级:信令数据链路(MTP-1)、信令链路功能(MTP-2)、信令网功能(MTP-3)。用户部分(UP)可分为电话用户部分(TUP)和 ISDN 用户部分(ISUP)。TUP 处理与电话呼叫有关的信令,如呼叫的建立、监视和释放等;ISUP 在 ISDN 环境中提供话音以及非话业务所需的功能,以支持 ISDN 基本业务和补充业务,ISUP 具有 TUP 的所有功能。需要注意的是,No. 7 信令系统不负责具体语音信号的传输,但是它负责协调各种电信设备,使各种电信设备能够准确地建立语音链路,为用户提供服务。

No. 7 信令的标准化程度比 R2 信令好,但依然存在标准化兼容的问题。在应用上由于需要目的地编码等信息,作为局间传输时使用广泛,但作为用户端局接入使用时由于目的地编码资源的限制,应用上没有 PRI 信令使用灵活、广泛。

二、PRI 信令

PRI 信令又称 ISDN(30B + D)信令、DSS1 信令、PRA 信令。在北美和日本，ISDN PRI 提供 23B + D 信道，总速率达 1.544 Mbit/s，其中 D 信道速率为 64 kbit/s。而在欧洲、澳大利亚等国家，ISDN PRI 为 30B + D，总速率达 2.048 Mbit/s。我国为 30B + D 方式。

ITU-T 的 I.412 建议中规定了两种用户网络接口结构：基本速率接口(BRI)和基群速率接口(PRI)。ISDN 的接口通过时分复用技术，把一个物理接口划分为多个信道(时隙)来使用。ISDN 的信道分为 B、D 两种类型，其中，B 信道为用户信道，用来传送数据、话音、图像等用户信息，速率是 64 kbit/s；D 信道为控制信道，用来传送公共信道信令，控制同一接口的 B 信道上的呼叫，速率是 64 kbit/s 或 16 kbit/s。通过 B 通道和 D 通道的划分，ISDN 接口实现数据和控制流的分离。

三、SIP

SIP(Session Initiation Protocol，会话初始协议)是在 IP 网络应用中广泛使用的一种会话控制协议，类似于 HTTP 基于文本的协议，它属于应用层的信令控制协议，用于创建、修改和释放一个或多个参与者的会话。除 IP 语音电话外，会话还可以是 Internet 多媒体会议或多媒体分发。会话的参与者可以通过组播(Multicast)、网状单播(Unicast)或两者的混合体进行通信。

SIP 既不是会话描述协议，也不提供会议控制功能。为了描述消息内容的负载情况和特点，SIP 使用 Internet 的会话描述协议(SDP)来描述终端设备的特点。SIP 自身也不提供服务质量(QoS)，与负责语音质量的资源预留协议(RSVP)互操作。它应用时需要与若干个其他协议进行协作，包括负责定位的轻型目录访问协议(LDAP)、身份验证的远程身份验证拨入用户服务(RADIUS)以及实时传输的 RTP 等多个协议。

SIP 会话包括四个主要组件：SIP 用户代理(User Agent)、SIP 注册服务器(Registrar Server)、SIP 代理服务器(Proxy Server)和 SIP 重定向服务器(Redirect Server)，如图 4—2 所示。这些系统通过传送包括 SDP 协议(用于定义消息的内容和特点)的消息来完成 SIP 会话。

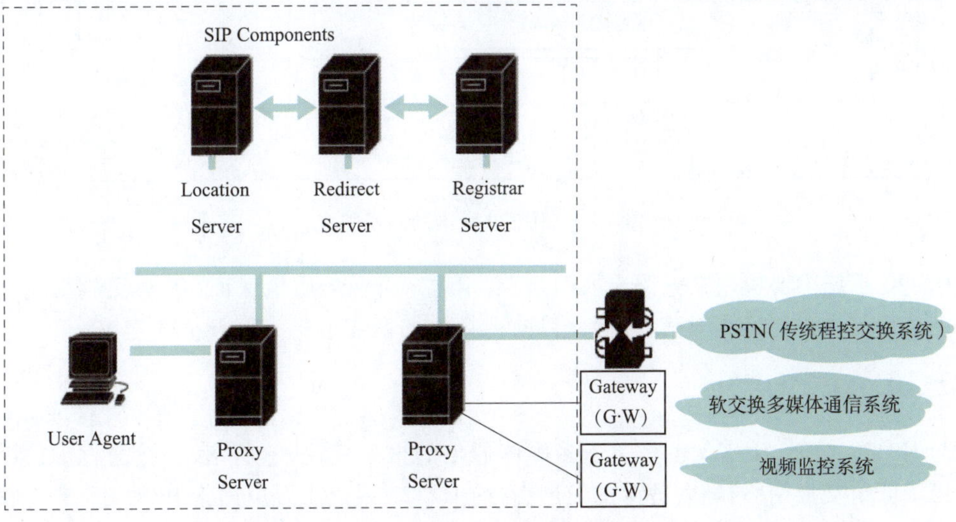

图 4—2 SIP 系统的基本构成

SIP 协议具有很好的开放性，其寻址功能非常强大，不仅可以利用自身系统提供的相关服务器进行寻址，也可以利用第三方的定位服务器（Location Server）进行地址翻译。这些特点使得 SIP 协议广泛应用于各种互联网会话业务；在通信业务应用中，软交换多媒体通信系统和视频监控系统中主要使用 SIP 协议实现会话控制。

第二节 视频会议控制协议

一、H. 320

ITU-T H. 320 标准是国际电信联盟（ITU）第一个关于音视频的多媒体通信标准。它主要在 ISDN 网络或速率为 64 kbit/s ~ 2 Mbit/s 的交换电路提供电视会议业务，自从 1990 年通过后，H. 320 成为广泛接受的关于 ISDN 会议电视的标准。

H. 320 本身是一个框架标准，如图 4—3 所示。它包括一系列标准，包括音视频的压缩与解压缩、静止图像、多点会议、加密等，主要用于多媒体视频会议的终端和 MCU 的设计。H. 320 标准包括 H. 200 系列标准和 T. 120 系列标准。H. 200 系列指视听业务，具体来说是以传送活动图像为主的通信业务；T. 120 系列主要针对数据业务，即传送文件、控制数据、静止图像等数据业务。

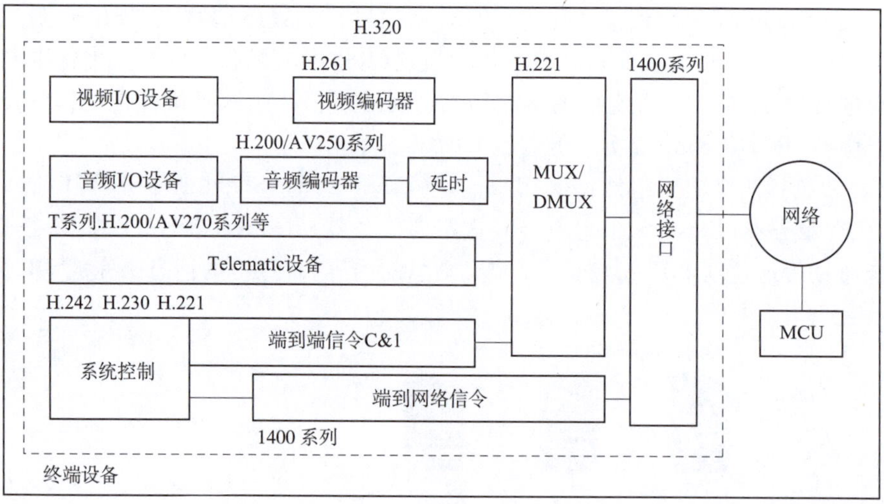

图 4—3 H. 320 标准的基本组成

H. 320 系统主要应用在电路交换网络上，相对来讲业务质量保证（QoS）更容易实现，但其技术从目前来讲已经相对落后，因此目前视频会议系统主要使用 H. 323 建议。

二、H. 323

与 H. 320 类似，H. 323 也是关于多媒体通信的框架建议，它所定义的视频会议系统主要应用于分组交换网络，随着技术的发展，目前 H. 323 系统主要应用于 IP 网络。

H. 323 所包含的协议栈是一个有机的整体，根据功能可以将其分为四类协议，也就是说该协议从系统的总体框架(H. 323)、视频编解码(H. 264)、音频编解码(H. 723. 1)、系统控制(H. 245)、数据流的复用(H. 225)等方面作了比较详细的规定。

系统控制协议包括 H. 323、H. 245 和 H. 225. 0,Q. 931 和 RTP/RTCP 是 H. 225. 0 的主要组成部分,系统控制是 H. 323 终端的核心。整个系统控制由 H. 245 控制信道、H. 225. 0 呼叫信令信道和 RAS(注册、许可、状态)信道提供。

音频编解码协议包括 G. 711(必选)、G. 722、G. 723. 1、G. 728、G. 729 等协议。编码器使用的音频标准必须由 H. 245 协议协商确定。H. 323 终端应由对本身所具有的音频编解码能力进行非对称操作。例如,以 G. 711 发送,以 G. 729 接收。

视频编解码协议主要包括 H. 261 协议和 H. 263 协议。H. 263 视频编码算法具有比 H. 261 更先进的编码技术,它更适应于低比特率的应用。在 H. 323 系统中,视频功能是可选的,数据会议功能也是可选的,其标准是多媒体会议数据协议 T. 120。如图 4—4 所示为其基本组成。

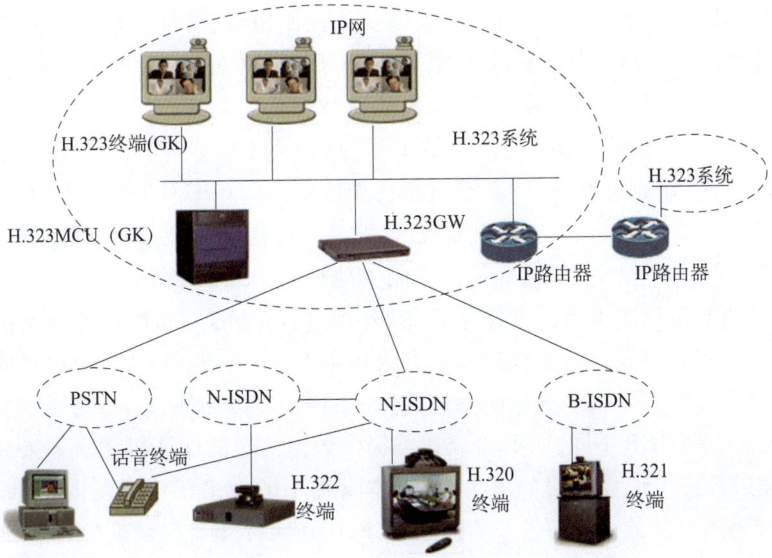

图 4—4 H. 323 系统的基本组成

H. 323 为基于网络的通信系统定义了四个主要的组件:终端(Terminal)、网关(Gateway)、网守(Gatekeeper)、多点控制单元(MCU)。终端是分组网络中能提供实时、双向通信的节点设备,也是一种终端用户设备,可以和网关、多点接入控制单元通信。所有终端都必须支持语音通信,视频和数据通信可选。H. 323 规定了不同的音频、视频或数据终端协同工作所需的操作模式。它将是下一代因特网电话、音频会议终端和视频会议技术的主要标准。

H. 323 终端的主要功能:在发端,从输入设备获取的视频和音频信号,经编码器压缩后,按照一定格式打包,通过网络发送出去;在收端,来自网络的数据包首先被解包,获得的视频、音频压缩数据经解码后送入输出设备,用户数据和控制数据也得到了相应的处理。

在 H. 323 系统中,网关是一个可选择的部件,因为如果 H. 323 终端不与其他网络上的终端连接,同一个网络上的终端之间就可以直接进行通信。网关可建立连接的终端包括PSTN终端、运行在ISDN网络上的H.320兼容终端以及运行在PSTN上的H.324兼容终端。网关的主要功能是完成不同终端之间的控制信令和媒体数据的转换。

网守是H.323中最重要的部件,是其管辖区域中所有呼叫的中心控制点,并且为注册的终端提供呼叫控制服务,基本功能是对H.323系统提供呼叫和管理功能。

第三节 网络通信协议

一、TCP/UDP

TCP(Transmission Control Protocol,传输控制协议)是一种面向连接(连接导向)的、可靠的、基于字节流的传输层(Transport Layer)通信协议,由IETF的RFC 793说明。在简化的计算机网络OSI模型中,它完成第四层传输层所指定的功能。

TCP协议提供的是可靠的、面向连接的传输控制协议,即在传输数据前要先建立逻辑连接,然后再传输数据,最后释放连接三个过程。TCP提供端到端、全双工通信;采用字节流方式,如果字节流太长则将其分段,还可提供紧急数据传送功能。

UDP(User Datagram Protocol,用户数据报协议)是OSI参考模型中一种无连接的传输层协议,提供面向事务的简单、不可靠的信息传送服务,IETF RFC 768是UDP的正式规范。

UDP是一个无连接协议,传输数据之前源点和终点不建立连接,当UDP想传送时就简单地去抓取来自应用程序的数据,并尽可能快地把它扔到网络中。

UDP和TCP协议的主要区别是两者在如何实现信息的可靠传递方面不同。TCP协议中包含了专门的传递保证机制,当数据接收方收到发送方传来的信息时,会自动向发送方发出确认消息;发送方只有在接收到该确认消息之后才继续传送其他信息,否则将一直等待直到收到确认信息为止。与TCP不同,UDP协议并不提供数据传送的保证机制。如果在从发送方到接收方的传递过程中出现数据报的丢失,协议本身并不能做出任何检测或提示。因此,通常把UDP协议称为不可靠的传输协议。不同于TCP,UDP并不能确保数据的发送和接收顺序。

二、SMTP

SMTP(Simple Mail Transfer Protocol,简单邮件传输协议)是一组用于由源地址到目的地址传送邮件的规则,由它来控制信件的中转方式。SMTP协议属于TCP/IP协议族,帮助每台计算机在发送或中转信件时找到下一个目的地。通过SMTP协议所指定的服务器,就可以把E-mail寄到收信人的服务器上,整个过程只要几分钟。SMTP服务器则是遵循SMTP协议的发送邮件服务器,用来发送或中转发出的电子邮件。

SMTP是一种TCP协议支持的提供可靠且有效电子邮件传输的应用层协议。SMTP是建立在FTP文件传输服务上的一种邮件服务,主要用于传输系统之间的邮件信息并提供来信通知。

SMTP独立于特定的传输系统,只需要可靠有序的数据流信道支持。SMTP重要特性之一是其能跨越网络传输邮件,即“SMTP邮件中继”。通常,一个网络可以由公众互联网TCP

可相互访问的主机、防火墙分隔的 TCP/IP 网络 TCP 可相互访问的主机，以及其他 LAN/WAN 中的主机利用非 TCP 传输层协议组成。使用 SMTP，可实现相同网络中处理机之间的邮件传输，也可通过中继服务器或网关实现某处理机与其他网络之间的邮件传输。

三、HTTP

HTTP（Hypertext Transfer Protocol，超文本传送协议）是分布式、协作式、超媒体系统应用之间的通信协议，是万维网（World Wide Web）交换信息的基础。它允许将 HTML 文档从 Web 服务器传送到 Web 浏览器。HTML 是一种用于创建文档的标记语言，这些文档包含到相关信息的链接。可以单击一个链接来访问其他文档、图像或多媒体对象，并获得关于链接项的附加信息。HTTP 工作在 TCP/IP 协议体系中的 TCP 协议上。

四、RTP/RTCP

RTP（Real-time Transport Protocol，实时传输协议）由 IETF 在 RFC 3550 和 3551 中定义。RTP 被定义为传输音频、视频、模拟数据等实时数据的传输协议，与传统、关注于高可靠数据传输的传输层协议相比，它更侧重于数据传输的实时性。RTP 提供的服务包括数据顺序号、时间标记、传输控制等。RTP 通常与传输控制协议（RTCP）一起工作，RTP 只负责实时数据的传输，RTCP 负责对 RTP 的通信和会话进行带外管理（如流量控制、拥塞控制、会话源管理等）。RTP 位于传输层（通常是 UDP）之上，应用程序之下，实时语音、视频数据经过模数转换和压缩编码处理后，先送给 RTP 封装成为 RTP 数据单元，RTP 数据单元被封装为 UDP 数据包，然后再向下递交给 IP 封装为 IP 数据包。

RTP 通常和 RTCP 一起工作，在 RTP 会话期间，各参与者周期发送 RTCP 消息。RTCP 消息含有已发送数据的丢包统计和网络拥塞等信息，服务器可以利用这些信息动态地改变传输速率，甚至改变净荷的类型。RTCP 消息也被封装为 UDP 数据包进行传输。

第五章 相关通信技术

第一节 多路复用技术

多路复用是指两个或多个用户共享公用信道的一种机制。通过多路复用技术,多个终端能共享一条高速信道,从而达到节省信道资源的目的。多路复用包括频分多路复用(FDM)、码分多路复用(CDM)、时分多路复用(TDM)等。

一、频分多路复用(FDM)

FDM 通信又称载波通信,将传输频带分成 N 个部分,每一个部分均可作为一个独立的通道使用。如图 5—1 所示。

这样在一对传输线路上可同时传送 N 路通道信息,而每一路通道所占用的只是其中的一个频段。

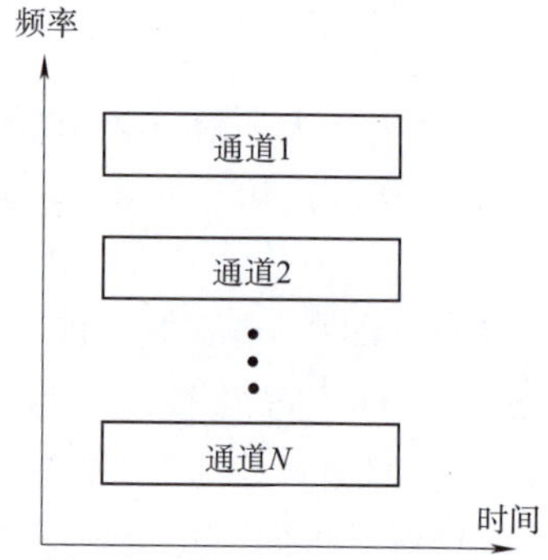

图 5—1 频分多路复用

二、码分多路复用(CDM)

CDM 是通过不同的编码来区分各路原始信号的一种复用方式,主要和各种多址技术结合实现无线接入。每个用户可在同一时间使用同样的频带进行通信,但使用的是基于码型的分割信道的方法,即每个用户分配一个地址码,各个码型互不重叠,通信各方之间不会相互干扰,且抗干扰能力强。码分多路复用技术主要用于无线通信系统,特别是移动通信系统。它不仅可以提高通信的话音质量和数据传输的可靠性以及减少干扰对通信的影响,而且增大了通信系统的容量。

三、时分多路复用(TDM)

TDM 通信实际是时间分割通信,将传输通道进行时间分割以传送若干个话路信息,如图 5—2 所示。

如图 5—3 所示,在时分多路复用中,每一用户(第一路、第二路……)在指定时间内接通信道,其他时间为别的用户按指定时间接通,为了使发端各路和收端各路能互相对应协调一致地工作,在发端需传送一个同步信号,利用同步控制信号确保发端和收端协调工作。

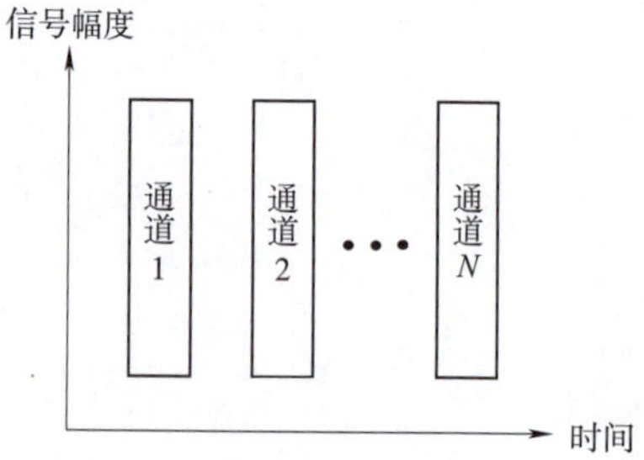

图 5—2 时分多路复用

从话音模拟信号转换成数字信号的过程中可知,为确保接收端能将离散的数字信号还原成连续的模拟信号,取样频率需采用 8 000 Hz,即每隔 125 μs 取样一次。因此,就 PCM 时分通信而言,把 125 μs 时间分成许多小段落,每一小段落占一小段时间间隔,将每一路信号的传输时间分配在不同的时间间隔时，以达到互相分开的目的（每一路所占有的时间间隔称为时隙）。

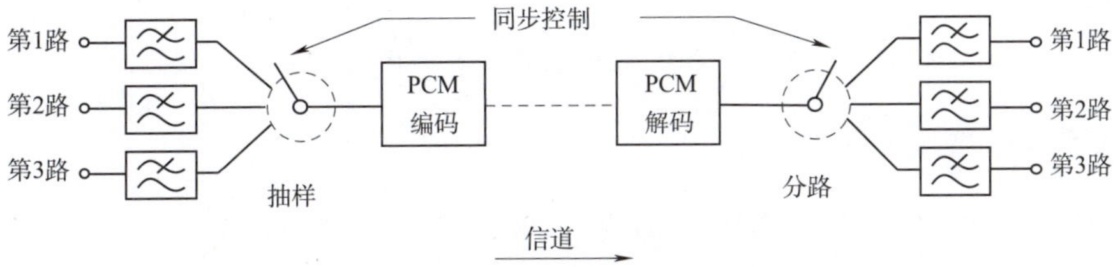

图 5—3　PCM 时分多路复用示意图

第二节　数字锁相环技术

数字交换设备通过数字接口互联互通时，必须解决系统间的同步问题，这就要用到数字锁相环技术。利用数字锁相环技术，可以使本系统时钟相位与上级时钟源的相位同步，从而达到两个系统同步的目的。

数字锁相环的基本原理如图 5—4 所示。

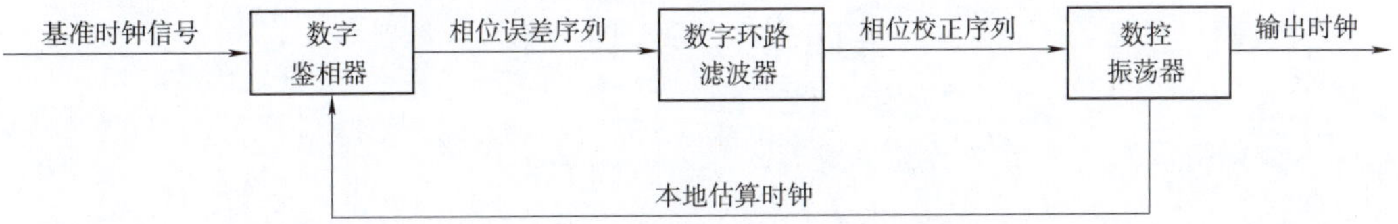

图 5—4　数字锁相环基本原理图

图中基准时钟信号即由上级时钟源提供的同步时钟信号，该时钟信号一般从数字接口的信号码流中提取，频率一般为 8 kHz 或 2. 048 MHz。

数字鉴相器将基准时钟信号和本地估算时钟信号的相位进行比较，并将两者的相位差信号（相位误差序列）输出，输入到数字环路滤波器。

数字环路滤波器对输入的噪声起抑制作用，并且对环路的校正速度起调节作用，保证相移和抖动指标满足一定要求。数字环路滤波器产生一个相位校正序列给数控振荡器使用。

数控振荡器又称为数字钟，产生本系统所需的时钟，同时产生与基准时钟信号同频率的本地估算时钟信号，供数字鉴相器使用。

经过以上处理，输出的时钟信号与输入的基准时钟信号实现同步。

第三节　回波相消技术

一、回波相消技术简介

回波相消一般采用 DSP 数字信号处理技术，对回波信号进行自适应预估而提前将之消除。要成功实现这一点，必须充分考虑多种因素，并采用相应的技术和算法，如自适应滤波算法、自动增益控制、背景噪声过滤等,同时考虑空间回波、线路回波和非线性回波、啸鸣检测、快速跟踪回声环境变化等影响及抑制。

回波相消效果与自适应滤波时长关系较大。自适应滤波时长越长效果越好,但对 DSP 要求越高,算法也越复杂。所以,这项技术到目前还在不断发展中。

二、回波相消技术应用

在模拟调度通信设备中,为防止主通道(麦克风和喇叭)啸鸣,调度台采用脚踏控制的单工通话方式,车站值班台采用模拟音控自动半双工的通信方式。

在数字调度通信设备中,调度台的通话装置有主通道(麦克风和扬声器)和辅通道(手柄),要实现主通道的全双工通话,必须解决啸鸣问题。

引起啸鸣的关键是话音的回波。在一次通话过程中,回波成分往往很复杂。从回波产生途径来看,可分为空间回波和线路回波两种。空间回波是指从扬声器出来的声音又通过麦克风进去返回给讲话的人;线路回波是指发出去的声音在电路或线路上传输时,由于二/四线变换等因素,一部分声音又返回给讲话的人。线路回波又分为近端回波和远端回波两种。从回波的性质看,回波可分为线性回波和非线性回波两种。

数字调度系统的操作台运用回波相消技术实现了调度指挥的全双工通信。

第四节 会 议 桥

一、会议桥应用

在数字交换网络中,只能实现两个用户之间的双向通话及一个用户对多个用户的广播式通话(一个用户为主持,其他用户只能听不能说),不能完成三个或三个以上用户全双工会议交换。

在数字调度交换系统中,采用数字共线的通信方式,调度台具备组呼和全呼的调度功能及会议功能,运用数字会议电路可以实现该功能。

二、数字会议电路基本原理

数字调度通信系统采用 PCM 传输系统,由于 PCM 编码为非线性码,无法实现直接相加。假设有 A、B、C 三个用户要进行全双工会议,必须将话路相加,为解决这一问题,一般采用以下两种方式。

方式一是将 PCM 信号解码变成模拟信号,模拟信号相加后,经编码再变成 PCM 信号输出,如图 5—5 所示。

A 讲话,B 和 C 都能听到;B 讲话,A 和 C 都能听到;C 讲话,A 和 B 都能听到,实现 A、B、C 三个用户之间的全双工会议。

方式二是将 PCM 信号由 A 律编码信号变成线性编码信号,然后将线性编码信号相加,相加后的线性编码信号再变回 A 律 PCM 编码信号,如图 5—6 所示。

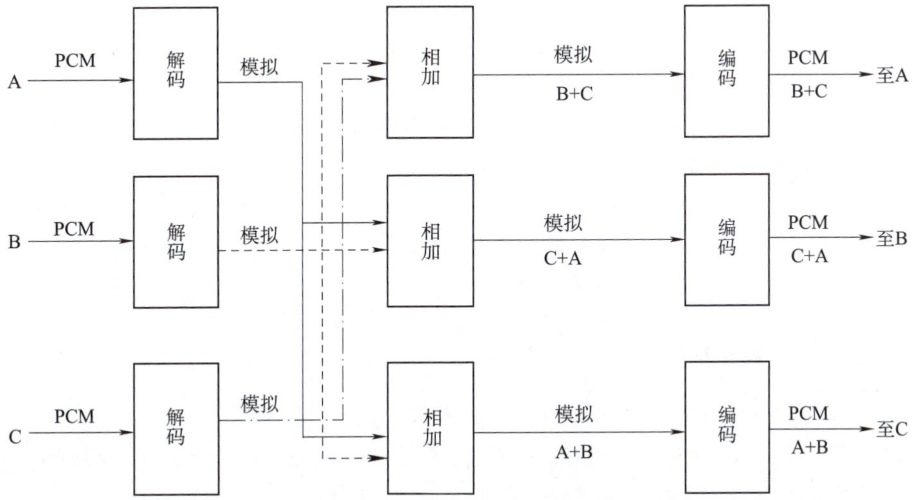

图 5—5 PCM 信号变成模拟信号后相加

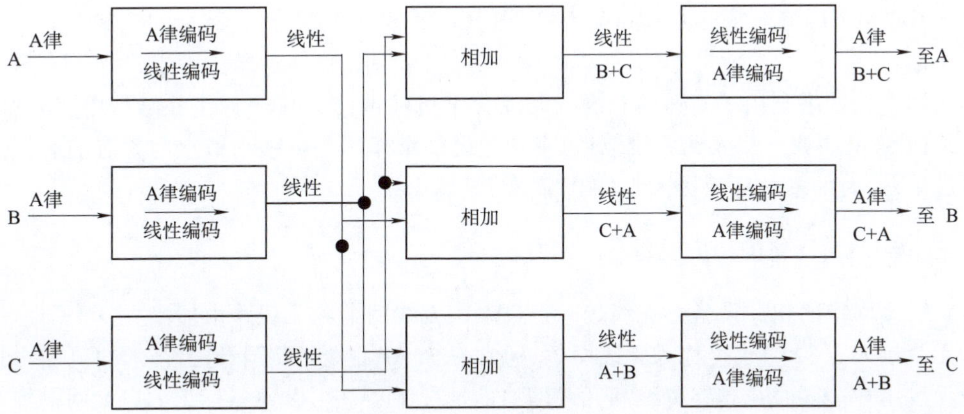

图 5—6 A 律 PCM 信号变成线性编码信号后相加

第五节 WLAN 技术

WLAN 是指以无线信道作为传输媒介的局域网。无线局域网与基于蜂窝网、专用分组交换网及其他技术的无线数据通信相比，有许多区别。无线局域网支持高速突发数据业务，以无线多址信道作为传输媒介，提供传统有线局域网的功能，使用户真正实现随时、随地、随意的宽带网络接入。WLAN 可以使笔记本电脑、PDA 等移动终端设备不需要布线，自由接入因特网，从而降低基础设施投入，解决有限空间范围内移动接入的问题，具有安装便捷、使用灵活、可移动、易扩展等多方面优点，可以为车站、货房、站段及需要移动办公的部门提供有限移动的数据通信服务。

一、WLAN 的标准

WLAN 主要使用 IEEE802.11 协议簇。

IEEE802.11 协议簇主要是为 WLAN 制定的媒体访问控制层(MAC)和物理层(PHY)标准,主要应用于隐藏终端的无线通信网络。802.11a 标准工作于 5 GHz 频段,支持的最大速率为 54 Mbit/s。而 802.11b 和 802.11g 标准工作于 2.4 GHz 频段,分别支持 11 Mbit/s 和 54 Mbit/s的最大速率。IEEE802.11 是一个快速发展的标准,其目标是更高的带宽、更高的速度适应性,满足人们对无线宽带接入的需要。

二、WLAN 的拓扑结构

WLAN 有两种主要的拓扑结构,即自组织网络和基础结构网络。

自组织网络是一种对等模型的网络,又称为 Ad hoc 网络,是一种无中心控制网络,信息流采用分组数据格式,传输采用包交换机制,基于 TCP/IP 协议,若干个移动终端组成一个独立的 IP 网络,接入固定的有线网络,它的建立是为了满足暂时需求的服务。自组织网络由一组有无线接口卡的无线终端组成。这些无线终端以相同的工作组名、扩展服务集标识号(ESSID)和密码等对等的方式相互连接,在 WLAN 覆盖范围内,进行点对点或点对多点之间的通信。

基础结构网络利用了高速的有线或无线骨干传输网络。在这种拓扑结构中,移动节点在基站(BS)的协调下接入到无线信道,基站的另一个作用是将移动节点与现有的有线网络连接起来,这时的基站称为接入点(AP)。

三、WLAN 网络的相关设备

WALN 网络的相关设备有无线接入点(AP)、无线网卡和无线路由器等。

无线接入点(AP)也可称为无线网桥,通常一个 AP 能够在几十到上百米的范围内连接多个无线用户。同时在具有有线和无线网络的情况下,AP 可以通过标识的以太网电缆与有线网络连接,作为有线网络与无线网络的连接点。

无线网卡与传统以太网卡的差别就在于它的数据传送是通过无线电波,而以太网卡是通过一般的网线。目前网卡使用的接口可分为 PCMCIA、USB、PCI 三种。

无线路由器是将有线路由器和无线网桥的功能合二为一,既能实现宽带接入共享,又能轻松拥有无线局域网的功能。

第六章　音视频质量评价方法

在多媒体应用中，如何评价音视频质量是应用中经常要面对的一个问题。评价音频、视频质量的方法分为主观评价和客观评价两种，下面分别简单介绍。

第一节　主观评价方法

一、音频质量主观评价

语音质量 MOS 评估级别标准见表 6—1。

表 6—1　MOS 评估级别标准

级别	用户满意度
5(优)	很好：声音清楚，听不到回声，交流流畅
4(良)	较好：声音清楚，仔细听才会听到回声，交流欠缺顺畅，有点杂音
3(中)	还可以：听不太清楚，察觉到回声，但对通话不造成干扰，可以交流
2(差)	勉强：听不太清楚，回声中等大小，对通话有干扰，交流重复多次
1(劣)	极差：听不懂，回声明显，对通话有明显干扰，交流不畅通

调度台与调度台、调度台与值班台、站间行车电话、区间电话语音质量评估 MOS 大于 4 级。测试方法如下：

(1)接通主、被叫两条通路并保持。

(2)通话监听，进行语音质量主观评估。

(3)分别由 20～60 岁年龄段男女组成主叫组和被叫组对语音质量进行主观评估并对级别打分，取平均值。

二、视频质量主观评价

图像主观评价指标体系见表 6—2。

表 6—2　图像主观评价指标体系表

编号	项目	评分					
		5 分	4 分	3 分	2 分	1 分	加权值
1	马赛克效应	无	不严重	较严重	严重	极严重	0.3
2	边缘处理	优	良	中	差	极差	0.05
3	颜色平滑度	优	良	中	差	极差	0.05

续上表

编号	项　目	评　分					
		5分	4分	3分	2分	1分	加权值
4	画面还原清晰度	优	良	中	差	极差	0.35
5	快速运动图像处理	优	良	中	差	极差	0.1
6	复杂运动图像处理	优	良	中	差	极差	0.1
7	低照度环境图像处理	优	良	中	差	极差	0.05

参加主观评估的人员大于10人以上，其中包括专业人员与非专业人员。主要对图像的色彩、分辨率、内容完整性、连续性、边缘处理、细节处理、快速运动图像处理、复杂运动图像处理、低照度环境图像处理等方面比对原始图像情况下进行主观评估。以5分值进行质量评估，最后统计平均值。

第二节　客观评价方法

一、音频质量客观评价

1. 失真度

谐波失真主要引起声音发硬、发炸；而稳态或瞬态互调失真主要引起毛糙、坚硬和混浊。二者均使音质劣化，若失真度超过3%时，音质劣化明显。音响系统的音箱影响较大，一般最小的失真度也要超过1%。

2. 频响与瞬态响应

频响指音响设备的增益或灵敏度随信号频率变化的情况，用通频带宽带和带内不均匀度表示。带宽越大，高、低频响应越好；不均匀度越小，频率均衡性能越好。通常，30～150 Hz低频使声音具有一定的厚度基础。

瞬态响应是指音响系统对突变信号的跟随能力。它反映脉冲信号的高次谐波失真大小，瞬态响应不佳将影响音质的透明度和层次感。

3. 信噪比

信噪比表示信号与噪声电平的分贝差，用dB表示。噪声频率的高低、信号的强弱对人耳的影响不一样。通常，人耳对4～8 kHz的噪声最灵敏，弱信号比强信号受噪声影响较突出。

4. 声道分离度和平衡度

声道分离度是指不同声道立体声的隔离程度，用一个声道的信号电平与窜入另一声道的信号电平差来表示。这个差值越大越好。一般要求Hi-Fi音响分离度大于50 dB。声道平衡度是指两个声道的增益、频响等特性的一致性。

参照ITU P.862对语音通话质量进行PESQ的客观评估，客观评估值和主观评估的相似度与可信度应大于90%以上。

二、视频质量客观评价

视频质量的客观评价主要依据相关模型给出的量化指标衡量视频图像质量。目前主要的方法一般是建立视觉感知模型，并将模型的输出值作为质量的评价或失真的度量。

主要的评价方法包括以下三个方面。

1. 峰值信噪比和均方误差

这种方法是最简单最传统的方式，它通过比较原始图像和重建图像的峰值信噪比(PSNR)及均方误差(MSE)来判断图像的质量。这种方式没有考虑图像内容对人眼的影响，不能完整地反映出图像的质量。

2. 基于HVS生理特征的视频质量客观评价方法

基于人的视觉系统(HVS，Human Visual System)的生理特性来实现对于视频质量的评测，人眼的视觉特性主要有视觉锐度、对比度、敏感度、多通道结构、掩盖效应等。根据这些特性提出了很多模型来实现视频质量的度量，这些模型能够在一定程度上实现对视频质量的评估，但是目前人们对于HVS的特性了解并不全面，因此这些模型还有待进一步完善，另外为了实现实时地评测，还需要简化模型。

3. 基于机构失真的视频质量客观评价方法

自然图像信号具有特定的结构，像素点之间带有很强的从属关系，这些从属关系包含了视觉场景中大量重要的结构信息。基于结构失真的图像和视频质量评价方法利用结构相似(SSIM，Structural Similarity)法实现视频质量评价。

第二篇 铁路调度通信

本篇包括三章。首先概括介绍调度通信的发展历程、特点及未来发展展望；其次从系统的角度详细介绍铁路调度通信系统的功能、构成、组网、主要业务实现方式等；最后简要介绍了铁路通信常用的调度通信设备的硬件结构、功能和质量要求，同时对调度通信设备维护重点和故障处理进行了简要描述。

第七章 铁路调度通信概述

第一节 铁路调度通信的发展

铁路调度通信设备发展大致经历了四个阶段。

第一阶段，20 世纪 50 年代开始至 60 年代末，以电子管为主要器件，采用机械式选叫方式，使用型号有 55 型、63 型机械式选叫调度电话设备。

第二阶段，20 世纪 70 年代初至 90 年代末，以晶体管为主要器件，采用双音频选叫方式；通话方式为总机定位受话，操纵送话，单工通信。使用型号有 YD-Ⅰ、YD-Ⅱ、YD-Ⅲ、YD-Ⅳ型。随着数字通信技术的发展，到 90 年代初出现以"数字编码"取代"双音频"编码的 DC-7 程控式调度电话总机，呼叫采用了数字编码技术，提高了选叫速度、呼叫准确率以及抗干扰能力。DC 型设备的话音仍采用模拟信号传输，属于模拟设备。

第三阶段：20 世纪 90 年代末，以集成电路芯片为主要器件，采用了数字交换和计算机技术，实现了传输通道的数字化和端站的数字时分交换，解决了调度通信、站间通信、站场通信、区间通信等通信业务的综合接入，并实现了集中管理。使用型号有 CTT2000L/M、FH98Ⅱ、ZST-48 等。

第四阶段：2000 年以后，随着我国铁路重载运输、电气化改造、既有线提速、青藏线和高速铁路的建设。特别是 2004 年铁路生产力布局调整，以及调度通信系统与 GSM-R 互联互通需要，对调度通信系统进行了升级。通过升级进一步提高了调度通信设备的安全性、可靠性，实现了调度电话全路统一编号以及有线调度通信与无线调度通信的融和。使用型号有 CTT4000、MDS3400 和 ZST-48(G4k)等型号的大容量调度交换机。

目前铁路调度通信系统的内部核心还是基于 64 kbit/s 交换，交换的信息量很有限，只适用于语音信息的传送，不能传送数据、图像等其他应用信息。

随着通信技术的发展以及铁路调度指挥业务需求的变化，调度通信系统逐步向宽带数字化方向发展。多媒体调度通信就是把铁路调度通信系统与数据网、综合视频监控等系统，通过多媒体终端，实现 G.721 宽带语音调度、数据调度、视频调度于一体的调度通信系统，实现语音、传真、短信、邮件、视频等多种通信手段和处理方式。多媒体调度通信将大大提高用户对突发事件的反应速度和处理效率，最大限度地减少事故损失，是实现铁路各级运输调度指挥、高效监控更加有效的信息系统。同时，也能降低调度员的劳动强度，创建新一代调度指挥的工作环境，是实现铁路运输的信息化、数字化、现代化的有效手段。

第二节　铁路调度通信系统的特点

铁路调度通信点多线长、距离远、集中管理、沿线分布，且安全性、稳定性、保密性要求较高。为了更好地满足铁路运输生产的需要，现阶段调度通信系统具有以下主要特点：

1. 安全可靠性高，为保证调度指挥不间断通信创造了条件

通过实施调度所交换机同城异地双中心备份、调度所终端双口接入、沿线调度交换机数字环组网，以及调度设备主要部件采用 1+1 热备份，传输系统自愈保护等措施，即使系统部分发生障碍，仍然不影响正常使用。

2. 实现了有线调度通信系统与无线调度通信系统的融和

通过调度所调度交换机与 GSM-R 系统的 MSC 互联互通，实现了有线调度通信与无线调度通信的融和。

3. 多种业务的综合接入，为区段通信数字化奠定了基础

区段调度通信设备不仅成功地开放了各类区段调度通信业务，还很好地解决了站间通信、站内通信、区间通信等通信业务的接入。配置音频 2/4W 接口，为用户提供透明的音频通道；配置共线通道，为无线列调提高通道。总之，根据业务需要配置相应接口可实现多种业务的综合接入，为区段通信数字化、网络化奠定了基础。

第八章　铁路调度通信系统

第一节　铁路调度通信系统功能

调度通信系统可以全面实现铁路各项专用通信业务，包括区段调度通信、站场通信、站间通信、区间通信、专用通信等，同时利用该系统可为其他业务提供通道音频或共线。调度通信系统还具有集中维护管理和自动通道保护等功能。

一、调度电话业务功能

区段调度电话业务包括列车调度、货运调度、牵引供电等调度电话业务。系统为各类调度电话提供单呼、组呼、全呼、会议等调度功能，还具有呼叫保持、呼叫等待、呼叫转接等扩展功能。

二、其他专用电话业务综合接入功能

1. 支持站场电话的接入

车站调度交换机可以接入各类调度分机和站场电话，提供站场通信业务。

2. 支持站间电话的接入

在数字传输通道中，配置两条站间时隙，还可利用站间模拟线路作为站间通信的备用通道，提供站间通信业务。

3. 支持区间电话的接入

在车站调度交换机配置区间电话转接板、区间上/下行接口通过区间电缆实回线接引至区间通话柱，区间电话可以拨打上/下行车站值班员、行车调度员、牵引供电调度员，提供区间通信业务。

4. 开放其他专用电话业务

如车务专用：在车务设调度台，所辖机构设调度分机，提供调度电话业务功能。

三、全时隙交叉功能(DXC 功能)

全时隙交叉功能可以为其他业务或应用提供点对点的(64k 或 $N\times64$k)通道，如站内、邻站间或任意两个站间的通道。同时，利用调度交换机会议资源，还可以为其他业务(如无线列调大三角通信)提供数字共线通道。

四、数字环自愈功能

调度所调度交换机和车站调度交换机之间可采用 E1 数字环组网，具备数字环自愈功能，E1 通道在任何一处断开时，都不会影响系统的正常运行。

五、断点保护功能

车站调度交换机采用 E1 数字环组网，环网上单个车站调度交换机断电或故障时，该车站调度交换机将自动从环上脱离，不影响其他车站调度交换机的使用。

六、集中维护管理功能

调度通信系统的集中维护管理系统参照 TMN 标准，网管包括性能管理、配置管理、故障管理、安全管理四大功能。

1. 性能管理

显示调度所调度交换机和各车站调度交换机的网络拓扑结构；查看网络、调度所调度交换机和各车站调度交换机的运行状况；查看各设备单板和接口的状态；查看系统的程序和数据版本；加载程序和数据；主备切换等。

2. 配置管理

可配置网管终端权限和管理范围、网络通道、调度交换机数据、调度台数据等。

3. 故障管理

系统所有告警、故障信息的收集、统计和分析，生成告警日志，查询和打印告警信息。

4. 安全管理

控制各管理终端的权限，配置各级管理员、操作员的用户名和密码以及操作权限。

第二节 铁路调度通信系统构成

一、调度通信系统的总体结构

调度通信系统的总体结构由调度所调度交换机、车站调度交换机、用户终端（如调度台、值班台等）、网管和传输网络组成。

图 8—1 描述了调度通信系统的总体结构，除上述环形组网方式外，还可通过远程值班台、单 E1 接入车站调度交换机等方式，实现调度用户的接入。调度所交换机部署在铁路局调度所或大型调度指挥中心，主要用于接入各种调度台和车站调度交换机，是整个系统的核心。

车站调度交换机通常安装在各车站（场、所），通过传输通道与调度所调度交换机相连，主要用于接入车站值班台、远程调度台、远端调度分机、站间电话、区间电话、站场电话等。

调度所调度交换机和车站调度交换机的功能、结构相同，只是容量大小不同，通常统称为调度交换机。

二、调度交换机的组成

调度交换机一般由电源模块、控制模块、交换模块、资源模块、时钟模块和接口模块等组成。其方框图如图 8—2 所示。

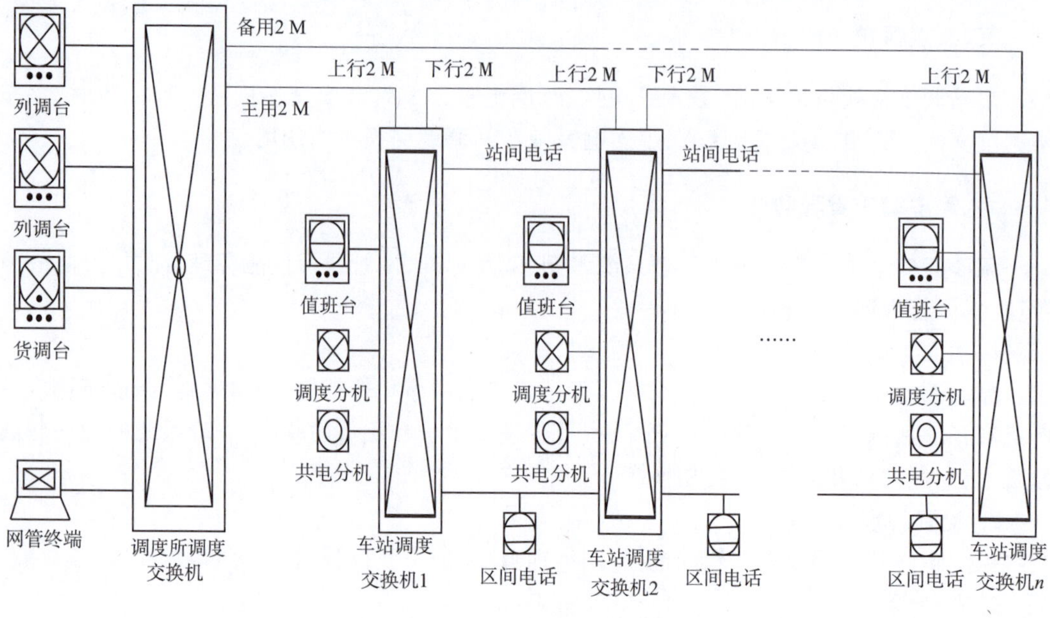

图 8—1 调度通信系统的总体结构图

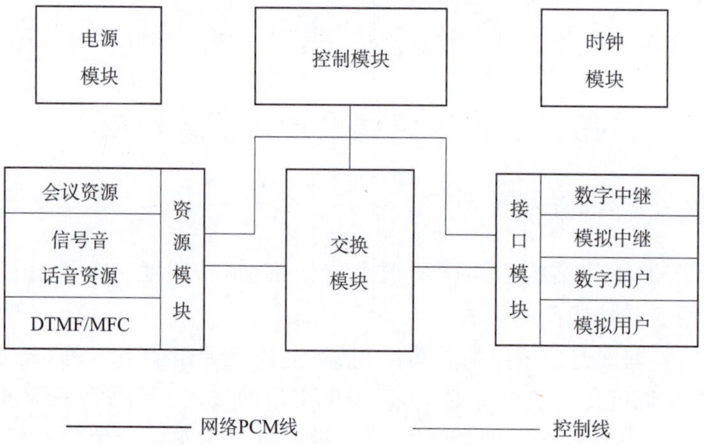

图 8—2 调度交换机的组成方框图

(一)电源模块

电源模块实际上是二次电源,即输入为 -48V,经 DC/DC 转换后,为系统提供各种工作电源,主要为 ±5 V、±12 V、铃流等。如果现场没有 -48 V 电源,则需另配一次电源系统。一般为分层供电、双备份设计,具有负荷分担、实时热备份功能。

(二)控制模块

控制模块实现对调度交换机的交换网络、各种资源和接口的控制和管理,以及各种信令的处理。

控制模块一般为多处理机架构,采用模块化设计,集中和分散相结合的控制方式,各处理机分级实现负载分担和功能分担。

主处理机：实现对全系统的综合控制和管理，包括对各子处理机、交换网络和重要资源等的控制和管理。

子处理机：在主处理机的控制下实现对特定功能的控制和管理；主、子处理机均具有实时热备份功能。

（三）交换模块

交换模块实现网络交换功能。各接口和各资源通过网络总线连接到交换网络上，在控制模块（一般由主处理机直接控制）的控制下，完成接口资源或数据的交换。

（四）资源模块

资源模块提供各种公共资源，所谓公共资源是指挂在交换网络上的任意接口均可使用这些资源，主要是会议资源、双音多频（DTMF）资源、多频互控（MFC）资源等。

会议资源用以实现系统所需的各种会议功能，包括数字共线、全呼、组呼、会议呼等功能。

双音多频（DTMF）资源用以实现对各接口终端设备（如双音频话机）的双音频收发功能。

多频互控（MFC）资源用以实现采用中国 No.1 信令的局间数字中继的多频互控收发功能。

（五）时钟模块

时钟模块提供所需的各种时钟、时序信号。时钟模块是数字交换的基础，与数字交换相关的各部分（包括交换网络、各接口和各资源、各种控制信号等）均需在时钟模块提供的统一时钟、时序下协同工作，从而完成交换功能。

（六）接口模块

接口模块负责提供各类终端（包括双音频话机等通用终端和操作台等专用终端）或其他设备的接口。

调度交换机的主要接口如下：

1. 2 M 接口

2 M 接口分 2 M 中继接口和 2 M 数字用户接口。

（1）2 M 中继接口：调度交换机通过 2 M 中继接口与其他交换机连接，实现组网。

（2）2 M 数字用户接口：连接数字用户，如触摸屏调度台、IP 电话机等。

2. U 接口（2B + D 接口）

调度交换机通过 2B + D 接口与调度/值班台（统称操作台）连接。该接口为调度交换机与操作台间提供两个 64 kbit/s 的话音通道，以及一个16 kbit/s的信令通道。其传输载体为普通的双绞线。

3. 用户接口

具有音频用户接口、共电接口的功能。可以接入双音频自动电话机或共电话机作为调度、站场分机。音频用户接口支持脉冲/双音频拨号选叫。共电接口摘机立接呼叫预先配置好的被叫用户。

4. 共分接口（环路接口）

用以接入站场扩音、广播设备，实现站场广播等功能。

5. 磁石接口

接入既有站间电缆回线，实现磁石电话功能，通常用于区间通话柱接入。站间模拟通道还可作为站间数字通道的备份，当本站调度交换机障碍时，通过邻站调度交换机临时提供相关业务。

6. 上、下行区间接口

接入车站的下行区间回线，具有原区转机（KJ-76 或 QJ-87）下行区间的全部功能。下行区间接口馈电，支持脉冲和双音频收号。通常情况下，区间电话拨 2 为呼叫上行站、拨 3 为呼叫下行站等。

7. 2/4 线音频接口

接入各类具有 2/4 线音频接口的终端，为其他业务（如无线列调、红外线、调监等业务）提供音频通道，组网形式可以是共线或点对点方式。

8. 模调接口

可代替原有的各种调度总机（DC、GC、YD 类），把原有的调度回线接入到数字调度通信系统中，接入未数字化改造的调度区段。

三、调度通信终端设备

调度通信终端设备包括操作台和电话终端。电话终端通常有自动话机和共电话机，自动话机可选叫通话对象，共电话机摘机后可呼通指定通话对象。操作台是数字终端设备。与调度交换机类似，按照使用对象的不同，调度员使用的操作台称为调度台、车站值班员使用的操作台称为值班台。调度（值班）员通过操作台上各按键进行操作实现调度通信，如应答来话、单呼、组呼、全呼用户、转移或保持来话、召集会议等。

按照产品形态，操作台分键控式操作台和触摸屏操作台两种。

（一）键控式操作台

键控式操作台由键盘、显示、控制、接口、通话回路和电源六部分组成。其组成如图 8—3 所示。

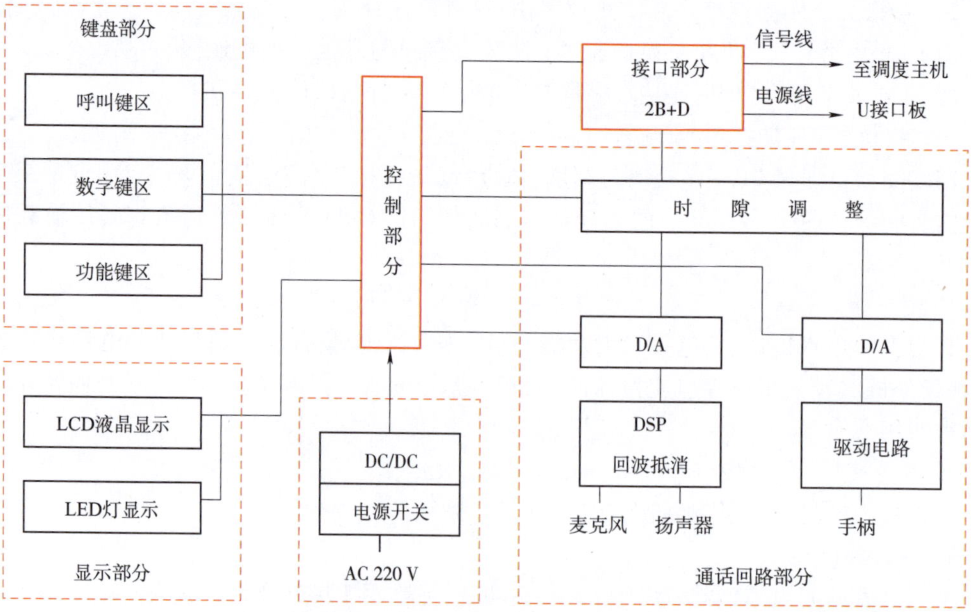

图 8—3 键控式操作台的组成方框图

1. 键盘部分

键盘部分为调度(值班)员提供操作界面。一般分为呼叫键区、功能键区和数字键区。

呼叫键区为调度(值班)员提供单键呼叫或单键组呼功能,同时具备应答和挂机功能。该键区一般为48键和24键两种规格,键区内任何键均可根据现场需要任意定义。

功能键区为调度(值班)员提供其他特定的功能,如键权、主辅切换、转移、保留、会议、全呼、录音、放音等功能。

数字键区为呼出拨号和菜单选择、参数设置键区。

2. 显示部分

显示部分用以指示操作台的运行和各种呼叫状态,一般分为灯显和液晶显示两部分。灯显通过指示灯的不同颜色和不同闪烁频率提示当前各种状态;液晶显示则可以很直观地显示各种更复杂的状态。

3. 接口部分

接口部分负责实现操作台与调度交换机的接口。操作台采用2B+D接口,传输码型为2B1Q码。两个话音通道分别对应操作台的主辅通道,而操作台与调度交换机之间各种信令交互则是通过16 kbit/s的信令通道完成。

4. 控制部分

控制部分实现操作台内各部分的管理和控制、操作台的呼叫处理、与调度交换机的信令交互等功能。

5. 通话回路部分

通话回路分为主通道(外置麦克风和扬声器)和辅通道(手柄)两部分。两个通道均为全双工通信。主通道一般采用回波相消和自动增益控制等技术,以防止啸鸣,提高通话质量。

6. 电源部分

电源部分为操作台提供所需的各种工作电源,如±5 V、3 V等。一般采用远端供电方式,即操作台电源部分的输入由操作台所接入的调度交换机提供。

(二)触摸屏操作台

触摸屏操作台是用手指直接点击触摸显示器进行操作的调度台或值班台。

1. 触摸屏操作台的特点

(1)操作简便。触摸屏技术提供了目前最简单、方便的人机交互方式,只需要用手指轻触屏幕上的图形按钮,便可进入操作界面。

(2)一键完成。有些操作需要输入多项指令,例如用功能号呼叫机车台,需要输入字母和数字,用键控式操作台要按多个键容易出错,有些操作需要输入复杂指令,例如要用拨号盘进行呼叫、回拨、紧急呼叫等操作时,键控式操作台较难实现,而触摸屏操作台采用计算机编程,很多操作可以一键完成。

(3)扩展性好。键控式操作台键盘的数量和定义是固定的,而触摸屏操作台是一种计算机输入设备,利用图形按钮可重新配置、翻页,容易按需要升级。

2. 触摸屏操作台的组成

触摸屏操作台由液晶显示屏、主机(工控机)和通话装置(手柄和耳麦)三部分组成。这三部分可装在一起组成一体化触摸屏操作台,同时还可配置麦克风及鼠标,支持触摸与鼠标同时操作。触摸屏操作台与调度交换机之间通过 2B + D 或 2 M 接口连接,支持主辅两个通道,其中右手柄或麦克风、扬声器为主通道,左手柄为辅通道,其外观如图 8—4 所示。

图 8—4 一体化触摸屏调度/值班台

如果三部分分开设置,便是一台分体式触摸屏操作台,其外观如图 8—5 所示。

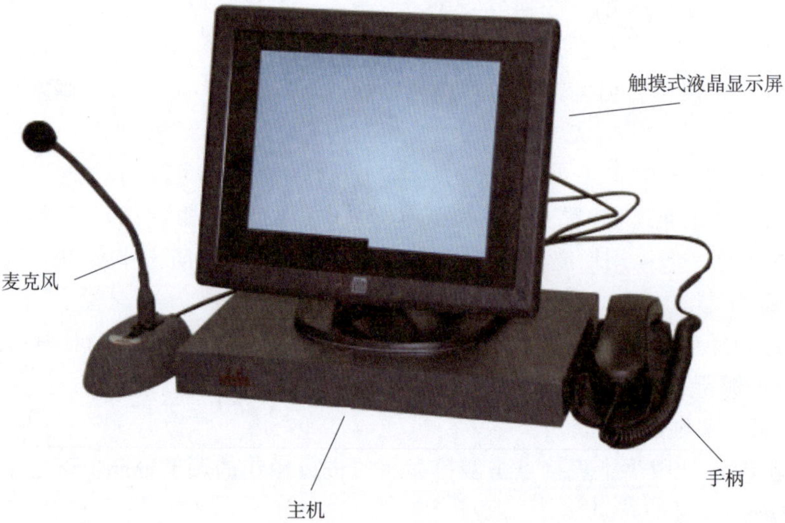

图 8—5 分体式触摸屏操作台外观

(1)触摸屏显示器

触摸屏显示器的操作界面如图 8—6 所示,有消息显示区、呼叫键区和功能键区三部分:

①消息显示区:显示各种呼叫状态和信息,可显示呼叫方向、中文名称、功能号码、优先级、呼叫状态、通话开始时间、结束时间、ISDN 号码等信息。

②呼叫键区:有单呼、组呼按键,包含若干个单呼按键、组呼按键、语音广播按键,各个按键用于完成相应的呼叫,同时显示相应的呼叫状态,并具有翻页功能。

③功能键区;有上一条键、下一条键、主应答/主挂机键、保持键、转接键、切换键、拒绝键、自动键、静音键、重拨键、拨号盘键、设置键和会议键等,各个按键用于完成相应的功能。

随着技术发展和使用需要,触摸屏操作台的操作界面也在不断完善和发展。

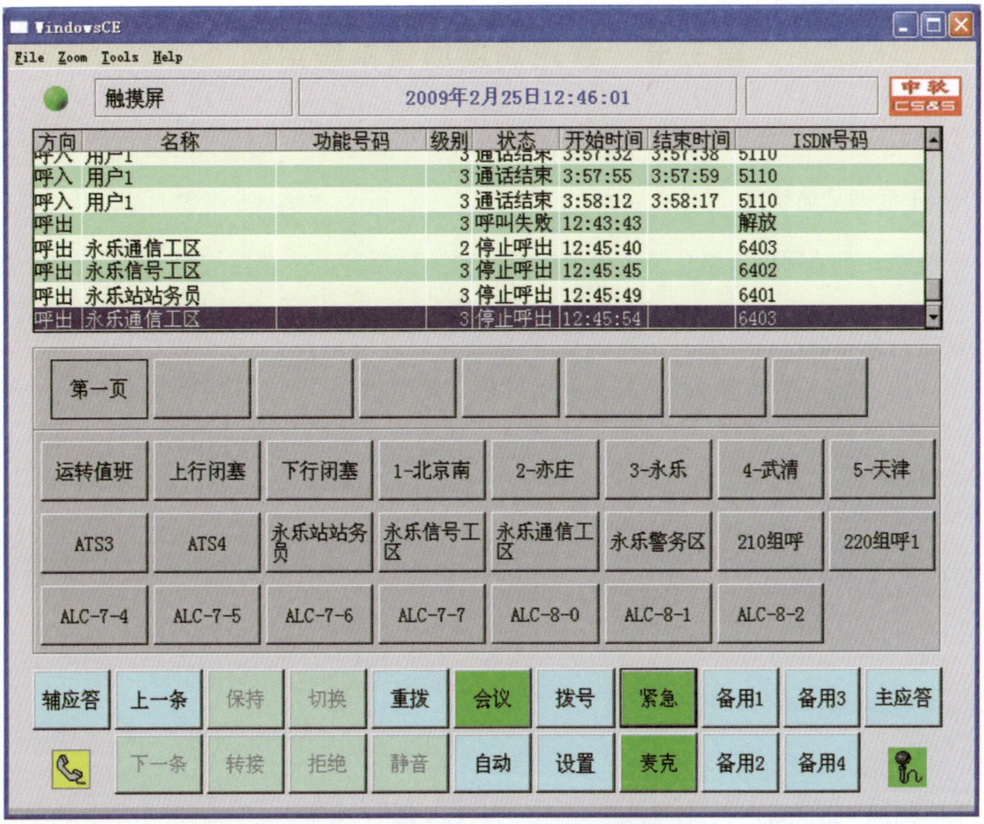

图 8—6　触摸屏显示器的操作界面图

(2)触摸屏主机

触摸屏主机的功能是实现接口控制、呼叫处理、显示处理和通话处理。

接口部分完成调度台与调度交换机的接口功能，分 2B + D 接口、2 M 接口和双 2 M 接口三种类型。2B + D 接口与键控式操作台原理相同。2 M 接口的传输码型为 HDB3 码，为调度/值班台与调度交换机之间提供两个或多个 64 kbit/s 的话音通道，以及一个 64 kbit/s 的信令通道，64 kbit/s 的信令通道完成调度/值班台与调度交换机之间各种信令交互。双 2 M 接口的主要功能与 2 M 接口相同。2 个 2 M 接口可以分别接入互为备份的两套调度交换机，或同一个调度交换机的两个模块，以实现调度台的双接口备份。

其他组成与计算机主机基本相同，在此不再赘述。

(3)通话装置

触摸屏操作台的通话装置有主辅两个通道，都支持使用外置麦克风、扬声器或手柄，并可任意分别使用麦克风、扬声器和手柄。

两个通道还都支持头戴式耳机和耳麦，均支持摘挂机、PTT、通话装置在位信息提示功能。

触摸屏操作台屏和键控式操作台两者供电方式略有差异，触摸屏调度台一般采用本地 220 V 交流供电，也可采用 48 V 直流供电。

触摸屏调度台除了具有键控调度台所有的功能之外，还有强制静音、双通道双向音量可调、双通道 PTT、双通道摘挂机、双通道通话装置在位信息提示等功能。

第三节　铁路调度通信系统组网

铁路调度通信系统由干线调度通信网和区段调度通信网组成，二者统一组网。

一、干线调度通信网

干线调度通信网由铁路总公司调度交换机和各铁路局汇接交换机组成，采用复合星型网络结构。

铁路总公司调度指挥中心设置一主、一备两台调度所交换机，分别以星型方式连接18个铁路局的主、备汇接交换机；干调台采用双接口触摸屏调度台，同时接入铁路总公司（铁路局）主备用调度所交换机，主要负责干调通信业务。干线调度通信网网络结构现状如图8—7所示。

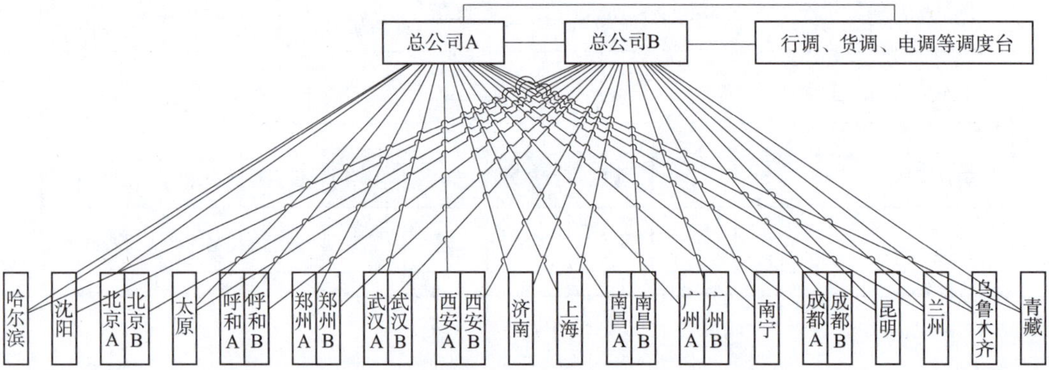

图8—7　干线调度通信网网络结构现状

二、区段调度通信网

区段调度通信网由各铁路局调度所调度交换机与车站调度交换机组成，通常采用E1环状网络结构。也可采用远程操作台或单E1方式接入车站调度交换机。

根据业务量大小和设备型号，铁路局调度所设置主、备调度所交换机若干台，调度所交换机与车站交换机大多采用数字环方式连接，铁路局管内的调度所交换机通过汇接交换机与铁路总公司干调交换机连接。

三、调度通信网的组网原则

1. 系统由调度所交换机、车站交换机、调度台、值班台以及其他各类固定终端和网管终端构成。

2. 调度所调度交换机一般设置在铁路总公司调度指挥中心和铁路局调度所通信机械室；车站交换机一般设置在车站和用户相对集中的通信机械室；调度台设置在各类调度员所在地；值班台设置在车站值班员所在地。

3. 干线调度通信网各调度交换机间的连接采用标准 30B + D 中继接口，DSS1 信令。

4. 接入客专调度业务的调度所交换机应与 GSM-R 系统的 MSC 互联，采用 30B + D，DSS1 信令。

5. 跨局客专行车调度业务，在相关铁路局调度所交换机之间设置直达路由。

6. 各铁路局调度交换机间采用内部信令或 30B + D、DSS1 信令方式连接；调度交换机与车站交换机间采用内部信令连接。

7. 调度通信系统按照行车调度区段的划分进行组网，一个行车调度区段可由多个数字环组成。在普速铁路，调度区段一个数字环中车站交换机数量一般不超过 15 套；在高速铁路，调度数字环中车站交换机的数量一般在 5 ~ 8 套。

8. 数字环方向原则上按铁路线下行方向站序顺序串接，对枢纽调度（集中调度）可以根据线路传输的实际情况，将多个方向的车站串接后组环。

9. 数字环的相切点宜选择在相邻两个列调区段的分界站，当两个列调台同时管辖多个车站时，选择在两端的某一车站。

10. 相邻两个列调区段在分界站的数字环不具备相切条件时，相邻车站交换机以数字中继方式相连，采用 DSS1 信令，实现站间通信。另外可通过相应的调度所调度交换机、相邻局间汇接交换机互联通道实现局间分界站站间通信的第二路由。

11. 调度台和值班台的主、辅通道分别录音。

第四节　铁路调度通信主要业务的实现方式

调度通信业务包括区段调度电话、站内（场）电话、站间电话、区间电话业务。

一、区段调度电话业务的实现方式

区段调度电话包括列车调度电话、货运调度电话、牵引供电调度电话等。调度通信系统可以实现铁路局所有方向、所有区段的区段调度电话业务。

（一）区段调度通信系统的运用方式

调度台和车站值班台之间的通信，需要调度所交换机和相关车站调度交换机协同完成。以数字环组网为例，调度员和车站值班员之间的话音通道为数字共线通道，呼叫信令在专用通信时隙内传送。专用通信时隙为典型的总线式结构，以调度所为主导，对各车站调度交换机采用分时轮循的访问方式。

车站调度交换机的话路部分平时不接入语音通道，只有当车站调度交换机的控制部分确认是呼叫本系统内的用户时，控制交换网络接通主被叫端口，将话路部分接入语音通道，并通过会议电路实现数字共线运用方式，如图 8—8 所示。

（二）区段调度电话呼叫过程

调度员单呼某调度终端时，调度所调度交换机向该终端所属车站调度交换机发出呼叫信息，该车站调度交换机收到呼叫信息后向被叫终端发出呼叫信号（值班台或话机振铃），调度员听回铃音；被叫终端摘机应答后，该车站调度交换机向调度所调度交换机发送被叫应答信号，然后调度所调度交换机、车站调度交换机将网络接通，调度员和被叫用户通话；通话

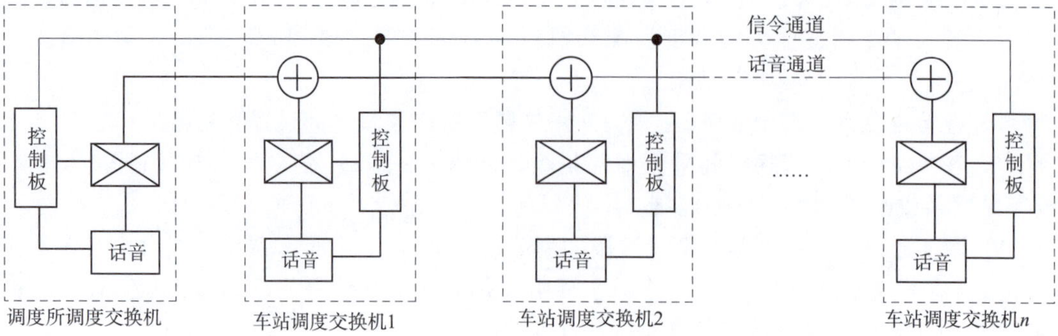

图 8—8 数字共线运用方式

完毕一方挂机后，挂机方所属系统（调度所调度交换机或车站调度交换机）向对方发拆线信息，未挂机方所属系统收到该挂机信息后向未挂机终端送忙音。终端呼叫调度员过程与以上相同。

调度员组呼或全呼时，调度所调度交换机在专用通信通道上发组呼或全呼信息，相应用户对应的车站调度交换机收到该组呼或全呼信息后，向相应终端发出呼叫信号（值班台或话机振铃），调度员听回铃音；当某一被叫终端摘机应答后，其所属车站调度交换机向调度所调度交换机发送被叫应答信号，然后调度所调度交换机和该车站调度交换机将网络接通，调度员与之通话，其他用户陆续摘机后自动加入通话。部分终端挂机后，自动退出通话；当调度员或所有终端都挂机后，该呼叫拆除。

在一个 2 M 环内，一个调度业务占用一个 64 k 共线时隙。

（三）区段调度电话的通话方式

调度电话的通话方式为全双工方式，是以调度员为中心的一点对多点的通信系统。区段调度员可按个别呼叫、组呼或全呼等方式呼叫调度辖区范围内所属用户并通话，并接收所属用户的呼叫并通话。

二、站（场）内电话业务的实现方式

站（场）内电话包括车站（场）集中电话、驼峰调车电话、平面调车电话、货运电话、列检电话、车号电话和商检电话等。每个车站调度交换机可实现以一个或多个车站值班台为中心，接入各种站场电话。值班员使用操作台，通过 2B + D 接口接到车站调度交换机；站场内的用户可以通过共电接口、共分接口、磁石接口及站场广播系统等接入到车站调度交换机，通过车站调度交换机的全数字无阻塞时隙交换网络实现了站（场）内电话业务，值班员可以通过操作台上的按键任意实现单呼、组呼、会议呼。

车站调度交换机具有台联功能，可实现值班员之间的通信。同时支持拨号呼叫、出局呼叫等功能。

站场电话业务为车站调度交换机内部业务，不需占用 2 M 环内的时隙。

三、站间电话业务的实现方式

站间电话是指两车站（相邻）值班员之间进行话音联络的点对点电话业务。站间呼叫一般为单键操作，即一键直通。

上行、下行站间行车电话使用同一个站间时隙，一旦该站间时隙中断，站间行车电话便不通了，因此为了安全就要占用两个站间时隙，并且上下行站间行车电话不安排在同一时隙，一主一备便于环回沟通，如图 8—9 所示。

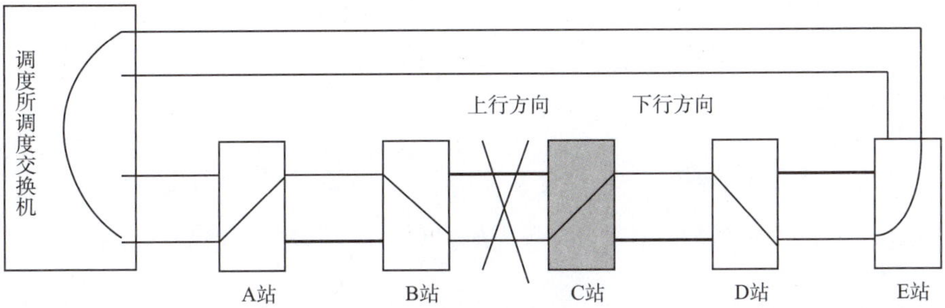

图 8—9　站间行车电话回线中断环回示意图

图中粗线为主用的站间时隙，细线为备用时隙，每个站将上下行方向的备用时隙作固定连接，调度所调度交换机和环回车站也将备用时隙作固定连接，形成一个闭合的大环。当主用 2 M 通道中断，两条站间时隙全部中断，这时闭合大环的备用时隙启用，由备用的站间时隙迂回沟通。图 8—9 中的 B 站与 C 站之间 2 M 线路中断，C 站上行闭塞也中断，便由下行方向环回沟通。

调度通信系统可利用既有的站间模拟通道（模拟实回线）作为站间数字通道的备份，当某车站调度交换机无法通过数字通道与邻站通信时，系统会自动将站间通信切换到模拟备用通道上进行。车站调度交换机一般采用磁石接口接入站间模拟通道，根据电缆情况也可采用共总/共分接口。

四、区间电话业务的实现方式

在普速铁路沿线大多设有区间通话柱，提供 2 ~ 4 对实回线。其中区间自动回线是将车站的自动电话延伸到区间；区间直通回线将车站到区间连接起来，分别加装磁石电话实现区间作业人员与车站值班员的通话功能，区间电话人工线将电话所和区间连接起来，现场加装磁石电话可与电话所通话。区间电话回线接入车站调度交换机配置的区间电话转接板，实现区间电话的相互呼叫，区间电话与上/下行车站值班员、行车调度员、牵引供电调度员的双向呼叫，区间电话单向呼叫归属地的自动电话。区间电话业务的拨叫方式通常如下：

1. 区间电话相互呼叫：区间电话拨“01”，另一区间电话摘机后双方通话。

2. 区间电话与上行车站值班员相互呼叫：区间电话拨“02”，上行车站值班员应答双方通话。反之，车站值班员呼叫下行区间，按[下行区间]呼叫键，该区间各区间电话振铃，任一区间电话摘机后双方通话。

3. 区间电话与下行车站值班员相互呼叫：区间电话拨“03”，车站交换机收到后启动区转板内置的 5 000 Hz 振荡器工作，向下行站发送 5 000 Hz 振荡频率，下行站收到 5 000 Hz 振荡频率后，向车站值班台送出铃流，下行车站值班员应答后双方通话。反之，车站值班员呼叫上行区间，按[上行区间]呼叫键，车站调度交换机收到后向上行区间送出铃流，该站上行区间各区间电话都振铃，任一区间电话摘机后双方通话。

4. 区间电话与列调（电调）台相互呼叫：区间电话拨“04”，车站调度交换机收到“04”后向调度所交换机发送呼叫信息，调度所交换机收到呼叫列调（电调）信息，向列调台（电调台）发送呼叫信号，列调台（电调台）响铃，调度员应答后双方通话。反之，调度员呼叫区间电话，按相应[区间键]，调度所交换机向相应车站调度交换机发送呼叫信息，车站调度交换机收到呼叫信息后，接通网络并向下行区间送出铃流，该区间各区间电话都振铃，任一区间电话摘机后双方通话。

5. 区间电话呼叫自动电话：区间电话拨“00 + 自动电话号码”，车站调度交换机收到呼叫自动电话号码后，接通网络并向通过本站调度交换机所接入的自动电话发起呼叫，自动电话交换机收号、分析号码、接通网络并向被叫用户振铃，被叫用户摘机双方通话。

第五节　铁路调度通信系统用户编号

一、原　　则

铁路固定调度电话用户的号码采用 8 位编号 $H_0H_1H_2$ABCDE。H_0 为固定调度电话的标识号码，H_1H_2 为铁路总公司、各铁路局所在地的固定调度电话长途局向号码，ABCDE 为固定调度电话的内部编号，其中前 3 位 ABC 为调度所调度交换机和车站调度交换机的局向号码，后 2 位 DE 为调度交换机下的终端用户编号。

二、编号规则

固定调度电话标识号码 H_0 全路统一规定为“7”。

（一）固定调度电话长途局向号码 H_1H_2

H_1H_2 是铁路总公司、铁路局调度所调度交换机长途局向号码，H_1H_2 分配见表 8—1。

表 8—1　铁路总公司、铁路局调度所调度交换机长途局向号码

调度所名称	局向号码	扩展局向号码	调度所名称	局向号码	扩展局向号码
铁路总公司	20		北京局	21	23、25
沈阳局	31	36、37	哈尔滨局	33	35、84
济南局	43	40	上海局	41	47、48、49
南昌局	18	44	呼和浩特局	81	82
太原局	27	29	郑州局	53	59
武汉局	51	70、80	广铁集团	57	50、56、58
成都局	61	63、65	南宁局	69	13、64
昆明局	67	66	西安局	55	54
兰州局	71	72、79	乌鲁木齐局	73	77、78
青藏公司	75	74			

（二）调度电话内部编号 ABCDE

1. 调度所调度交换机和车站调度交换机局向号码 ABC

ABC 用于标识铁路总公司、铁路局管内的调度所调度交换机和车站调度交换机的局向号。

（1）A 的取值范围为 0～9。根据系统组成，当一个调度所调度交换机所接的车站调度交换机较多时，其 A 位可以是 0～9 中一个或多个值。

（2）各铁路局调度所主用调度交换机 ABC 为 A00，备用调度交换机 ABC 为 A99，主备用交换机 A 位值相同。无备用或交换机不具备双机热备条件时，A99 预留。

（3）车站调度交换机的 A 位编号与其所接入的调度所调度交换机 A 位编号相同，在 A01～A98 间依次排序。车站调度交换机一般分配 1 个 ABC 号码，当某个车站调度交换机用户号码不足时，该车站调度交换机可设多个 ABC 号码。

（4）车站调度交换机 ABC 号码按先干线车站、后支线车站的顺序进行号码分配，按铁路下行方向顺序依次编号。

2. 终端用户编号 DE

DE 标识调度交换机用户。

（1）DE 的取值范围为 01～99。

（2）用户号码中的 D 位不作规定，可根据各调度所调度交换机/车站调度交换机所带相同专业的用户情况选择确定。E 为具体的调度业务用户种类。E 位规定见表 8—2。

表 8—2 调度用户的编号中 E 位规定

E	专业用户系统	E	专业用户系统
1	列调、货调、客调、计划等运输用户	6	电务、信息
2		7	会议或预留
3	机务、水电、电力系统的用户	8	公安、军运等用户
4	动车、车辆等系统用户	9	预留
5	工务系统（综合维修）用户	0	安监（其中 D 位不能为 0）

3. 虚拟用户号

各调度交换机预留用户号 ABC00 作为虚拟用户号，供 GSM-R 网的虚拟组呼使用。

4. 与调度所调度交换机直接连接的用户号码

与调度所调度交换机直接连接的用户号码 DE 为 01～99。干调用户原则上接入汇接交换机，条件不具备时可接入其他调度所调度交换机。

5. 车站调度交换机的用户 DE 编号（表 8—3）

表 8—3 车站用户 DE 位编号规则

序号	单位名称	统一编号（DE）						
		运输		机务电力	车辆红外	工务	电务	公安军特
1	车站主值班员	11						

续上表

序号	单位名称	统一编号(DE)						
		运输		机务电力	车辆红外	工务	电务	公安军特
2	中助理/助理值班员	21						
3	主值班员应急通信		12					
4	站调	31						
5	站调助理		32					
6	驼峰信号		22					
7	车站外勤值班 1	41						
8	车站外勤值班 2		42					
9	线路值班员 1	51						
10	线路值班员 2		52					
11	清扫/扳道 1	61						
12	清扫/扳道 2		62					
13	清扫/扳道 3	71						
14	清扫/扳道 4		72					
15	车站站长	81						
16	客运		82					
17	货运主任/计划	91						
18	货场/仓库 1		92					
19	货场/仓库 2	01						
20	车站道口		02					
21	列检 1				14			
22	列检 2				24			
23	轴温				34			
24	商检				44			
25	车站红外				54			
26	车号 1				64			
27	车号 2				74			
28	军运							18
29	车站公安/派出所 1							28
30	车站公安/派出所 2							38
31	机务值班/本段			13				
32	机务计划			23				
33	机务派班/整备			33				
34	公寓机务叫班			43				

续上表

序号	单位名称	统一编号(DE)						
		运输		机务电力	车辆红外	工务	电务	公安军特
35	机务扳道 1			53				
36	机务扳道 2			63				
37	通信 1						16	
38	通信 2						26	
39	通信 3						36	
40	信号 1						46	
41	信号 2						56	
42	信号 3						66	
43	信息预留 1						76	
44	信息预留 2						86	
45	预留 1						96	
46	预留 2						06	
47	工务领工区					15		
48	桥梁领工区					25		
49	工务工区 1					35		
50	工务工区 2					45		
51	桥梁工区					55		
52	区间道口					65		
53	接触网领工区			13				
54	电力领工区			23				
55	接触网工区			33				
56	分区亭工区			43				
57	变电所工区			53				
58	电力工区			63				
59	给水工区			73				
60	车站配电/远动机房			83				

第六节　铁路调度通信系统与其他系统/设备的互联

一、时钟及时间同步系统

(一)调度通信系统的时钟同步

调度通信系统通过数字中继接口实现互联互通,利用锁相技术使本交换机时钟与上级时钟源的频率和相位同步,从而达到系统同步。

(1)铁路总公司、各局汇接交换机的主用同步时钟信号从本地 BITS 设备提取,铁路总公司、各局汇接交换机配置的时钟作为第一从时钟。

(2)其他调度所交换机的同步时钟信号从与汇接交换机互联的 2 M 上提取。

(3)车站交换机采用主从同步方式。

(二)调度通信系统的时间同步

(1)调度通信系统的网管从 NTP 时间服务器提取时间同步信号。

(2)调度所交换机、车站交换机、调度台、车站值班台从网管上获取时间同步信号。

二、GSM-R 系统

调度所调度交换机与本地 GSM-R 系统的移动交换机(MSC)互联,车站调度交换机通过调度所调度交换机与 MSC 连接,与 MSC 的接口采用 30B + D 接口和 DSS1 信令,实现有线调度通信与无线调度通信的融合。

三、应急通信系统

应急中心通信设备与调度网之间接口采用 Z 接口或2 048 kbit/s数字中继接口互联数字接口互联时,大多采用 DSS1 信令,实现调度通信系统与应急通信系统终端设备间的语音互通。

四、铁路行车通信语音记录装置

(一)铁路行车通信语音记录装置的作用

铁路行车通信语音记录装置(以下简称语音记录装置)是强化铁路行车安全管理的重要设施,是铁路交通事故分析的语音记录依据。语音记录装置对下述行车设备的语音内容进行不间断的记录:

1. 调度所、车站设置的列车调度电话、列车无线调度通信设备(车站台、调度台等)、站间行车电话。

2. 车站内用于站场调车作业的通信设备。

3. 动车组、机车和自轮运转特种设备的车载无线调度通信设备。

4. 根据需要,可对调度所、车站用于行车指挥作业的自动电话进行语音记录。

(二)调度通信系统与语音记录装置的连接方式

1. 数字连接(或称 2M 录音)

主要用在调度所侧或大型站场侧,通过 PRI 接口板(30B + D 接口板)与 2M 录音仪相连,录音接口的对应关系数据由网管配置。

2. 模拟连接(或称为后台录音)

目前应用最广泛的连接方式,可用于各种场合、各种型号的数字调度通信设备中,实现方式是通过调度交换机的 2/4M 接口与录音仪相连,录音接口的对应关系数据由网管配置。

3. RJ45 接口连接或称为前台录音

指从调度通信操作台等终端设备的录音输出口直接引出的一种录音方式,主要用在小型站场侧，可应用在各种型号的数字调度通信设备中。录音接口的对应关系是物理固定的，每个操作台两路，分别对应主、辅通道，由配线决定连接关系。

第七节　铁路调度通信系统质量标准

调度通信系统的质量标准应符合国家、行业标准以及铁路总公司有关规定。

一、外观强度标准

调度通信系统设备的外观强度标准规定如下：

(1)设备安装牢固、位置适当、使用维修方便。

(2)引入线、配线整齐合理，焊接良好。

(3)各零部件坚固、完整无缺，机内外金属器件无明显锈蚀。

(4)按键、扳键、话机叉簧接点、数字调度操作台键盘操作良好，动作正确灵活，自复及可锁性能良好。

(5)数字调度触摸屏表面清洁，无明显划痕，透明度、透光率好，显示内容完整清晰可辨，操作响应灵敏，触摸无漂移。

(6)插接件接触良好，压力适当，动作灵活，印刷电路板面无严重损坏或浮起现象。

(7)各部件活动部分无严重磨耗旷动，动作灵活，清洁。

(8)话筒、耳机绳、软线表皮无破损，芯线无损伤。

二、调度通信设备电气特性指标

(一)调度通信设备质量标准(表8—4至表8—6)

表8—4　调度通信设备质量标准一

项目 接口	标称阻抗	两线接口电平	环路电阻	接收灵敏度	发送频率准确度	发送信号时长	发送铃流	备注
2 M数字接口	75 Ω/ 120 Ω							
用户接口	200 Ω + 680 Ω// 0.1 μF	发 0 dBr 收 -3.5 dBr	≤2 000 Ω				(25 ±3) Hz (75 ±15) V	含共线接口
磁石接口	600 Ω	发 0 dBr 收 -3.5 dBr		(25 ±10) Hz ≥30 V 持续 0.5 s		(25 ±3) Hz 2 s	(25 ±3) Hz (75 ±15) V 0.3 s	
下行区间接口		(5.2 ±0.9) dB			5 kHz ±100 Hz			其他同用户接口
上行区间接口				5 kHz ±100 Hz -10 dB				其他同磁石接口

表 8—5 调度通信设备质量标准二

接口 \ 项目		标称阻抗（Ω）	两线接口电平（dB）	接收灵敏度（dB）	发送频率准确度（%）	接收频率范围（%）	Ⅰ/Ⅱ选叫信号持续时间（s）	发送信号时长（s）	备注
音频选号接口	总机接口	600 或 1 400	发送电平 5 ±2		≤ ±0.4		Ⅰ选叫 2 ±0.2 Ⅱ选叫 2 ±0.2		共线电路电平
	分机接口	≥20 000	发送电平 2.6 ±2.6	-34	≤ ±0.1	±10		2 ±0.2	

表 8—6 调度通信设备质量标准三

接口 \ 项目	标称阻抗（Ω）	输出脉冲幅值（V）	两线接口电平（dBr）	四线接口电平（dBr）	误码率	时钟偏差	备注
2B + D	135	±2.5			$\leq 10^{-9}$	$\pm 100 \times 10^{-6}$	
环路接口	600（摘机）						其他同磁石接口
E/M 接口	600		发 0 收 -3.5	发 -14 收 +4			

（二）调度台/值班台质量标准（表 8—7）

表 8—7 调度台/值班台质量标准

项　目	质量标准	备注
调度台/值班台显示功能	支持主叫线识别提供业务，显示主被叫号码、功能号、功能号翻译显示、ISDN 号、通话记录、通话状态、时间等信息内容	
启动时间	<2 min	
呼叫等待数量	≥6 路	

第九章　铁路调度通信设备和维护

第一节　铁路调度通信设备简介

一、佳讯 MDS3400 系统

(一)佳讯飞鸿数字调度通信设备概述

佳讯飞鸿数字调度通信交换机的类型有 FH98、FH98-G、MDS3400,三者之间的区别见表 9—1。

表 9—1　FH98、FH98-G 和 MDS3400 的区别

名称	硬件	软件	交换容量	功能比较	使用范围	接 MSC
FH98	相同	不同	1 k	较强	铁路	否
FH98-G		不同	1 k	强	铁路、部队	是
MDS3400	不同	不同	4 k	很强	铁路、部队、石油等任何行业	是

各种类型调度交换机的组网方式,见表 9—2。

表 9—2　各种类型调度交换机的运用方式

型号	使用于不同地点的类型		组网方式
	调度所调度交换机侧	车站调度交换机侧	
FH98	M 型	S 型	配套组网
FH98-G	M 型	S 型	配套组网
MDS3400	DL4X 型	DLX 型	配套组网,可下挂 FH98/FH98-G(S 型)

注:组网时同一数字环的车站调度设备必须是同类型的交换机。

(二)MDS3400 调度交换机的硬件结构

1. MDS3400 调度交换机的总体结构

MDS3400 调度交换机采用标准的 19 英寸机柜,为插箱插板式结构,其总体结构由机柜、直流配电单元、扩展层插箱、风扇单元、控制层插箱、导风单元、交流配电单元组成,面板如图 9—1 所示。

2. MDS3400 调度交换机的控制层和扩展层

(1)控制层插箱共有 16 个槽位,如图 9—2 所示。

①7、8 槽位为 1 + 1 主备用的主控板;

②其余 14 个槽位可以插任意接口板(数字、模拟接口),其中带扩展层时需要插扩展板,15、16 槽位可插铃流板。

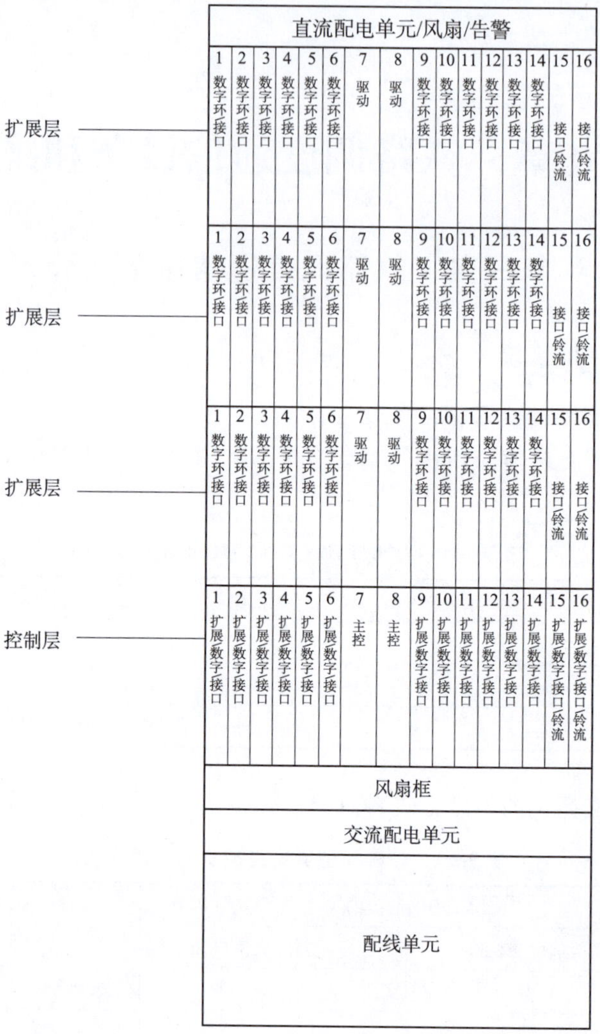

图 9—1 MDS3400 调度交换机面板

1	2	3	4	5	6	7	8	9	10	11	12	13	14	15	16
扩展/数字/接口	扩展/数字/接口	扩展/数字/接口	扩展/数字/接口	扩展/数字/接口	扩展/数字/接口	主控	主控	扩展/数字/接口	扩展/数字/接口	扩展/数字/接口	扩展/数字/接口	扩展/数字/接口	扩展/数字/接口	扩展/数字/接口/铃流	扩展/数字/接口/铃流

图 9—2 MDS3400 调度交换机控制层的结构

(2)扩展层插箱共有 16 个槽位，如图 9—3 所示。

1	2	3	4	5	6	7	8	9	10	11	12	13	14	15	16
数字环/接口	数字环/接口	数字环/接口	数字环/接口	数字环/接口	数字环/接口	驱动	驱动	数字环/接口	数字环/接口	数字环/接口	数字环/接口	数字环/接口	数字环/接口	接口/铃流	接口/铃流

图 9—3　MDS3400 调度交换机扩展层的结构

①7、8 槽位为 1+1 主备用的驱动板；

②其余 14 个槽位可以插任意接口板，15、16 槽位还可插铃流板。除 15、16 槽位外，其余 12 个槽位还可以插高速板(如数字环板)。

(三)MDS3400 调度交换机的单板

1. 主控板(MPU)的功能

系统主处理机，双网双机热备份。

提供 4 k×4 k 时隙的无阻塞交换；64 个数字信号音资源；128 方会议；实时时钟；提供整个主机系统所需的 3 级时钟，具有自由振荡、跟踪、保持 3 种工作模式；提供保存数据的存储器。

2. 数字板(DLL)的功能

提供 256/128/64 方会议，每个环 64 方；提取时钟；接口支持主备用；支持软件在线升级。

每板可提供的 E1 接口：DLL-1 板每块可提供两个 E1 接口，1 个数字环；DLL-2 板每块可提供 4 个 E1 接口，两个数字环；DLL-4 板每块可提供 8 个 E1 接口，4 个数字环。

3. 数字中继板(DTL)的功能

提取时钟；支持 No. 1、DSS1、No. 7 信令；接口支持主备用；支持软件在线升级。

每板可提供的 E1 接口：DTL-2 板每块可提供两个 E1 接口；DTL-4 板每块可提供 4 个 E1 接口；DTL-8 板每块可提供 8 个 E1 接口。

4. 标准数字用户板(EDSL)的功能

提供模拟录音接口，支持 B1、B2 混合录音和分开录音(跳线设置)；支持佳讯公司现有的专用调度终端；在电路板上以过流、过压保护器件实现过电流、过电压防护；接口支持主备用；支持软件在线升级。

每块 EDSL-4 单板可提供 4 路 E1 接口和 4 路模拟录音接口。

5. 数字用户板(DSL)的功能

提供模拟录音接口，支持 B1、B2 混合录音和分开录音(跳线设置)；支持佳讯公司现有的专用调度终端；在电路板上以过流、过压保护器件实现过电流、过电压防护；接口支持主备用；支持软件在线升级。

每块 DSL-4 单板可提供 4 路 2B+D 接口和 4 路录音接口；每块 DSL-2 板可提供两路 2B+D接口和两路录音接口。

6. 模拟用户板(ASL)的主要功能

支持DTMF的收发和来电显示,能提供反极性信号增益软件可调;在电路板上以过流、过压保护器件实现过电流、过电压防护,符合《YDN 065—1997 邮电部电话交换设备总技术规范书》的要求;支持主备用;支持软件在线升级。

单板分16/8路ASL板,可以提供16/8路模拟用户。

7. 多功能接口板(MIL)

多功能接口板(MIL)由母板和子插板组成,每块母板可插4块子插板,支持插板类型:环路HL(1路)、磁石CS(2路)、二线音频Y2P(2路)、四线音频Y4P(2路)、选号XH(2路)、共电GD(只用于区间功能,2路)。

(四)MDS3400交换机的容量

MDS3400(DL4X)和MDS340(DLX)容量见表9—3。

表9—3　调度交换机的系统容量

配置接口名称	DL4X	DLX
电路交换容量	4 096 ×4 096	512 ×512
E1数字接口数最多	112	12
可接入数字环数最多	112	6
配接调度/值班台数最多	128	32
模拟接口数最多	3 136	384
会议方数最多	64 × m(m =2 ~30)	64

(五)调度/值班台的种类和型号

调度/值班台分键控式调度/值班台和触摸屏调度/值班台两种。

1. 键控式调度/值班台

键控式调度/值班台的类型有JK24键、JK48键、KDT40/104/144键,其区别见表9—4。

表9—4　键控式调度台/值班台的区别

名称	硬件	软件	功能比较	使用地点
JK24	不同	不同	支持U接口	车站
JK48	不同	不同	支持U接口	调度所/车站
KDT	不同	不同	支持U/E1接口	调度所/车站

(1)KDT键控式调度/值班台:采用双接口设计,支持标准BRI、E1、10/100Base-T接口,低功耗,带给用户更灵活远程调度指挥模式;采用可拼接积木式多模块结构,热键数量可扩充至144,单机可作为ISDN数字话机使用。

KDT键控式调度/值班台由基本单元、扩展单元和对称单元三部分构成。基本单元可以独立工作,扩展单元和对称单元必须和基本单元进行级联后方可工作。其外观如图9—4所示。

基本单元外观图如图9—5所示。

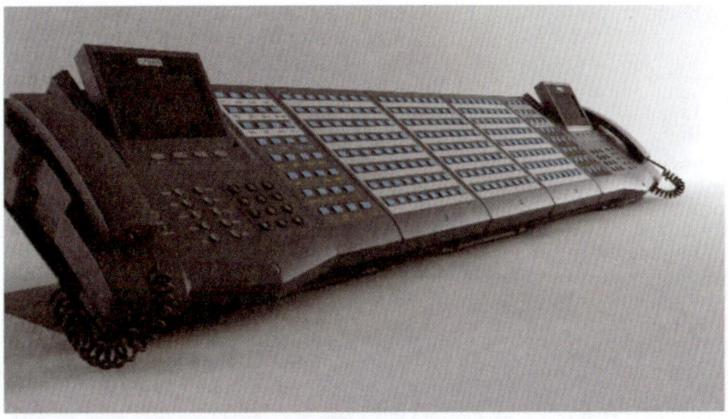

图 9—4　KDT 键控式调度/值班台外观

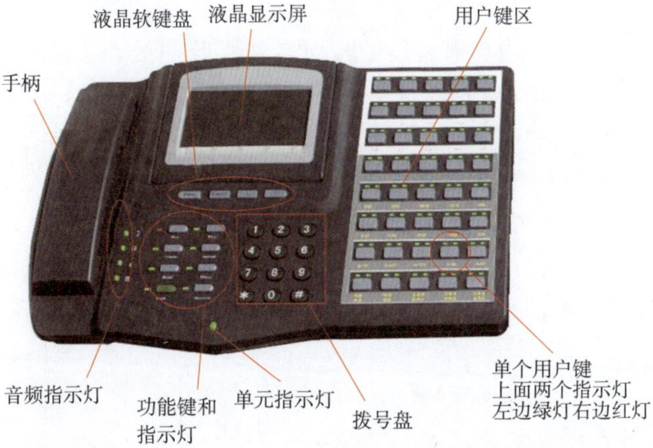

图 9—5　KDT 键控式调度/值班台基本单元外观

(2)JK24/JK48 键控式调度/值班台:采用单接口设计,操作简便。24 键调度/值班台的键位序号排列如图 9—6 所示。

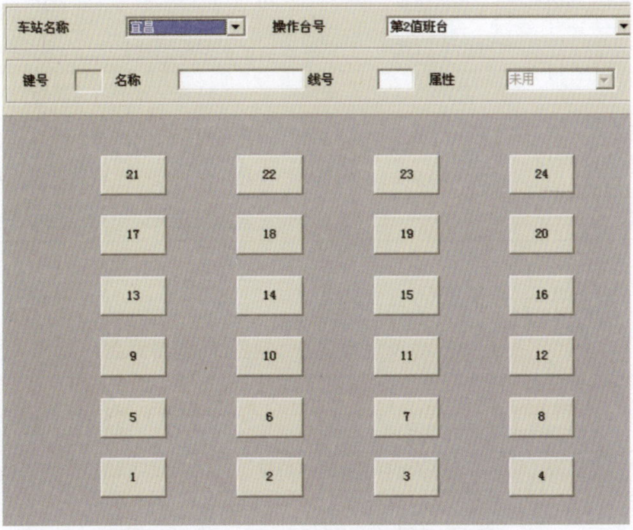

图 9—6　24 键调度/值班台的键位序号

2. 触摸屏调度/值班台

触摸屏调度/值班台采用一体化结构设计,体积小,以后出线的方式连线少,采用图形化的操作界面,功能扩展更为灵活,嵌入式操作系统带来长期安全稳定的运行。呼叫机车台比键控式操作台简单、直观。其型号有一体化Ⅰ型、一体化Ⅱ型、一体化Ⅲ型。区别见表9—5。

表9—5 触摸屏调度台/值班台的区别

名称	硬件	软件	功能比较	使用地点
一体化Ⅰ型	不同	不同	支持U接口,双手柄	调度所/车站
一体化Ⅱ型	不同	不同	支持U/E1接口,双手柄	调度所/车站
一体化Ⅲ型	不同	不同	1. 支持U/E1接口,单手柄 2. 液晶显示屏可以上下调节角度	调度所/车站

触摸屏调度/值班台显示窗口有:呼叫显示区、按键呼叫区和功能键区。

(1)呼叫显示区:显示调度/值班台呼入、呼出对象的状态信息。可显示呼叫方向、对方名称、功能号码、呼叫级别、通话状态、开始及结束时间、对方号码等信息。

(2)按键呼叫区:可根据使用情况配置单呼键、导航键、组呼键、通播键和广播键。

(3)功能键区:用来完成呼叫保持、转接、会议等功能。

触摸屏调度/值班台的供电方式是本地交流220 V转直流-48 V供电。

触摸屏调度/值班台与调度交换机可通过2B+D或E1接口连接。

二、中软CTT4000系统

(一)中软数字调度通信设备概述

CTT系列调度交换机主要分为CTT2000型和CTT4000型两大类。类型之间的区别见表9—6。

表9—6 CTT系列调度交换机的区别

类型	硬件	软件	交换容量	主要用途
CTT2000L	相同	不同	1 024×1 024	调度所调度交换机侧或较大的车站调度交换机侧
CTT2000M			512×512	车站调度交换机侧或较小的调度所调度交换机侧
CTT2000L-G		不同	1 024×1 024	GSM-R区段调度所调度交换机侧或较大的车站调度交换机侧
CTT2000M-G			512×512	GSM-R区段车站调度交换机侧或较小的调度所调度交换机侧
CTT4000	不同	不同	4 k最大16 k	GSM-R区段调度所调度交换机侧和车站调度交换机侧

各种型号调度交换机运用方式见表9—7。

表9—7 各种型号调度交换机的运用方式

型 号	运 用 方 式
CTT2000L/M	CTT2000L与CTT2000M可同环组网
CTT2000L/M-G	CTT2000L-G与CTT2000M-G可同环组网,也可与CTT2000L/M混合组网
CTT4000	可与CTT2000L/M、CTT2000L/M-G、CTT4000型混合组网

注:组网时同一数字环的车站调度设备必须是同类型的交换机。

(二)CTT4000 调度交换机的硬件结构

1. 机架结构

CTT4000 调度交换机由 16 个模块框和 1 个时钟/以太网框组成,交换机的机架采用标准 19 英寸结构,2 m 或 2. 2 m 高;所有单板插框采用 19 英寸 7U 结构,所有单板为 6U 高;机架面板如图 9—7 所示。

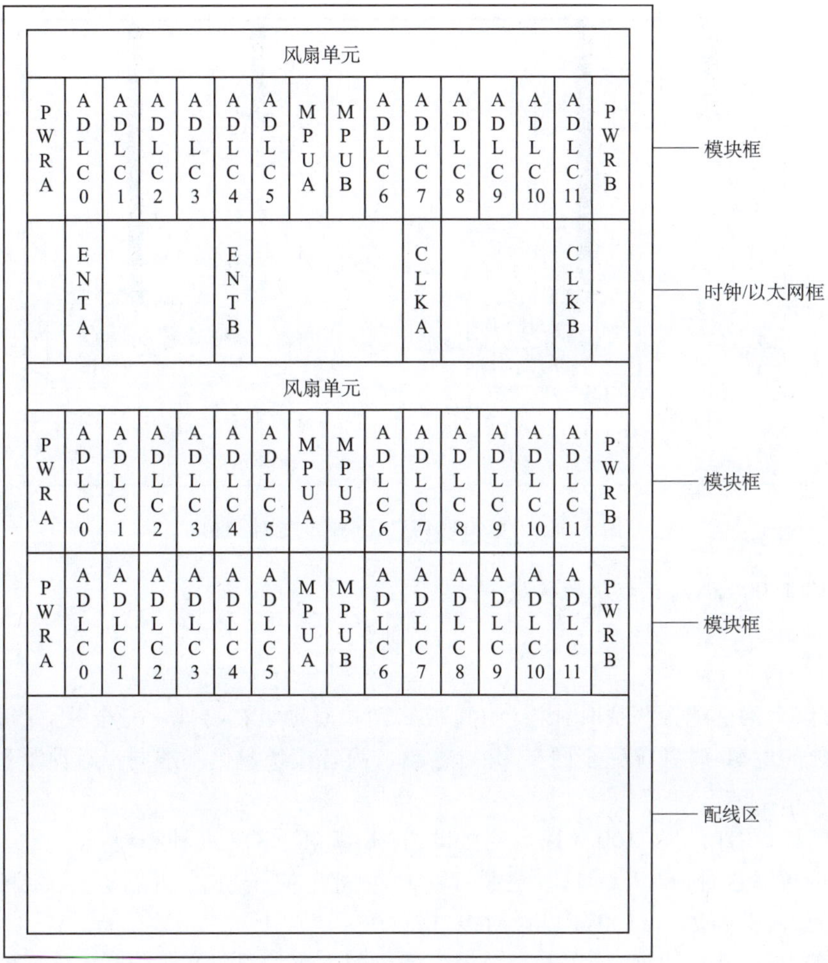

图 9—7 CTT4000 调度交换机面板

2. 总体结构

每个模块框由两块电源板(PWRA、PWRB)、两块模块处理板(MPUA、MPUB)和 12 块接口模块板(ADLC0 ~ ADLC11)组成。模块框内除 PWR 和 MPU 板的槽位固定之外,其他槽位所有接口板均可混插,满配置时有 512 个端口。每个模块框可以看成一个相对独立的小交换机,实现模块框内的呼叫接续处理。

整机最大可配置 16 个模块框,与以太网交换机组成一个星型的交换网络,实现模块框之间的呼叫接续。调度交换机的总体结构如图 9—8 所示。

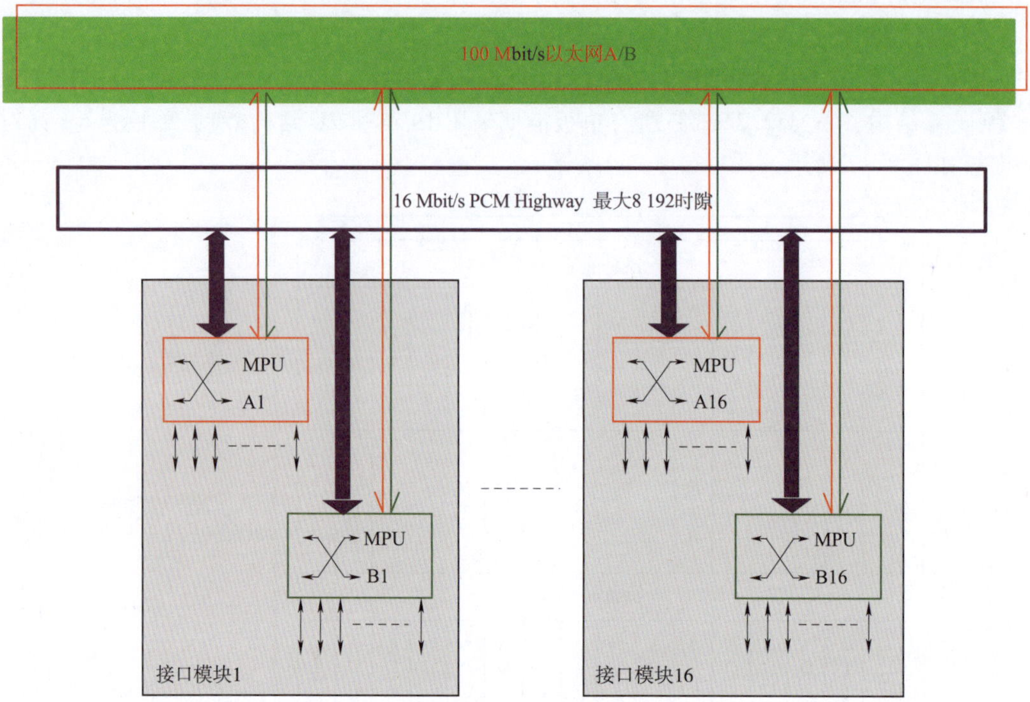

图 9—8 CTT4000 调度交换机的总体结构

(三)CTT4000 调度交换机的单板

1. 时钟/以太网框的单板

(1)时钟板(CLK)

时钟/以太网框配置两块时钟板(CLK 板),两块时钟板在物理上完全独立,每块时钟板设计有单独的电源,时钟源完全同步,并行输出。为各模块提供基准同步时钟源。

(2)以太网板(ENT)

以太网板(ENT)提供 100 M 以太网接口,有 ENT 和 ENT8 两种类型:

①ENT 板插在时钟/以太网框,配置两块,在物理上完全独立,并行运行,每板设计有单独的电源,每板提供 24 个 100 M 以太网接口。

②ENT8 板插在模块框,使用电源板提供的电源。每板提供 8 个 100 M 以太网接口。

2. 模块框的单板

(1)电源板(PWR)

电源板(PWR)提供系统所需的 ±5 V、+3 V 电源及铃流。每个模块框配两块电源板,两板的 ±5 V、+3 V 电源工作于并联热供方式,铃流互为热备份,其中一路发生故障时,另一路会自动切换。

(2)模块处理机板(MPU)

每个模块框配置两块模块处理机板(MPU 板),并行处理方式。内置 16 k × 16 k 大型数字交换网络,256 方会议资源,64 套 DTMF 资源,个性化语音 32 种,信号音 64 种,并为本模块提供全系统同步的各种时钟和时序;完成模块内和模块间的网络交换、呼叫处理和控制。

(3)数字中继处理机板(DTU)

数字中继处理机板(DTU)完成系统专用共线信令(私有信令)的处理,主要用来接入数字环,每板两个E1接口。

(4)PRI接口板(30B+D)

PRI接口板(30B+D板)完成DSS1信令的处理,主要用于跨系统互联。每板提供两个30B+D接口。通过网管数据定义网络侧和用户侧。

(5)数字用户接口板(DDU)

数字用户接口板(DDU)完成2M数字用户接口信令的处理,用来连接2M触摸屏调度台或数字话机。每板提供两个A接口。

(6)数字用户信令处理机板(DSU)

数字用户信令处理机板(DSU)完成标准U口信令及2B+D调度台接口信令处理,用来连接键控式调度台和2B+D触摸屏调度台。每板提供两路2B+D接口。

(7)接口模块母板(ALC)

接口模块母板(ALC)为子板(接口模块)提供载体。每板含有8个模块槽位,提供8个接口。使用时,只需将相应接口模块插入ALC板的某个模块槽位,同时修改对应的数据并下载,即可使用。

有关接口模块的型号、名称及用途,见表9—8。

表9—8 CTT 4000接口模块型号、名称及用途

模块型号	接口名称	用　　途
SLICM4	用户接口	连接自动用户或共电用户
ZCTIM V4.2	磁石接口	连接磁石话机或车站电话集中机的磁石盘
SLICM4Q	区间接口	连接区间实回线
VF24M V4.0	二四线音频接口	提供两线/四线音频通道
RCTNM V4.2	环路中继接口	以环路中继方式与其他交换机互联

调度所调度交换机侧和车站调度交换机侧的所有单板和子板都是一致的,没有区别,只是容量大小不同,可根据实际需要配置模块框数量。

(四)CTT4000调度交换机的容量

CTT4000系统容量:最大模块数16个;分布式网络容量:8192时隙。单模块框容量见表9—9。

表9—9 CTT 4000调度交换机单模块容量

名　称	数　　量	名　称	数　　量
网络资源	16 k×16 k	信号音	64种
会议资源	256方	2 M接口	24个
DTMF	64套	用户接口	256含Z接口、2B+D、磁石、环路、2/4线接口等
语音	32种		

(五)调度/值班台的种类和型号

调度/值班台分键控式调度/值班台和触摸屏调度/值班台两种。

1. 键控式调度/值班台

键控式调度/值班台(以下简称键控调度台)按硬件来区分,分为25键和48键两种,使用不同的软件,可以分别应用于CTT2000L/M、CTT2000L/M-G和CTT4000调度交换机。

48键键控调度台如图9—9所示。

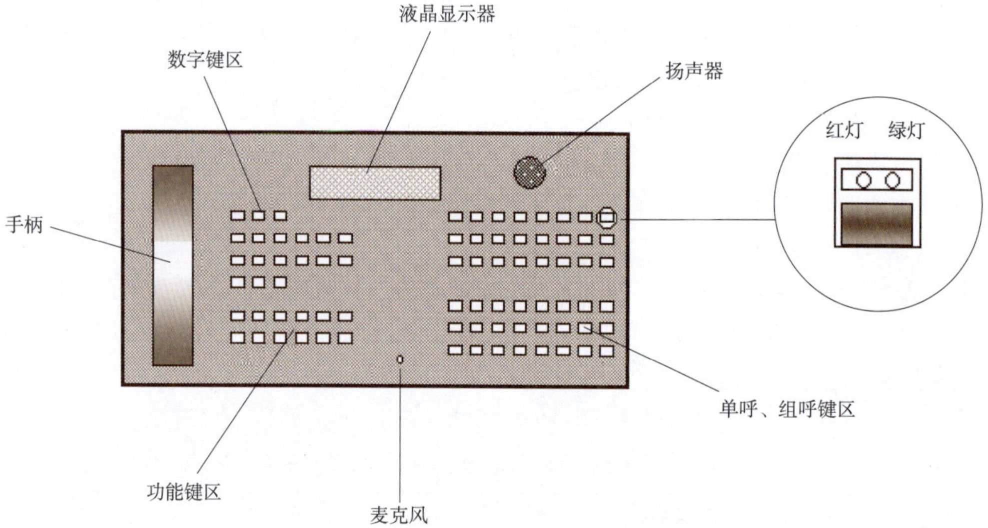

图9—9 48键键控调度台正面示意图

其中:

(1)数字键区:作为呼出拨号和数据设置输入的键区。

(2)液晶显示器(LCD):用于显示系统各种数据及运行情况。

(3)扬声器:键控调度台的第一语音通道受话器。

(4)麦克风(MIC):键控调度台的第一语音通道送话器(与扬声器构成键控调度台的主用语音通道)。

(5)手柄:键控调度台的第二语音通道(辅通道),同时含有送、受话器各一个。

(6)功能键区:12个功能键。

(7)菜单选择键区:6个,可选择或查看系统各种数据。

(8)单呼、组呼键区:其中每个键可对应一个小站或用户,也可以对应组呼。键号顺序是固定的,48键键控调度台每行8个,从左到右排列,共6行,键号依次为1,2,…47,48。

(9)键位灯:对于功能键区、单呼、组呼键区,每个键上都有一个红色、一个绿色两个发光二极管,这两个灯的亮灭表示相应键的运行状况。

键控调度台功耗小于或等于10 W,分48 V供电和远端供电(远供)两种供电方式:

① 48 V供电方式:当调度/值班台距离后台主机较近时,可以使用48 V直流供电(不分极性)。根据线缆线径的不同,传输的距离也不同,一般0.5 mm线径传输距离在200 m左右。加大线径可以传输更远距离。

②远端供电方式：当调度/值班台距离后台主机较远时，宜采用远供方式，该方式需在后台增加一个远供模块（PRM），一般放置在 ALC 按板上。0.5 mm 线径最远供电距离可达 5.5 km。

2. 触摸屏调度/值班台

触摸屏调度/值班台（以下简称触摸屏调度台）从结构分为分体式触摸屏调度台和一体式触摸屏调度台；从接口分为 2B + D 单口触摸屏调度台、2 M 单口触摸屏调度台和 2 M 双口触摸屏调度台。

分体式触摸屏调度台可以根据用户的需要，选择 15 英寸/17 英寸显示屏，一体式触摸屏调度台目前使用 15 英寸显示屏。

每种类型使用不同的软件，可以分别应用于 CTT2000L/M、CTT2000L/M-G 和 CTT4000 调度交换机。

一体式触摸屏调度台将触摸屏显示器、调度台主机、通话装置、调度台应急电话整合在一起，具有结构紧凑、接线简单、更换方便的优点，并具有与分体式触摸屏调度台同样的操作界面。一体式触摸屏调度台外观如图 9—10 所示。

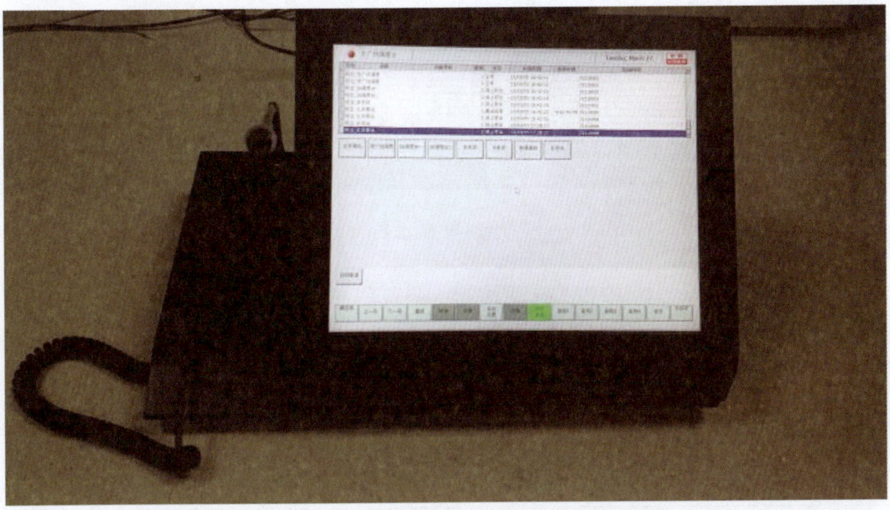

图 9—10　一体式触摸屏调度台外观

分体式触摸屏调度台由触摸屏显示器、调度台主机、通话装置三部分组成：主机尺寸，400 mm × 250 mm × 45 mm；触摸屏，标准 15 英寸/17 英寸（尺寸大小可选）。

触摸屏调度台的功耗：小于 150 W/台（含主机和触摸屏）。

主机可以采用 220 V 交流供电和 48 V 直流供电方式；触摸屏可以采用 220 V 交流供电和 12 V 直流供电方式。

触摸屏显示器操作界面如图 9—11 所示，主要包括消息显示区、呼叫键区和功能键区三个功能区域。

消息显示区显示各种呼叫状态和信息，可显示呼叫方向、中文名称、功能号码、优先级、呼叫状态、通话时开始、结束时间、ISDN 号码等信息。

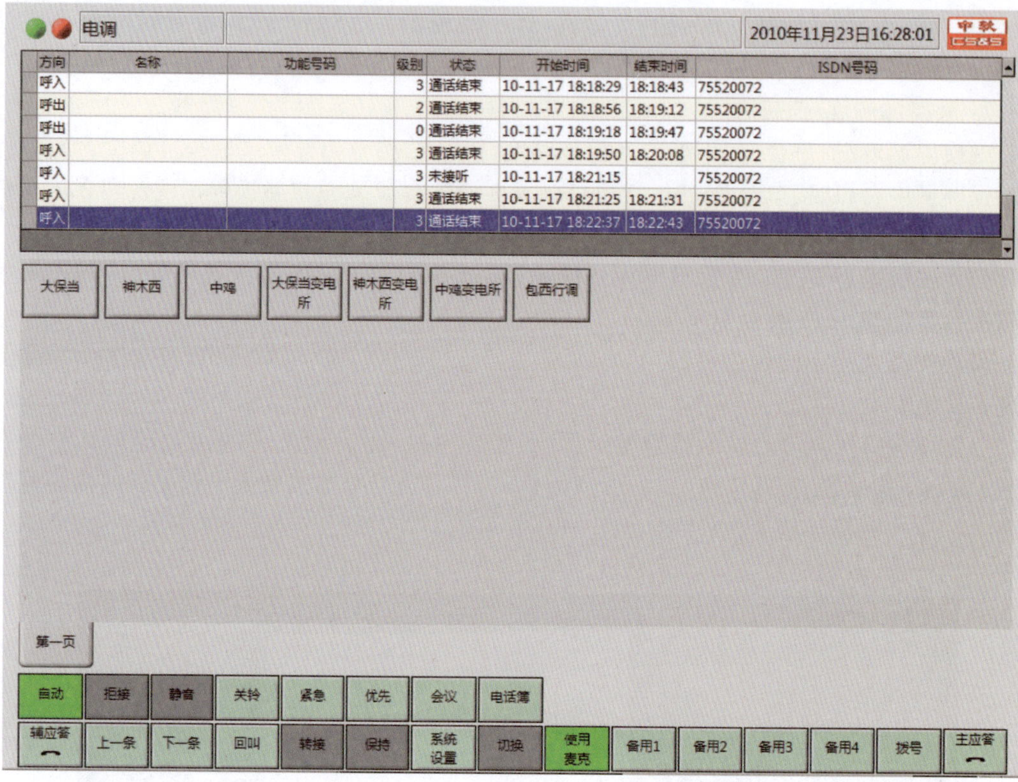

图 9—11　触摸屏显示器操作界面

呼叫键区包括若干个单呼按键、组呼按键、语音广播按键，各个按键用于完成相应的呼叫，同时显示相应的呼叫状态。

呼叫键区具有翻页功能，通过呼叫键区底部“第一页”、“第二页”等分页按键进行翻页。

按键有四种显示状态，其含义见表 9—10。

表 9—10　触摸屏调度台按键状态表示的含义

按键显示的颜色	呼叫状态的含义
按键为灰色，与界面颜色一致	表示空闲状态
按键的一半显示黄颜色	表示呼出状态
按键的一半显示黄颜色并闪烁	表示呼入状态
按键全部变为绿色	表示主用语音通道通话状态
按键全部变为黄色	表示辅用语音通道通话状态

功能键区由上一条键、下一条键、主应答/主挂机键、辅应答/辅挂机键、保持键、转接键、切换键、拒接键、自动键、静音键、会议键、重拨键、拨号键、系统设置键、紧急键、麦克风/手柄选择键、备用键等功能键组成。

三、天龙 ZST-48(G4K)系统

(一)天龙 ZST-48 调度交换机概述

天龙 ZST-48 调度交换机有 ZST-48(G2K)型和 ZST-48(G4K)型两种类型,其中 ZST-48(G2K)型调度交换机包括 ZST-48(G2K)调度交换机(调度所交换机)和 ZST-48(AM)调度交换机(车站调度交换机);ZST-48(G4K)型调度交换机包括 ZST-48(G4K)调度交换机(调度所交换机)和 ZST-48(G4K19)调度交换机(车站调度交换机)。

各类型之间的区别见表 9—11。

表 9—11 ZST-48 系列调度交换机的区别

类型		硬件	软件	交换容量	使用地点
ZST-48(G2K)	ZST-48(G2K)	不同	不同	2 048 ×2 048	铁路调度所调度交换机侧
	ZST-48(AM)			512 ×512	车站调度交换机侧
ZST-48(G4K)	ZST-48(G4K)	相同		4 096 ×4 096	铁路调度所调度交换机侧
	ZST-48(G4K19)			4 096 ×4 096	车站调度交换机侧或较小的调度所调度交换机侧

各种型号调度交换机运用方式见表 9—12。

表 9—12 各种型号调度交换机的运用方式

型号	运用方式
ZST-48(G2K)	用于铁路调度所调度交换机侧与 ZST-48(AM)配套使用
ZST-48(AM)	用于车站调度交换机侧与 ZST-48(G2K)或 ZST-48(G4K)或 ZST-48(G4K19)配套使用
ZST-48(G4K)	用于铁路调度所调度交换机侧与 ZST-48(G4K19)或 ZST-48(AM)配套使用
ZST-48(G4K19)	主要用于车站调度交换机侧,也可用于较小规模调度所的调度交换机侧

注:组网时同一数字环的车站调度设备必须是同类型的交换机。

(二)ZST-48(G4K)调度交换机的硬件结构

1. 插箱结构

ZST-48(G4K)交换机的插箱结构为 25 英寸,一般放置在调度所,最多可以配置 40 个模块。

2. 总体结构

由控制交换模块(CPM)、基本接口模块(BPM)、2 M 模块(DPM)和资源模块(CRM)构成,其面板图如图 9—12 所示。

(1)控制交换模块(CPM)

控制交换模块(CPM)是 ZST-48(G4K)调度交换机的核心控制部分,占一层机框,其插箱布局如图 9—13 所示。

(2)基本接口模块(BPM)

基本接口模块(BPM)由模块处理器板(BPC)、二次电源板(DCP)和 8 块 GEN 接口板组成,GEN 板是各种接口板的统称,能提供各种接口,一层机框可以插两块基本接口模块(BPM),其插箱布局如图 9—14 所示。

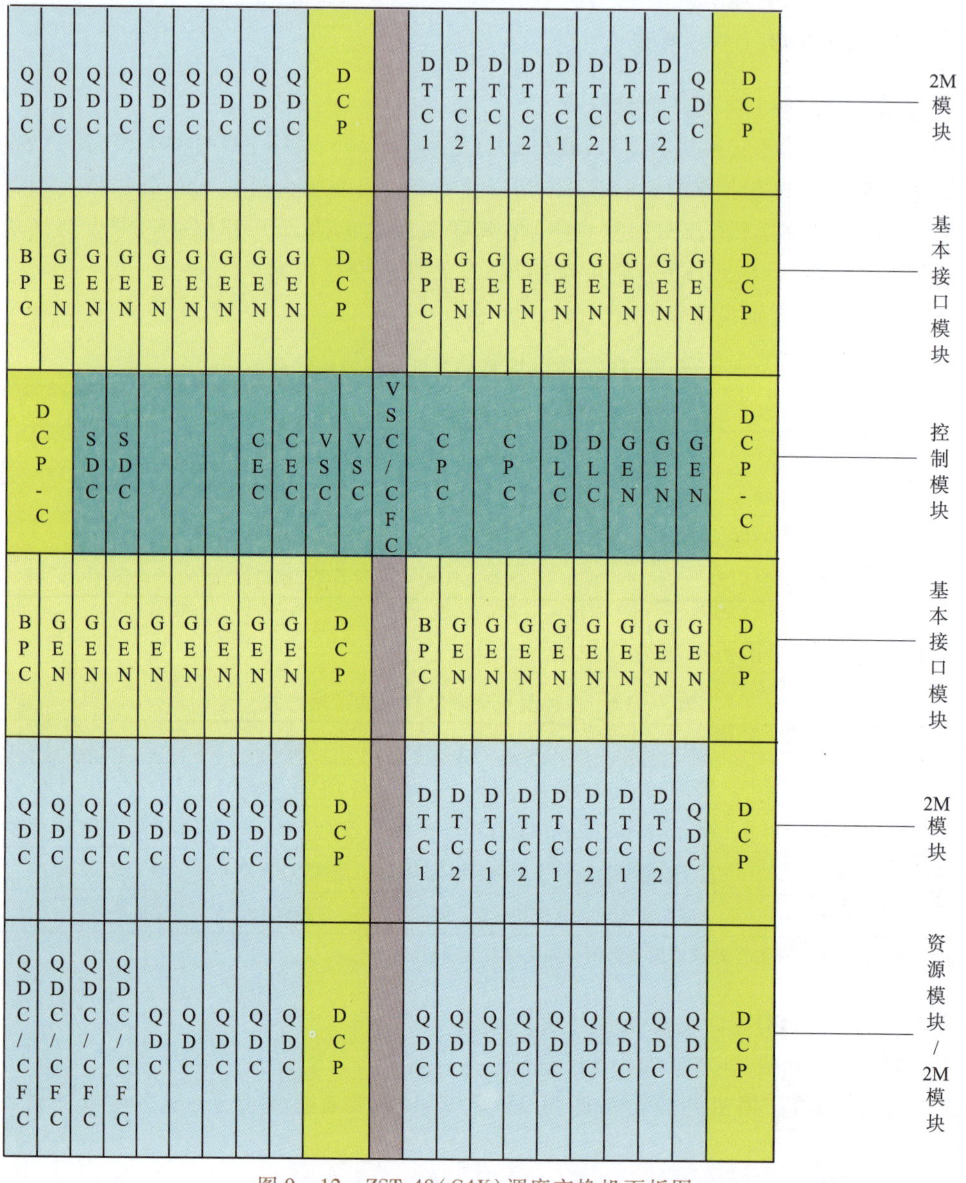

图 9—12 ZST-48(G4K)调度交换机面板图

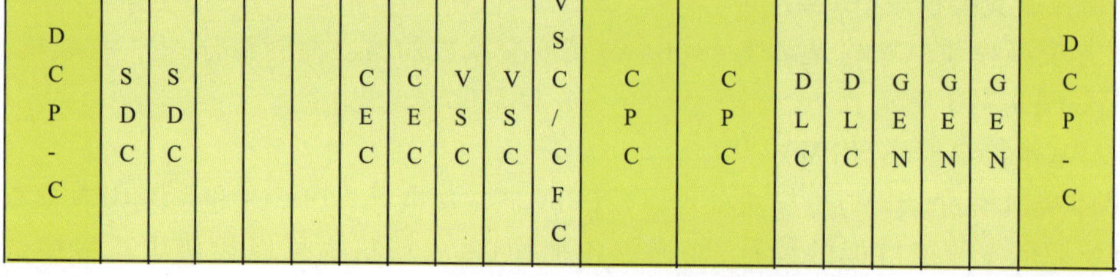

图 9—13 控制交换模块(CPM)插箱布局图

1	2	3	4	5	6	7	8	9	10	11	12	13	14	15	16	17	18	19	20	21	22	23
BPC	GEN	GEN	GEN	GEN	GEN	GEN	GEN	GEN	DCP			BPC	GEN	GEN	GEN	GEN	GEN	GEN	GEN	GEN	DCP	

图 9—14 基本接口模块(BPM)插箱布局图

(3)2 M 模块(DPM)

2 M 模块(DPM)的基本功能是提供 4 个 E1 接口,实现与主处理器板(CPC)的链路通信,提取时钟信号的输出等;接口信令可以任意设置为数字环共线、No1 中继、No7 中继、ISDN PRI(30B + D)网络/用户侧、PCM 用户等。

一个 2 M 模块由一块 4 路 2 M 板(QDC)组成,如果需要 1∶1 热备份可以用两块互为热备工作的 4 路 2 M 处理板(DTC)共同提供 4 个 E1 接口。其插箱布局如图 9—15 所示。

1	2	3	4	5	6	7	8	9	10	11	12	13	14	15	16	17	18	19	20	21	22	23
QDC/CFC	QDC/CFC	QDC/CFC	QDC/CFC	QDC/CFC	QDC/CFC	QDC/CFC	QDC/CFC	QDC/CFC	DCP			DTC1	DTC2	DTC1	DTC2	DTC1	DTC2	DTC1	DTC2	QDC/CFC	DCP	

图 9—15 2 M 模块(DPM)插箱布局图

(4)资源模块(CRM)

资源模块(CRM)只由一块会议板(CFC)组成,可以插在控制交换模块的 VSC 位置或 2 M模块的 QDC 位置。其基本功能可提供:40 个 3 方;或 4 个 30 方;或 2 个 58 方;或 1 个 114 方双工会议。调度交换机最大可接 4 个扩展会议资源模块。

(三)ZST-48(G4K)调度交换机的单板

1. 安装在控制模块层的单板

(1)二次电源板(DCP-C):为控制模块各电路板供电,1∶1 备份,采用互助供电方式,必须配置两块。

(2)时钟及交换网板(CEC):提供本机所需时钟,并能对上级时钟进行锁相同步,若无上级时钟则自动进入自由时钟模式以及 4096 交换功能,30 方会议功能,并提供前 16 个模块通道的信号驱动功能,1∶1 备份,必须配置两块。

(3)主处理器板(CPC):提供各种交换、管理、数据维护、测试等业务以及同其他模块的通信的处理功能,采用 586/PENTIUM 工控主板,1∶1 备份,必须配置两块。

(4)基本信令板(VSC):提供系统的信号音、提示语音,并实现 DTMF 和 MFC 的收发码、各种单音、FSK 收发等功能，1∶1 备份，必须配置两块。

(5)信号驱动板(SDC)：提供后 24 个模块通道的信号驱动功能，1∶1 备份，必须配置两块。

(6)链路通信板(DLC)：提供 32 个 HDLC 链路通信功能，1∶1 备份，必须配置两块。

2. 安装在基本接口模块层的单板

(1)二次电源板(DCP)：1∶1 备份，必须配置两块。

(2)模块处理器板(BPC)：1∶1 备份，必须配置两块。

(3)2 M 数字用户板(DTU)：每板提供 8 个 2 M 数字用户接口。

(4)数字用户板(DSU)：每板提供 8 个 2B + D 的数字用户接口。

(5)模拟用户板(SLC)：每板提供 16 个模拟用户接口。

(6)模拟共线板(CVC)：每板提供 4 个模拟共线接口。

(7)环路中继板(LTK)：每板提供 8 个环路中继接口。

(8)通用接口板(ATN)：每板提供 8 个接口，通用接口板可以插 8 个用户小板；各个用户小板可以是共总模块(GZ)、共分模块(GF)、磁石模块(CS)、选号模块(XH)、上行区间模块、下行区间模块、音频 2/4 线模块等。

3. 安装在 2 M/资源模块层的单板

(1)电源板(DCP)：每块电源板为 9 块单板提供二次电源。

(2)2 M 板(QDC)：每板提供 4 个 E1 接口。

(3)有热备份的 2 M 板(DTC)：由两块 DTC 板组成 1∶1 热备份，共同提供 4 个 E1 接口。

(4)会议板(CFC)：每板提供 40 个 3 方；或 4 个 30 方；或 2 个 58 方；或 1 个 114 方双工会议。

(四)ZST-48(G4K)调度交换机的容量

ZST-48(G4K)交换网为 4 096 × 4 096，可分配时隙数最大为 3 584，最大模块数为 40，每个模块最多为 128 端口，最大端口数为 5 120。

最多可接数字环数为 50 个，每个数字环最多可挂接“站场调度交换机”数为 50 个。

(五)ZST-48(G4K19)调度交换机的硬件结构

1. 总体结构

ZST-48(G4K19)交换机的插箱结构为 19 英寸，一般放置在车站，最多可以配置 16 个模块。

ZST-48(G4K19)调度交换机的控制层正面，如图 9—16 所示。

1	2	3	4	5	6	7	8	9	10	11	12	13	14	15	16	17
D C P		C E C	C E C	C P C		C P C		VSC QDC	VSC QDC	QDC BPC	QDC SLC LTK DSU	QDC SLC LTK DSU	QDC SLC LTK DSU	QDC SLC LTK DSU	D C P	

图 9—16 ZST-48(G4K19)调度交换机的控制层正面图

ZST-48(G4K19)调度交换机的扩展层正面,如图 9—17 所示。

1	2	3	4	5	6	7	8	9	10	11	12	13	14	15	16	17
D C P		QDC SLC LTK DSU	QDC SLC LTK DSU	QDC SLC LTK DSU	QDC B P C	B P C	SLC LTK DSU	SLC LTK DSU	SLC LTK DSU	SLC LTK DSU	SLC LTK DSU	SLC LTK DSU	SLC LTK DSU	SLC LTK DSU	D C P	

图 9—17　ZST-48(G4K19)调度交换机的扩展层正面图

2. 单板

(1)电源板(DCP):为各电路板供电,采用互助供电方式,必须配置两块。

(2)时钟及交换网板(CEC):提供 4 096 × 4 096 的交换网络,1∶1 备份,必须配置两块。

(3)主处理器板(CPC):提供各种交换、管理、数据维护、测试等业务以及同其他模块通信的处理功能,1∶1 备份,必须配置两块。

(4)基本信令板(VSC):提供系统的信号音、提示语音,并实现 DTMF 和 MFC 的收发码、各种单音、FSK 收发等功能,必须配置。

(5)模块处理器板(BPC):处理接口模块,必须配置。

(6)2 M 板(QDC):实现与主处理器板(CPC)的链路通信,提取时钟信号的输出等,接口信令可以任意设置,如数字环共线,每板提供 4 个 E1 接口,根据需要选配。

(7)数字用户板(DSU):提供 2B + D 接口,每板 8 个接口,根据需要选配。

(8)模拟用户接口板(SLC):提供音频用户接口,每板 16 个接口,根据需要选配。

(9)环路中继板(LTK):提供环路中继接口,每板 8 个接口,根据需要选配。

(六)调度/值班台的种类和型号

1. 键控式调度/值班台

(1)键控式调度/值班台的型号

型号有 DDT 数字智能调度台/值班台和 ARM 数字智能调度台/值班台两种。每种型号接口分为 U 接口和 E1 接口两种。每个操作台最多可配置两个相同的接口,可以同时连接两台调度交换机。

键控式调度台/值班台之间的区别见表 9—13。

表 9—13　键控式调度台/值班台的区别

名称	硬件	软件	功能比较	使用地点
DDT	不同	不同	支持 U/E1 接口	调度所/车站
ARM			支持 U/E1 接口	调度所/车站

(2)键控式操作台的面板

键控式操作台面板如图 9—18 所示。

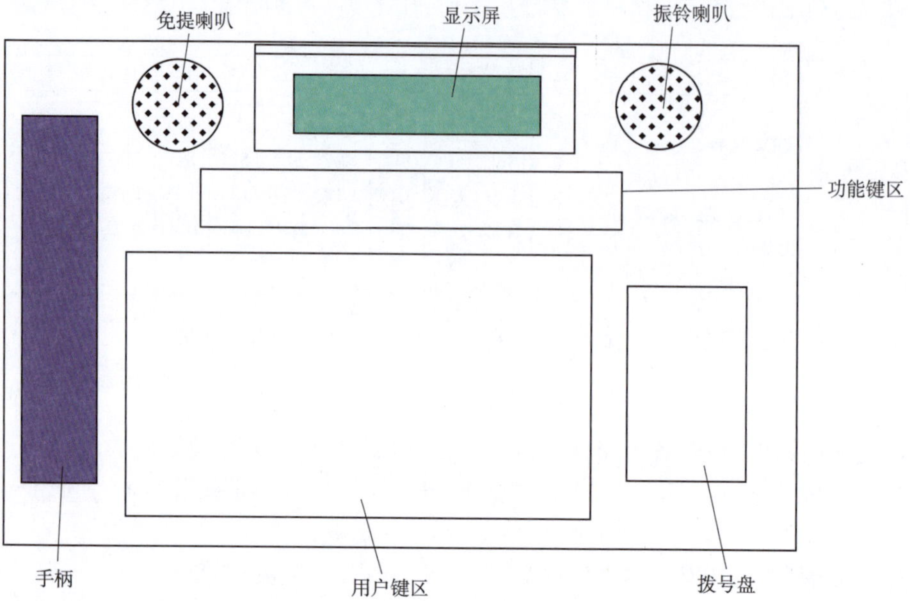

图 9—18 键控式操作台面板

各部位的作用：

①振铃喇叭与免提喇叭：分别位于操作台面板的右边和左边。

②手柄：用于第一路手柄话路的受话与送话，通过手柄连接线与主台连接。

③显示屏：用于显示操作台时间、状态、调度操作、数据设置操作等信息。

④拨号盘：用于调度时作为数字键拨号，数据设置时作为输入键，同时提供免提与重拨键。

⑤功能键区：提供各种调度操作所需的功能键、设置操作键、工作状态键。

⑥用户键区：用户键用于实现一键拨号功能，可以登记呼叫信息及中文键名；组呼键和缩位拨号键是用户键的一种，使用时用纸条标明。

(3)显示屏上时间冒号的作用

小时与分钟间的冒号表示键控式操作台与数字用户板(DSU 板)连接正常，U 口处于激活状态，如果无冒号表示硬件连接不正常。

分钟与秒间的冒号表示键控式操作台与主处理器板数据通信正常，如果无冒号表示键控式操作台与主处理器板无握手消息，通信不正常。

(4)键控式调度/值班台与调度交换机的连接方式有单 U 接口、单 E1 接口、双 U 接口、双 E1 接口。

2. 触摸屏调度/值班台

(1)触摸屏调度/值班台的型号

型号有触摸屏电脑调度台/值班台和触摸屏 ARM 调度台/值班台两种。每种型号接口分为 U 接口和 E1 接口两种。每个操作台最多可配置两个相同的接口，可以同时连接两台调度交换机。

按外型分为一体式和分体式两种，触摸屏尺寸为 17 英寸。一体式触摸屏操作台与分体式触摸屏操作台间的区别见表 9—14。

表 9—14　触摸屏调度台/值班台的区别

名称	硬件	软件	功能比较	使用地点
触摸屏电脑调度台/值班台	不同	不同	支持 U/E1 接口	调度所/车站
触摸屏 ARM 调度台/值班台			支持 U/E1 接口	调度所/车站

(2)触摸屏调度/值班台的结构和组成

一体式主机、通话装置和显示器做在一个模具中，具有结构紧凑、接线简单、更换方便的优点；分体式主机、通话装置和显示器单独放置，可以适应不同的应用场合。

触摸屏电脑操作台由一台工控机、触摸屏显示器和操作台 PC 接口卡及通话装置组成，PC 接口卡提供与后台交换机的接口、录音接口、脚键接口、免提通道接口、手柄通道接口等，通话装置有麦克风和音箱组成的免提通道和手柄助通通道。

触摸屏 ARM 操作台由 ARM 单片机、触摸屏显示器和接口模块及通话装置组成，接口模块只提供与后台交换机的接口，其他相关接口都内置在 ARM 单片机内，通话装置有麦克风和音箱组成的免提通道和手柄助通通道。

(3)触摸屏调度/值班台的屏幕显示器

该显示器主要有状态显示区、呼叫信息显示区、呼叫键区、功能键区。如图 9—19 所示。

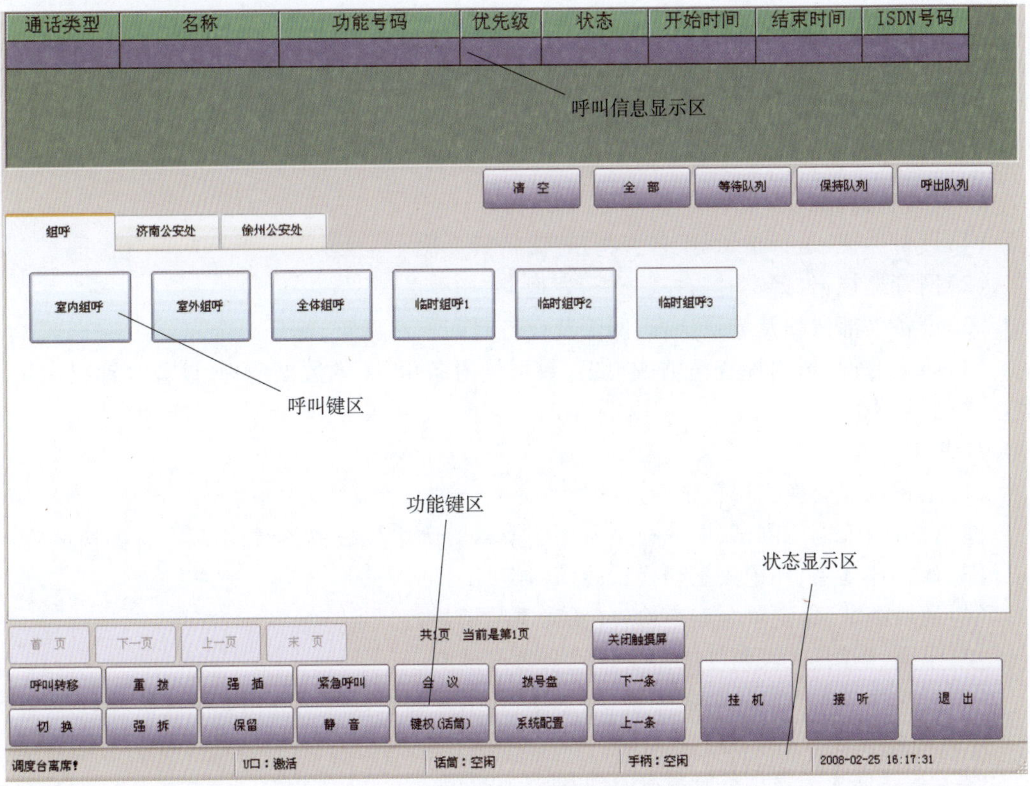

图 9—19　触摸屏显示器操作主界面

第二节 铁路调度通信设备维护

一、设备维护要求

（一）一般要求

1. 调度通信系统的维护主要依靠网管进行，现场维护人员一般在网管值班人员指导下进行维护作业和故障处理。

2. 调度通信系统的维修应以网管监测为主，现场巡视为辅。采取日常检修与集中检修相结合的方式。

3. 网管值班人员应具有全程全网的观念，熟知管内调度通信系统的网络结构和设备运行状态，并具备网管操作、维护指挥和应急处理的能力。

（二）维护作业要求

1. 建立网管监测情况日分析制度，每班对网管告警进行分析，做出结论写入交班日志，对惯性告警应向上级主管部门汇报并积极组织查找。

2. 各级维护单位建立调度通信应急预案，根据网络变化和业务发展情况，随时修订补充。

3. 在自然灾害、防汛或重要繁忙运输任务等期间，加强调度通信设备检查，强化网管监控和设备巡视工作。

4. 检修工作一般在天窗时间进行，减少对运输通信的干扰。

二、维修项目与周期

（一）调度所交换机维修项目与周期

1. 日常检修

(1)设备巡视：运行指示灯、告警指示灯，每日 2 次。

(2)网管巡视：告警实时监控、分析、处理。

(3)设备外部清扫及缆线检查，网管及设备时间核对调整，每月 1 次。

(4)防尘滤网、风扇检查清洁或更换，数据核对备份、无效数据清理，设备时钟跟踪状态检查，每季 1 次。

2. 集中检修

(1)主备调度交换机切换试验。

(2)设备输入电压测试，电源板主备用倒换试验。主控板主备、数字环主备倒换试验。

(3)数字环环头、环尾人工切换试验。

(4)地线测试、保安单元调整检查(雷雨季节前进行)。

(5)干调、局间、区段调度电路主备冗余通道试验。

(6)呼叫优先级、强插、个别呼叫、紧急呼叫、组呼和会议呼叫等主要功能试验。

以上维修项目每年 1 次。

（二）车站调度交换机维修项目与周期

1. 日常检修

(1)时间核对,每月一次。

(2)设备外部清扫,附属设备及缆线检查,防尘滤网、风扇检查清洁或更换,时钟跟踪状态检查,每季1次。

2. 集中检修

(1)输入电源电源测试,电源板、主控板、数字板主备倒换试验。

(2)配合数字环环头、环尾人工切换试验。

(3)地线测试、保安单元调整检查(雷雨季节前进行)。

(4)呼叫优先级、强插、个别呼叫、紧急呼叫、组呼和会议呼叫等主要功能试验。

以上维修项目每年1次。

(三)调度/值班台维修项目与周期

1. 日常检修

(1)访问用户、设备巡视,每日或每月1次。

(2)设备表面清扫、麦克风及连线检查,设备状态、按键灵敏度、时间显示等检查、调整,主备通道(双接口)、主辅通道呼叫通话、切换试验,站间行车电话备用通道(实回线)呼叫通话试验,调度业务、区间业务、站间业务、站场业务呼叫通话试验,应急分机呼叫通话试验,标签核对、更新,每月1次。

2. 集中检修

(1)保安装置及地线测试、检查、调整(雷雨季节前进行)。

(2)整机清扫、检查、修理更换部件。

(3)检查、调整或更换麦克风。

(4)呼叫通话、通话记录与查询、开机自检等主要功能试验。

以上维修项目每年1次。

(四)语音记录仪维修项目与周期

1. 日常检修

日期、时间核对调整,每月1次。

2. 集中检修

(1)整机清扫、检查、修理更换部件。

(2)更换老化配线,调听、监听、转储、显示、时间同步等功能试验,每年1次。

(3)整机测试(输入信号动态范围、启动录音灵敏度、全通道频率响应、通道信噪比、失真度等),每3年1次。

三、障碍处理

(一)故障处理原则

在一般情况下,故障处理应遵循“先外后内、先软后硬”的原则。当系统发生故障时,先要判断是系统以外的因素还是系统内部问题造成,在排除系统外部问题后,再判断是系统软件问题还是系统硬件问题。

(二)故障处理程序

调度通信网管维护人员接到故障申告后,首先应了解故障现象,掌握故障影响范围,利用网管进行分析判断，然后利用倒、代、换等措施进行故障定位和处理。

现场通信维护人员在排除外部供电、传输电路障碍因素外，确定故障发生在本站调度系统内部时，应通过业务试验，定位故障是发生在终端还是在交换机。对于网管的操作台、交换机、组网电路的故障，应向网管人员寻求技术支持，对终端故障，可采用替换法进行处理。

网管人员根据系统告警、用户或现场通信人员对故障的描述，判断故障可能的原因，如果是软件问题，采取传送数据、复位等方法处理；如果是硬件问题，告知相关人员进行更换。

维护人员在调度通信故障处理过程中，要严格执行故障处理流程：先抢通业务，再进行故障定位处理故障；在定位故障时，依次判断系统、单板、线路、接口及终端，可以结合相关指示灯状态来进行分析和判断。

常见外部故障为外部供电、传输电路和接口配线等，需先行排除。内部故障大多为设备硬件损坏，一般根据故障现象更换相应的备件即可。在处理顺序上一般先了解故障现象，再查看指示灯是否正常，有无告警，再询问网管了解设备状态，有条件的情况下可在室内挂机进行试验，然后根据情况更换相应备件及查找线路。

（三）故障分级判断

1. 判断是单站故障还是多个站故障。

2. 判断是通道故障还是设备故障。

3. 判断是单个用户故障还是部分或者全部用户故障。

4. 判断是内线故障还是外线故障。

5. 联系网管说明故障现象，让网管查看设备状态，在网管指挥下复位相关板件或更换故障板，故障排除后由网管确认，并由现场人员确认业务正常。

（四）故障处理常用方法

1. 一般采用万用表测量法。在后台面板灯显正常的状态下，用万用表在配线模块上测量有馈电的接口（如音频用户接口、下行区间接口）应有 48 V 电压，如果量不到电压，则为模块或线路故障。测量磁石接口时，呼叫应有交流 75 V 输出，无电压为模块故障。

2. 采用替代判断法。将备用终端接在相应端口，如可用，则可将故障定位在线路或终端。

3. 板件复位法：到达故障现场后，检查后台各板件显示良好时，在网管的指挥下，采取逐板复位，如果通话杂音故障，可分别复位主控板、2 M 数字板、2B + D 接口板。

第三篇　铁路会议通信

本篇包括三章。首先概括介绍了铁路会议通信系统的发展、现状和特点；其次从系统的角度详细介绍了铁路视频会议系统的功能、构成、组网、接口等；最后简要介绍了铁路视频会议设备的硬件结构、功能，以及视频会议室不同于普通会议室的相关要求，同时对铁路视频会议设备维护重点进行了简要描述。

第十章　铁路会议通信概述

第一节　会议通信的发展

一、会议通信的发展历程

会议通信经历了从音频会议到视频会议的发展。

视频会议最早由美国贝尔实验室研制出来，经过了如下发展阶段：

第一阶段为模拟视频会议阶段，模拟视频会议采用模拟电话线路传输简单的模拟图像画面。因该模拟视频会议系统占用线路资源过多，图像质量更是难尽人意而没有得到广泛应用。

第二阶段为数字视频会议的初级发展阶段，在二十世纪七八十年代，随着数字图像编解码技术和微电子技术的发展，开始在模拟电话网上传输压缩的数字图像。由于当时没有统一的标准，设备生产厂家各自独立，彼此间的设备不能互通，另外，当时的图像分辨率也只有约 100×100，图像质量不尽如人意，因此也未得到广泛推广。鉴于此情况，原 CCITT（国际电报电话咨询委员会）即现在的 ITU-T（国际电信联盟）制定出适合 E1/T1（一次群速率接口）通信网的 H.100 系列标准，推动了视频会议的快速发展。但 H.100 视频会议标准没能和当时美、日的产品统一，也未能解决两大系统产品间的互通问题。

第三阶段为数字视频会议的成熟发展阶段，1988 年 CCIR（国际无线电协商委员会）和 CCITT 共同提出并完善了统一标准 H.200 系列建议，于 1989 年推出了适合电路交换网络的 H.320 系列标准协议，后又于 1996 年推出了适合数据包交换网络的 H.323 系列标准协议，及用于 ATM（异步传输网）网络的 H.321 和 H.310 标准。视频会议发展到现在，因网络的发展因素，符合 H.310、H.321 和 H.324 协议标准的视频会议已经退出市场，目前应用最为广泛的是基于 H.320 和 H.323 协议标准的视频会议系统。随着视频会议标准协议的统一以及不断的完善和发展，视频会议得到了飞速发展和广泛应用。视频图像格式以CIF（全公共中间格式，分辨率352×288=101 376像素，VCD效果）、4CIF（4倍公共中间格式，分辨率704×576=405 504像素，DVD效果）为主，称其为标清时代。

第四阶段为视频会议的高清时代，随着H.264高清协议的成熟完善以及720p（9CIF，分辨率1 280×720=921 600像素，通常称100万像素）、1080p（20CIF，分辨率1 920×1 080=2 073 600像素，通常称200万像素）等高清图像格式在视频会议中的广泛应用，视频会议进入了高清时代。2007年前后，业界各大生产厂商相继发布了高清系列视频会议产品，高清晰度视频会议进入了实用阶段。随着IP通信技术的高速发展，承载网络质量逐步优化，视频系统向视频高清晰、音频高保真方向迅速发展。

二、会议通信的发展方向

未来的视频会议将朝着两个方向发展，一是公众化，二是专业化。

公众化的视频会议系统要求系统组网多样化，实用维护简洁化。公众化的视频会议网络不追求很高的视频效果，但是需要接入方式的方便灵活和大容量便于级联的多点处理单元，用户可以通过专线、IP（ADSL、LAN接入）、电话等现有网络接入，实现有网络就能开会，同时要求操作简单、性能稳定、价格低廉的用户终端。

专业化的视频会议系统应具备宽带化和高品质的特征，实现系统功能多元化和会议图像清晰化。视频会议除音视频外，还需要传送和显示电脑文档进行汇报、交流，并且可接入会议电话系统，通过电话、手机也可加入会议，实现个人可视通话及多方会议；可以和办公OA系统有机结合，进行会议组织、会议邮件通知、会议控制、系统维护和升级；可实现主会场集中指挥、远程调度，电视墙显示统揽全局，接入电话远程指挥等应用。随着音视频编解码技术的不断发展，显示设备等高清产业发展，高清应用越来越多；远程呈现（Teleprensence）技术的应运而生标志着高清晰度视频会议系统向着高色彩逼真和立体化方向迈进。

第二节 铁路视频会议系统的现状和特点

自1996年原铁道部至各铁路局之间开通视频会议系统替代音频会议系统以来，视频会议系统成为铁路通信系统的重要组成部分。

铁路视频会议系统是远距离视频交流的重要手段。铁路视频会议网覆盖范围广泛，纵向覆盖铁路总公司到铁路局主要生产站段，个别铁路局已延伸至车间甚至班组；横向涵盖各铁路局、各专业运输公司以及铁三院、铁科院等其他企业。

一、铁路视频会议功能结构层次

铁路视频会议网总体上分为业务层、媒体交换层和用户接入层三层结构。

（一）业务层

业务层通过与媒体交换层设备的交互，完成铁路视频会议网的统一控制、统一资源调度和管理，是视频会议网的业务控制核心。业务层实现用户接入认证、会议调度和管理、网络管理、用户管理、资源管理等功能。

（二）媒体交换层

媒体交换层在业务层的控制和管理下完成视频会议业务流的交互和传递。媒体交换层主要由 MCU（多点控制单元）和其他相关配套设备（如网关设备、流媒体服务器等）组成。媒体交换层设备直接与终端设备进行交互，以完成音视频会议、数据会议业务。

（三）用户接入层

用户接入层将各种终端设备通过铁路传输网、数据通信网接入到媒体交换层，具有开放性。

二、铁路视频会议类型

铁路视频会议按照会议级别分成总公司级会议、铁路局级会议和站段级会议。

（一）总公司级会议

由铁路总公司召开，主要包括铁路总公司与各铁路局、各专业运输公司、铁三院等其他企业之间的会议，总公司会议也可由铁路局转接至所属站段。

（二）铁路局级会议

由各铁路局召开，主要包含路局与各站段之间的会议，根据各局视频会议系统装备情况，部分铁路局可延伸至车间甚至班组。

（三）站段级会议

由站段召开，主要包含站段与各车间之间的会议，根据视频会议系统装备情况，部分铁站段会议可延伸班组。

车间至工区一般没有电视会议。

三、铁路视频会议业务特点

1. 与隶属关系、日常工作结合紧密，层级性强。通常情况下会议组织者为上级单位，与会者为其下属；目前铁路视频会议多用于布置工作、沟通情况。

2. 计划性较强。会议频率、时间较固定。总公司至铁路局的运输例会、各专业月例会，铁路局至站段的运输会、日例会等时间、内容、参会人员基本固定。

3. 除内部会议外，总公司视频会议系统还承担一年一度的全国春运电视电话会议，与会单位包括各省市自治区和计划单列市。

四、铁路视频会议系统的技术要求

铁路视频会议系统是铁路专用通信的重要组成部分，为铁路运输指挥服务，确保运输指挥命令、重要政策的及时准确传达以及抢险指挥、事故救援的及时、高效运行。铁路视频会议系统的可靠、稳定和优质运行，是保证会议质量的基础和前提，主要体现在以下4个方面：

1. 可靠性：由于铁路会议通信系统的特殊作用和重要地位，要求铁路会议通信系统具有极高的可靠性。多采取核心交换设备双机热备、重点会场线路热备、重点会议终端备份和语音分别传送等措施，在确保设备运行稳定的前提下，进一步从系统角度防止单点故障，提高业务可靠性。

2. 先进性:铁路视频会议系统应支持 1080p 高清画质、具备双流功能,总公司视频会议系统应满足同时召开两组以上会议的需要,铁路局视频会议系统根据自身需要配置视频会议系统技术装备。

3. 易用性:铁路视频会议系统应易于控制,操作方便、使用简单。根据会议等级不同采用不同的值机保障方式。站段级会议可由用户自行组织、控制会议。

4. 兼容性:铁路视频会议系统网内设备生产厂家不一、制式多样,因此新建系统需统筹考虑现网设备情况,尽量兼容已有的 H. 323、H. 320 终端设备,最大限度保护已有投资。

五、铁路视频会议的发展趋势

近年来高速铁路的大规模建设和中国铁路的高速发展,铁路运输组织和指挥的逐步集中,对铁路视频会议业务提出了更高的要求。铁路视频会议的发展呈现出如下趋势:

1. 高清化

如今,用户对视频质量要求也越来越高,已经由最初简单的"看得见"发展成为现在的"看得清",人们对于视觉效果越来越重视。这样高清视频会议也就成为解决这些问题的关键。高清电视会议比传统电视会议效果好很多,不仅可以提高会议效果,减少会议疲劳感,还能大大提高会议质量和生产效率。现在高清视频会议已经是一个成熟的技术,选择高清视频会议系统是铁路视频会议网发展的方向。

2. 功能更加强大

铁路视频会议系统正朝着业务与功能多元化的方向发展,例如在培训、汇报和交流时,除了收发音视频外,可以方便地传送和显示文档。今后,用户通过电话、手机也可以加入会议,铁路视频会议系统也将与办公自动化(OA)系统有机结合,实现 OA 网上进行会议组织、会议邮件通知、会议控制、系统维护和升级等功能。

3. 融合化

铁路视频会议网将引领多种视频业务的融合发展。随着三网融合的推进和视频会议技术的发展,视频会议系统将与三网融合系统上运行的 IP 智能监控系统、IP 语音系统进行无缝接合,实现多媒体融合通信。在铁路行业应用中,除了应用和部署一套 IP 视频系统外,还要实现与语音、数据通信平台的统一以及面对跨网络互通、跨功能互操作和跨设备通信等诸多问题。铁路视频会议系统与视频监控系统的结合应用,已经可以看到融合的雏形。

4. 远程呈现应用

远程呈现比较常用的解释是"使用音视频技术,实现远程虚拟人物呈现",通过对会场装修、环绕声以及隐藏高清摄像机等高精密设计,实现眼神、声频角度以及全场环境融合等多种高仿真的视频会议技术,让人身临其境地感受到位于远程的与会者也真实地处于其自身所在的位置。一套完整的远程呈现系统需要由合适的会议室、电源和高带宽网络通道、独立的墙面、桌子、椅子、灯光、视频显示设备、控制设备、音频设备组成。与传统的会议系统相比,远程呈现系统有着独特的优势,真人大小的视频图像加上超高清晰度的图像效果,带空间感的音频系统和环境的完美结合,营造出一种与异地对话方共在一个会议室的感觉。不仅能够节省差旅费用,而且大大提高了会议质量,远程呈现克服了传统视频会议的平面、不真实的效果,让会议更加自然,提高会议效率。

第十一章　铁路视频会议系统

第一节　铁路视频会议系统功能

一、视频会议系统的功能

（一）会议通信功能

会议通信功能是视频会议系统最基本的功能，视频会议系统是利用视频技术和设备，通过网络，以电视方式召开实时、双向、交互式的电视会议的一种多媒体通信方式。它能实时传送与会者的形象、声音、会议资料和相关事物的图像，使处于不同地点的与会者可以互相闻声见影，如同坐在同一间会议室中开会。

因此，视频会议系统具有混音、多画面功能，更加逼真地模拟出在同一会场的会议效果。同时，视频会议系统具有多速率适配功能，不同速率的视频终端能参加同一个会议，并且系统能根据网络的质量来动态调整音视频码流速率，达到最佳的效果，并优先保证音频质量。

（二）会议控制功能

视频会议系统要能对会议进行控制，会议控制功能可以在 MCU 上实现，也可以在会议终端上实现。

1. 视频会议分主会场和分会场，任一会场都可设置为主会场，但主会场在某时刻只能为一个。会议主会场可对会议进行控制，包括会场广播、轮询等，轮询的间隔时间和轮询的会场可以根据会议情况设置；主会场可控制会议时长，能对会议进行延长、结束等操作；主会场可控制会议的音视频，表现为主会场可遥控操作参加会议的全部受控摄像机的动作，调整画面的内容和清晰度，以保证会议质量。主会场可对全部会场音量调节和静音、闭音。

2. 各个会场可以显示远端画面，亦可显示本地画面。远程会场的画面由主会场控制，可依次显示或任选其一。主会场通常可选择以下 4 种切换方式：

（1）主席控制方式。会议主席在指定时间内可以选择广播任一会场的画面。

（2）导演控制方式。导演可以通过 CMMS（Central Multipoint Management System，中央多点管理系统）监控管理工作站，选择广播任一会场的画面。

（3）声音控制方式。MCU 组网情况下，可根据与会者发言的声音强度和持续时间，选择其中最符合条件的发言者，将其画面广播给其他会场。

（4）演讲人控制方式。适用于教育或作报告，各个分会场可以看到教师或演讲人，教师或演讲人可以选择观看任意一个会场的画面。

任何会场均有权请求发言，除主会场与发言会场可以进行对话外，还允许 1 ~ 2 个会场进行插话。

3. 系统能实现字幕功能，并能实时修改、叠加混合。

MCU 组网应用中（非点对点方式），还具备如下功能：

（1）当某一会场需要长时间发言时，主会场可任意切换其他会场的画面进行轮换广播，而不中断发言会场的声音。

（2）会议进行中，应实时添加其他会场。

（3）支持 T.120 数据会议。

（4）主会场可遥控操作各地分会场的受控摄像机。

（三）会议管理功能

视频会议系统具有统一管理功能，主要如下：

1. 视频会议预约登记

用户申请召开视频会议应预约登记，系统能实现会议预约，预约内容有会议地点、召开时间、预计时长等。

2. 系统维护

能对所有终端设备进行维护管理和参数设定，显示设备的工作状态。

3. 网管

视频会议系统具有网管功能，网管功能应包括：故障管理、性能管理、配置管理、安全管理等功能。

4. 会议联络

各会场之间配备业务联络手段，如固定电话、移动电话等。

二、视频会议设备的功能

（一）MCU 主要功能

1. 支持速率适配、视频适配、音频适配、帧速适配等适配功能。

（1）速率适配：支持 64 kbit/s ~ 2 Mbit/s 的不同会议速率的转换，允许不同速率的视频终端参加同一个会议。

（2）视频适配：支持自动适配 H.26X 之间图像编解码算法。

（3）音频适配：支持自动适配 G.711 及 G.72 X 之间语音编解码算法。

（4）帧速适配：支持不同帧速率之间的适配功能。

2. 支持多分屏功能，至少四分屏。

3. MCU 的级联满足以下要求：

（1）MCU 具有动态级联的功能，能够根据业务的需要进行会议动态级联。

（2）支持 2 ~ 3 级级联组网和控制。

4. MCU 的安全性应满足以下要求：

（1）MCU 的媒体流端口和 MCU 管理控制端口在不同的物理接口板上，且完全隔离。

（2）设置在公网上的 MCU 一般配置防火墙，以确保系统的稳定性。

（二）GK（网守）主要功能

1. GK 主要功能包括地址解析、注册管理、呼叫管理、带宽管理、区域管理、计费管理。

（1）地址解析：负责完成会议终端、MCU 和 GW 等的编号，并翻译成网络层地址。

（2）注册管理：负责视频终端注册、认证的控制功能。

(3)呼叫管理:处理 H. 323 终端 RAS 呼叫信令,并采集呼叫信息。

(4)带宽管理:处理 H. 323 带宽请求信令,根据带宽管理策略对终端的带宽请求进行带宽限制。

(5)区域管理:负责管理区域内所有的视频终端设备。

(6)计费管理:实现终端点对点呼叫认证、计费、CDR 话单功能。

2. GK 的设置方式有两种,即单独设置和 MCU 内置设置。

(三)网关主要功能

1. H. 323/H. 320 网关功能

实现 H. 323 视频会议系统与 H. 320 视频会议系统之间互通。若 MCU 支持 H. 323 和 H. 320 视频会议系统混合组网的方式,则不需设置单独的 H. 323/H. 320 网关设备。

2. VoIP 网关功能

(1)实现 H. 323 视频会议系统和公用电话网之间的互通,电话用户可以通过拨打电话加入多点会议,也可以和视频用户实现点对点通信。

(2)与程控交换机之间的信令,一般采用 PRI 信令和 No. 7 信令。

(四)应用服务器主要功能

1. 数据会议服务器功能

(1)支持 ITU-T T. 120 系列标准,能实现应用程序共享、文件传送、文字聊天、电子白板等数据会议功能。

(2)支持多种入会方式,如终端加入会议、数据会议服务器召开会议的方式。

(3)支持多种退会方式,如终端挂断呼叫、数据会议服务器挂断呼叫的方式。

2. 流媒体服务器功能

(1)支持将音视频信号压缩成媒体流的格式,存储在流媒体服务器中。

(2)支持会议直播的功能,扩大视频会议的覆盖范围。通过流媒体服务器参加会议的用户,不能与其他与会者进行交互。

(3)支持会议点播的功能,可以对一些重要会议进行录制,存储在流媒体服务器上,供用户点播。

(五)业务和资源管理系统主要功能

(1)能对 MCU、GK 等视频平台的资源进行统计及合理调度。

(2)支持会议控制功能,包括对会场进行静音、闭音、广播、轮询、添加、删除、会议延长、取消、结束等操作。

(3)支持会议预约和会议管理,包括预约会议的添加、编辑、删除等。

(4)支持会议的自启动功能,无需人工参与。

(5)支持会议查询功能,支持对预约会议、已召开会议和删除会议的属性查询。

(6)支持对多台 MCU 的管理。

(六)网管系统主要功能

实现对视频平台的管理,包括:故障管理、性能管理、配置管理、安全管理。

(七)计费系统功能

(1)支持 MCU 产生的多点会议的原始计费信息。

(2)支持 GK 产生的点对点通信的原始计费信息。

(3)通过 IP 网获取 MCU、GK 等网元的原始计费信息。

(4)完成通话详单的生成。

第二节 铁路视频会议系统构成

对视频会议系统来说,在总体上可分成业务层、视频交换层和用户接入层,主要由业务管理系统、MCU、GK 以及视频终端等设备组成。如图 11 - 1 所示。

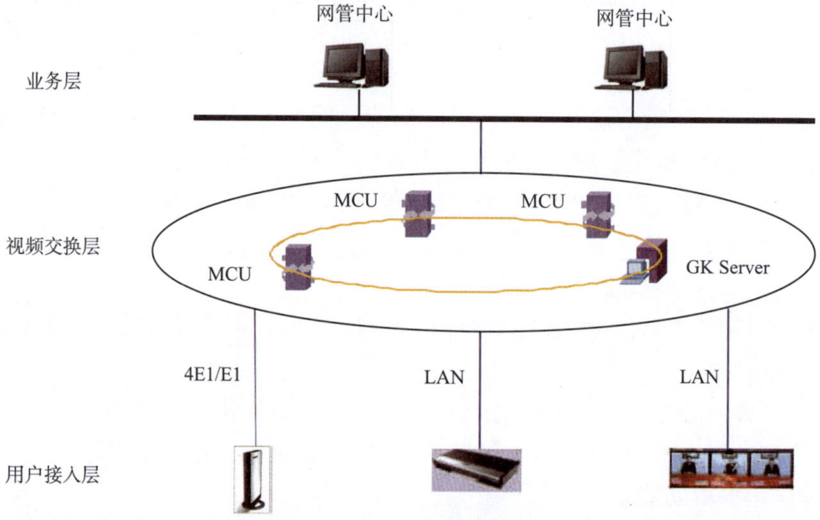

图 11—1 视频会议系统的分层结构

一、业务层

业务层(业务管理系统)是会议调度、会议管理、网络管理等一系列模块的总和。

业务管理系统能够支持管理员预约和终端自主召集会议,管理标清、高清 MCU,召开和控制标清、高清、高标清混合会议,支持手动多级级联,支持多通道级联会议调度。

二、视频交换层

(一)网守(GK)

网守(GateKeeper)是局域网 H. 323 中的一个特有实体,并且是一个可选项,向 H. 323 终端提供呼叫控制服务。GK 应能单独设置,也可内置于 MCU。GK 是视频会议业务的资源管理设备,其管理对象是 MCU、GW、视频终端。

(二)多点控制单元(MCU)

视频会议业务是一种多点之间双向通信业务。目前多点视频会议信号的切换,由专门用户多点视频会议切换的设备——MCU 来完成。

MCU 是视频会议业务的汇接处理设备,从逻辑上分为多点控制器(MC)和多点处理器

(MP),MC 提供了多方视频会议的呼叫建立和控制功能。MP 在多方视频会议中,接收来自终端或级联 MCU、GW 的音频、视频和数据流,处理这些媒体流并把它们送回到终端、MCU 或 GW。

在多点会议中,MC 负责与每个端点的能力交换。在会议中,MC 发送一个能力集给会议的端点,指示可用的传输模式,MC 可根据终端加入/离开会议或是其他原因而修改发送到终端的能力集。MC 决定会议所选择的通信模式(SCM),SCM 对会议的所有端点可以是共同的,会议中某些端点也可以具有不同的 SCM;MC 控制 MP 中的媒体通道的建立、控制和释放,并对 MP 进行控制;MC 对一组或多组会议进行管理,呼叫与会终端、处理终端呼叫、结束会议;MC 支持网管功能;接受 GK 控制召集会议,向 GK 报告会议状态。

在多点会议中,多点处理器(MP)具有用户侧和网络侧通信接口,接收来自终端或其他 MP 的音频、视频和/或数据流,处理这些媒体流并将其送回到其他 MP;MP 还能接受一个或多个 MC 的控制,根据 MC 下达的相关呼叫控制命令进行动作,如建立与相应终端之间的媒体通道、动态调整语音编解码算法;MP 对媒体流进行动态的 QoS 管理并将相应的信息上报网管设备。

MCU 通常处于网络的中心,即参加会的各个终端都以双向通信的方式和 MCU 连接。由于单台 MCU 的端口数量和处理能力有限,因此,在会议点数特别多的情况下,可以将多个 MCU 进行级联使用。

三、用户接入层

用户接入层包括接入网络(通道)、视频会议终端和用户的视听、数据输入/输出设备。视频会议终端属于用户数字通信设备,在视频会议系统中处在用户的视听、数据输入/输出设备和网络之间,如图 11—2 所示。会议终端的作用是将本会场的实况图像信号、语音信号及用户的数据信号进行采集、压缩编码、多路复用后送到传输信道上。同时把从信道接收到的视频会议信号进行多路分解、音视频解码,还原成对方会场的图像、语音及数据信号输出给用户的视听播放设备。此外,视频会议终端还将本会场的会议控制信号(如建立通信、申请发言、主席控制等)送到 MCU,同时接收 MCU 送来的控制信号,执行 MCU 的控制指令。

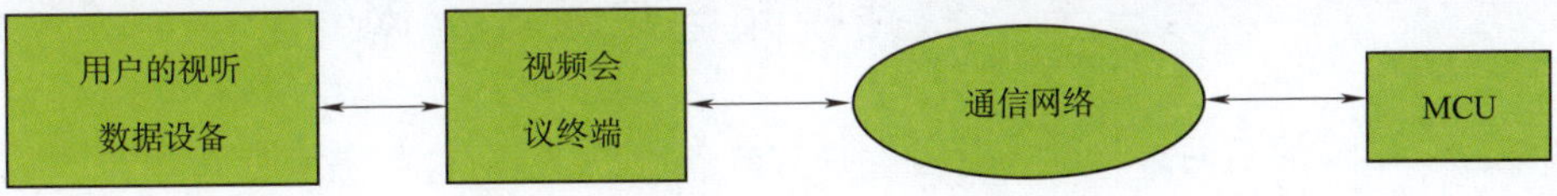

图 11—2 终端设备在视频会议系统中的位置

视频会议终端由若干个功能模块组成,其设备的核心作用是编解码,所以通常把终端设备也称为编解码器(CODEC)。

终端设备主要完成以下四项功能:

1. 完成用户视频、音频和数据信号的输入与输出

一般输入到终端的视频、音频都是模拟信号,终端的 I/O 模块要将它们数字化,变为数字音视频信号。例如,将模拟视频信号首先变为 PCM 数字视频,进而再转换为 CIF 或 QCIF 的数字视频;将音频信号变为 PCM 数字音频信号。数据信号的输入比较简单,只要符合数据输入接口标准就可以(如 RS-232C 等)。

由于最终送到用户声像设备的信号必须是模拟信号,因此,会议终端设备还要将经编码

后得到的数字视频和音频信号重新转化为模拟信号输出，作为显示器（电视机）和音响设备的输入。

2. 对数字视频、音频信号进行压缩编解码

视频信号的压缩编解码可以按照 H. 261 或 H. 263 建议进行，而目前先进的 H. 264 编解码技术正在被广泛地应用于高清视频会议系统中。音频信号的编解码可以选用 G. 711、G. 722 或 G. 728 标准。其中，G. 711 标准的语音编解码能力是每个终端必须具备的，其他两种标准的编解码能力是可以选用的。

3. 信道传输

信道传输包括对数字视频的缓存、纠错编解码，对各种媒体信号的多路复用/解复用，以及终端和信道接口等功能。缓存的作用是将编码后输出的不定速率的视频信号经缓冲存储后变为固定速率的视频信号。再对这一视频信号进行纠错编码后送入多路复用电路。多路复用是将压缩编码后的音频、纠错后的视频、数据信号及控制信号合成为一路数字码流送往接口电路。按照不同信道传输码的要求，接口电路将复用电路送来的信道码流进行信号及波形变换。例如，为了满足 E1 信道的传输要求，必须将终端输出的码流变换为符合 G. 703 标准的 HDB3 码后送上信道进行传输。以上是信道传输中的发送功能，信道接收功能和发送部分相反，不再细述。

4. 系统控制功能

终端设备中的系统控制模块完成对 I/O 模块、编解码模块、信道传输模块的控制作用。控制模块还承担电视电话会议系统中端到端及端到网络信令的传送，为用户对终端的设置以及通信控制提供渠道。

根据视频会议系统的不同，终端设备的类型也有所不同。按照支持的视频会议框架协议不同，目前常用的有 H. 320 终端和 H. 323 终端；按照视频显示格式的不同，分为高清终端（支持分辨率在 720p 及以上格式）和标清终端（分辨率为 720p 以下）。

第三节　铁路视频会议系统组网

视频会议系统的组网结构随与会者参加方式的不同而异，目前主要有两种方式：点对点组网和多点会议组网。

点对点组网的视频会议系统可不经过 MCU，两个视频会议终端只需相互呼叫对方得到确认后建立起连接，便可召开点对点视频会议。

多点视频会议系统有音、视频切换矩阵和 MCU 两种组网方式，可由用户根据不同的需求选择使用。音、视频切换矩阵组网方式是各会场视频会议系统终端设备通过传输信道连接到音、视频切换矩阵，通过音、视频切换矩阵进行切换。MCU 组网方式是各会场视频会议系统终端设备通过传输信道连接到 MCU，通过 MCU 实现切换。基于 MCU 组网方式可采用级联方式。采用 MCU 组网方式时，可设置中央多点管理系统（CMMS）和监控管理工作站。

一、基于音、视频切换矩阵的组网

视频矩阵是指通过阵列切换的方法将 m 路视频信号任意输出至 n 路监控设备上的电

子装置，一般情况下矩阵的输入大于输出，即 $m>n$。有一些视频矩阵也带有音频切换功能，能将视频和音频信号进行同步切换，这种矩阵也叫做音视频矩阵。目前的视频矩阵就其实现方法来说有模拟矩阵和数字矩阵两大类。视频矩阵一般用于各类监控场合。

矩阵的概念引用线性代数的概念，一般指在多路输入的情况下有多路的输出选择，形成图 11—3 的矩阵结构，即每一路输出都可与不同的输入信号"短接"，每路输出只能接通某一路输入，但某一路输入都可（同时）接通不同的输出。

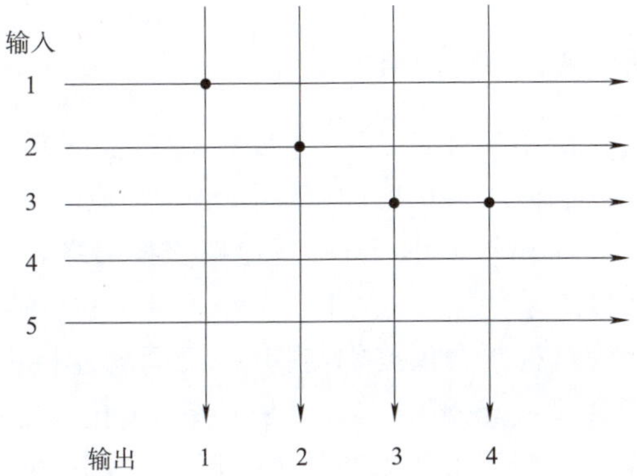

图 11—3　矩阵结构

输出 1 = 输入 1，输出 2 = 输入 2，而输出 3 = 输出 4 = 输入 3，或者说，每一路输出可"独立"地在输入中进行选择，而不必关心其他通道的输出情况，既可以与其他输出不同，也可以相同。

矩阵的作用是把提供信号源设备的任意一路的信号送到任意一路的显示终端上，可以做到音频和视频同步或者不同步。

音、视频切换矩阵方案是指中心会场和各分会场分别采用点对点的方案，在中心会场通过音、视频切换矩阵的切换实现会场的点名发言和广播，如图 11—4 所示。

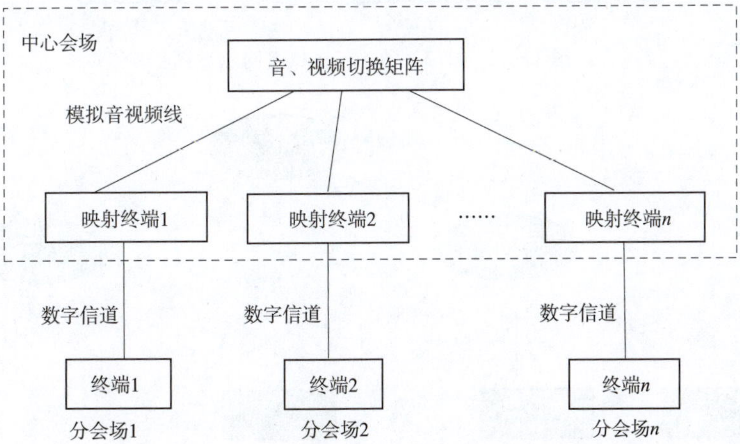

图 11—4　视频会议中音、视频矩阵组网示意图

音、视频矩阵系统也有一些缺点,会议调度能力和会议功能都很弱;另外主会场只能由固定的会场充当,无法转移到其他会场,并且这种组网方式的容量一般受限于音、视频切换矩阵的容量。当然,当音、视频切换矩阵的容量不满足系统组网需求时,也可以采用树型结构进行扩展。然而,音、视频切换矩阵采用树型结构进行级联与 MCU 的级联是有区别的,音、视频切换矩阵是通过音、视频线缆进行模拟信号的级联,因此这种方式的传输距离比较受限。这种系统不能算是严格意义上的视频会议系统,而更多的是作为一种辅助方式应用于视频会议系统。

二、基于 H.320 的视频会议系统的组网

H.320 标准是视频会议的早期建议之一,主要针对窄带 ISDN 网。由于窄带 ISDN 网是一种基于电路交换的网络,所以 H.320 标准主要满足和适应电路交换的特性,因而 H.320 标准的视频会议被广泛用于 VSAT、DDN、ISDN 等电路交换网络。H.320 的高清晰视频会议系统一般采用 SDH 网络,接入采用 1~4 个 E1 接口,SDH 网络的优点在于时延小,带宽充足,并且能够通过 SDH 网管对视频会议终端与 MCU 之间的连接进行配置。另外对于采用 4~8 M带宽的高清晰视频会议系统,SDH 传输能够使各 E1 接口之间的相对延时最小,降低对终端硬件存储设备的要求。但不可忽略的是,在日常应用中,由于 4 个 E1 可能选择不同的径路,当 E1 间同步出现偏差时,可能会出现无法“绑定”的现象使得有效带宽降低,也可能对业务切换产生影响,出现跳帧现象。

基于 H.320 系统的 MCU,一般都构建在时分复用网络上。在单级 MCU 的情况下,采用星型结构,如图 11—5 所示;在级联的情况下,采用树型结构,如图 11—6 所示。

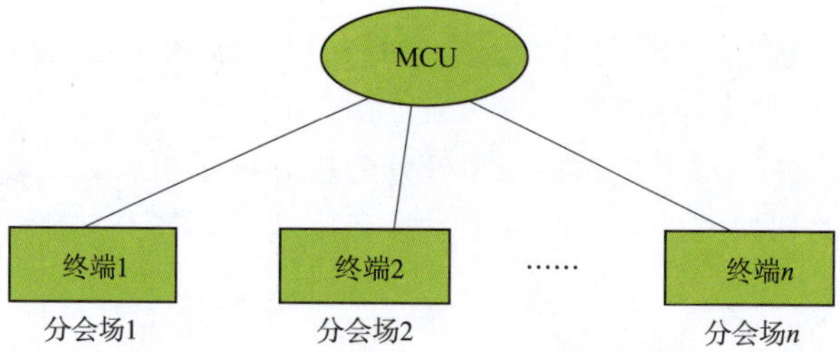

图 11—5 H.320 单级 MCU 组网示意图

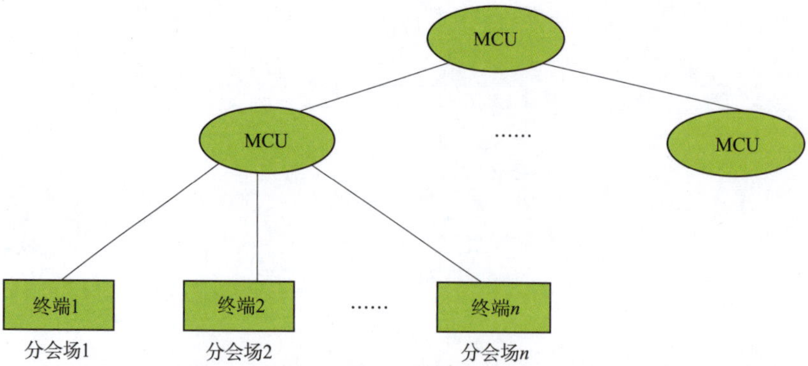

图 11—6 H.320 多级 MCU 级联组网示意图

这种树型结构和星型结构的组网方式，非常类似于行政区划的拓扑结构，所以特别适合行政会议的组网。

在 H.320 系统中，由于 MCU 与 MCU 之间、终端与 MCU 之间是静态固定连接，因此，主 MCU 将从 MCU 视为终端来对待，各终端逐个与所连接的 MCU 建立呼叫，并按顺序加入会议。

三、基于 H.323 的视频会议系统的组网

（一）基于 H.323 组网的特点

ITU-T 于 1996 年 11 月颁布的 H.323 建议的名称为“基本不保证 QoS 局域网的可视电话系统和设备”，而在 1997 年颁布的 H.323 的第二版，即 H.323v2，将名称直接改为“基于分组的多媒体通信系统”，进一步表明了 H.323 系统在多媒体通信所起的作用。

H.323 标准涵盖了音频、视频及数据在内以 IP 包为基础的网络（LAN、Extranet 和 Internet）上的通信，建立 H.323 标准是为了允许不同厂商的多媒体产品和应用能够互操作。对于基于 IP 网络的多媒体通信应用来说，H.323 标准是非常重要的构件。另外，该标准也允许通过 ISDN 和 POTS 与基于 PPP 的网络直接相连。H.323 可用于各种独立设备、个人计算机技术以及点对点和点对多点视频会议，该标准解决了视频会议中呼叫与会话控制、多媒体与带宽管理等许多问题。

H.323 视频会议系统的 MCU 组网与 H.320 的不同在于，H.323 中 MCU 只是逻辑意义上的网状网结构，它们之间没有固定连接。在转接会议时呈现树型结构，但此时转接的 MCU 并不占用端口资源。H.323 组网需要借助于 GK 的辅助来实现。

GK 是 H.323 系统的一个组件，其功能是向 H.323 节点提供呼叫控制服务。本区域内的所有 H.323 节点必须在本域内的网守上登记注册。多个 GK 组网可形成网状结构或主从结构。网状结构中每个 GK 地位平等，分别管理所连接 MCU 的地址解析、区域管理等功能。主从结构 GK 组网由一个顶级 GK 和多个域 GK 构成树型结构，便于对网络进行升级扩容。顶级 GK 负责域 GK 的解析，域 GK 负责所连接的 MCU 解析、区域管理等。

在 H.323 系统中，由于 MCU 与 MCU 之间、终端与 MCU 之间不是静态固定连接，因此，会议组织流程较复杂，存在终端和 MCU 之间相互选择的问题。在召开一个会议时，终端首先被接入所连接的本域 MCU，其他域终端也可以加入到此 MCU 上参加会议，或此终端溢出到邻近的 MCU 上参加会议。在路由选择上，若参加会议的终端比较分散，则可选择任意一参会终端方所在地的 MCU 作为召集方，其他终端汇接到此 MCU。若会议使用的 MCU 端口已满，则终端会被指向邻近的 MCU，建立连接。对于参会终端不归属于一个 GK 的连接，一般不跨 GK 域使用 MCU，而是将参会终端接入本域的 MCU。H.323 会议系统三种会议组织流程形式分别为：点对点会议、点对多点会议以及跨区域的视频会议。

（二）H.323 系统的组网方式

IP 视频会议系统典型的组网方式如图 11—7 所示。

视频会议终端通过 LAN、xDSL、WLAN 等方式接入 IP 网，再由 IP 网接入视频交换层。根据需要，视频会议终端也可以通过专线方式直接接入视频交换层。视频会议终端接入侧应采用 QoS 策略保证接入质量。

视频交换层和业务层的设备应通过防火墙与 IP 网络连接，以确保系统的安全性。视频

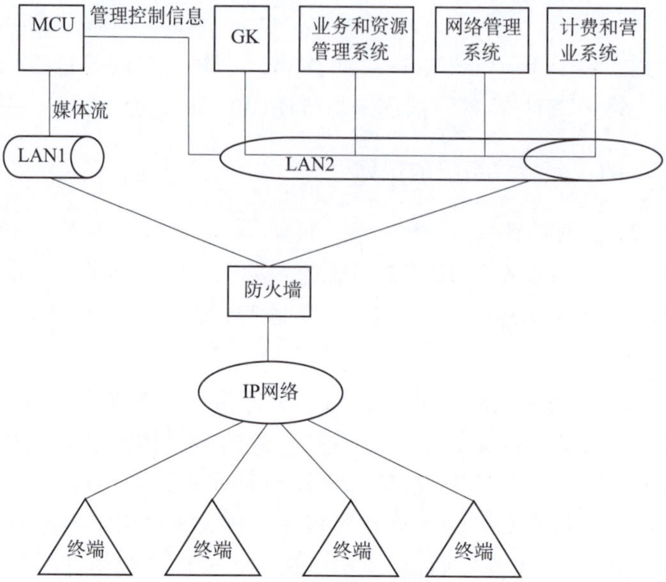

图 11—7 IP 视频会议系统典型组网方式

交换层的媒体流和业务层的管理控制信息应在不同 LAN 之间进行通信，MCU 中的媒体流通过 LAN1 进行交互，GK、业务和资源管理系统、网管系统、计费营业系统等管理控制信息通过 LAN2 进行交互。MCU 通过其管理控制端口与 LAN2 所在的 GK 等系统通信，交互管理控制信息。

业务和资源管理系统、网络管理系统、计费系统、营业系统等应分配私有 IP 地址。MCU 和 GK 应同时分配私有和公有 IP 地址。

四、混合组网

在实际应用中，经常会有混合组网的情况，混合组网的种类比较多且复杂，归纳起来有以下 5 种：

(1)MCU 和音、视频矩阵混合组网；

(2)H. 320 和 H. 323 系统混合组网；

(3)不同速率的混合组网；

(4)高清系统和标清系统混合组网；

(5)不同厂家设备的混合组网。

第四节 铁路视频会议系统与其他系统/设备的互联

一、时间同步

会议系统与时间同步设备的互联有两种方式：一种是 MCU 与时间同步设备相连，各会议终端与其接入的 MCU 设备同步；另一种是网管系统与时间同步系统相连，MCU 与网管同步，各会议终端再与其接入的 MCU 设备同步。

二、会议录播

需要录音录像的会议，可以从如下设备的音视频输出口接入录音或录像设备：

(1)会议终端的音视频输出口。

(2)调音台的音频输出口、视频分配设备的视频输出口。

(3)直接在会场设置摄像设备。

第五节　铁路视频会议系统质量标准

一、铁路视频会议质量标准

铁路视频会议质量评定采用主观评价，五分制评定标准：

(1)5 分标准：声音、图像清晰可辨。

(2)4 分标准：图像基本无拖尾、方块效应现象；声音较清晰、无回声及自激现象。

(3)3 分标准：图像、声音勉强维持会议的进行。

(4)2 分标准：图像方块效应现象严重；声音严重断续或音质辨别困难。

(5)1 分标准：图像冻结，无声音。

二、视频会议终端设备之间端到端的传输性能指标

视频会议网内任意两个视频会议终端设备之间端到端的传输性能指标，应符合表 11—1 的规定。视频会议设备适应传输信道差错的能力，在传输性能符合表中要求的情况下，视频会议设备应能正常工作。

表 11—1　视频会议系统传输性能指标

项目名称	传输信道速率(kbit/s)	误比特率(BER)	1 h 内最大误码	1 h 内严重误码事件	无误码秒(EFS%)
国内段视频会议链路	2 048	1×10^{-6}	7 142	0	92
国际段视频会议链路	2 048	1×10^{-6}	7 142	2	92
国内、国际全程链路	2 048	1×10^{-6}	21 427	2	92
国内段视频会议链路	64	1×10^{-6}			

三、IP 视频会议系统的服务质量要求

1. IP 承载网的服务质量指标

承载媒体流的 IP 网络应具有带宽充分、时延小、抖动低和丢包率低的特点。

根据 YD/T 1171—2001《IP 网络技术要求—网络性能参数与指标》中对 IP 承载网的服务质量等级进行划分，其划分应符合表 11—2 要求。

表 11—2 IP 网端到端性能指标

网络性能指标的性质	默认值	QoS 等级			
		0 级	1 级(交互式)	2 级(非交互式)	3 级(U 级)
网络单向延时上限	未规定	150 ms	400 ms	1 s	U
延时抖动上限	未规定	50 ms	50 ms	1 s	U
丢包率上限	未规定	1/1 000	1/1 000	1/1 000	U
包误差率上限	1/10 000	默认	默认	默认	默认

IP 承载网端到端通信的网络时延、抖动和去包率指标应满足 0 级或 1 级的要求,确保视频业务的 QoS。

根据测试结果,视频业务对网络时延和抖动比较敏感,对丢包率相对不敏感。

2. 端到端 IP 视频业务服务质量指标

端到端 IP 视频业务服务质量指标应满足 ITU-T G. 1010《终端用户多媒体 QoS 种类》对端到端业务服务质量的要求。其性能指标应符合表 11—3 要求。

表 11—3 语音和视频应用的性能指标

媒体	主要应用	单向/双向	典型数据速率(kbit/s)	主要性能参数和指标			
				单向时延	抖动	丢包率②	其他
语音	对话型语音	双向	4 ~ 64	<150 ms 首选① <400 ms 受限①	<1 ms	<3% 丢包率(PLR)	
语音	语音消息	主要是单向	4 ~ 32	回放:<1 s 录音:<2 s	<1 ms	<3% PLR	
语音	高质量的语音流	主要是单向	16 ~ 128③	<10 s	≤1 ms	<1% PLR	
视频	视频电话	双向	16 ~ 384	<150 ms 首选④ <400 ms 受限		<1% PLR	唇音同步<80 ms
视频	单向	单向	16 ~ 384	<10 s		<1% PLR	

注:①采用自适应回音控制。

②丢包率值取决于具体的编解码器,但可以采用包丢失隐藏算法来减少包丢失带来的后果。

③质量取决于编解码器的类型和传输速率。

④这个指标可以作为长期的目标基于目前的技术可能不能满足。

3. 视频会议业务端到端的指标

(1)单向时延不应大于 400 ms,最好小于 150 ms。

(2)丢包率应小于 1‰。

(3)唇音同步应小于 80 ms。

第十二章 铁路视频会议设备和维护

第一节 铁路视频会议设备简介

一、华为视频会议系统

（一）ViewPoint 8650/8660

ViewPoint 8650/8660 MCU 是华为公司视频会议产品，支持 720p、1080p 的分辨率视频格式。

1. 基本结构

ViewPoint 8650/8660 综合视频交换平台由主控板、业务板等模块组成，关键部件采用 Full Mesh 全连接结构，如图 12—1 所示；提供 IP/E1/E1 ×4 等各种接入方式，适应各种网络环境的要求。

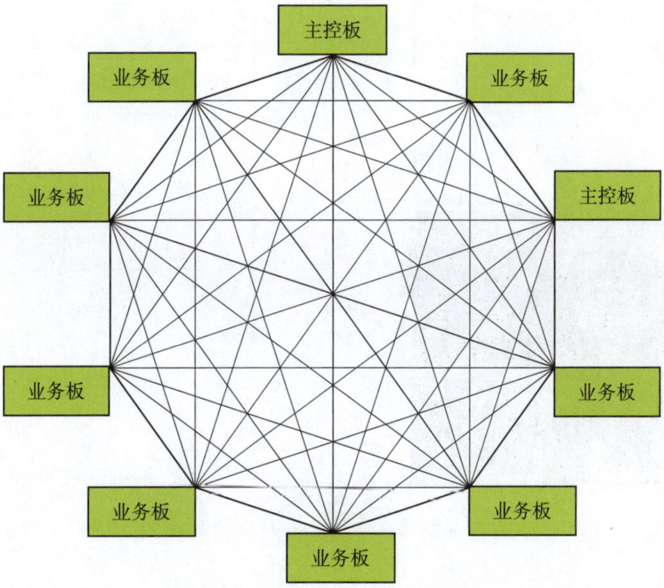

图 12—1 Full Mesh 全连接结构图

ViewPoint 8650 采用 19 英寸标准机框结构，高度为 5U，最大可以配置三块业务板卡，横向插卡，双电源主备倒换。如图 12—2 所示。

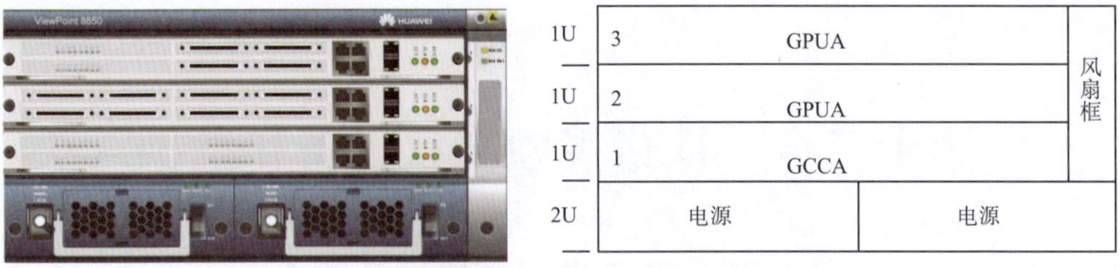

图 12—2 ViewPoint 8650 主机外观图

ViewPoint 8660 采用 19 英寸标准机框结构，高度为 20U，最大可以配置两块主控板和八块业务板卡，竖向插卡，双电源主备倒换，主控板和业务板主备倒换。如图 12—3 所示。

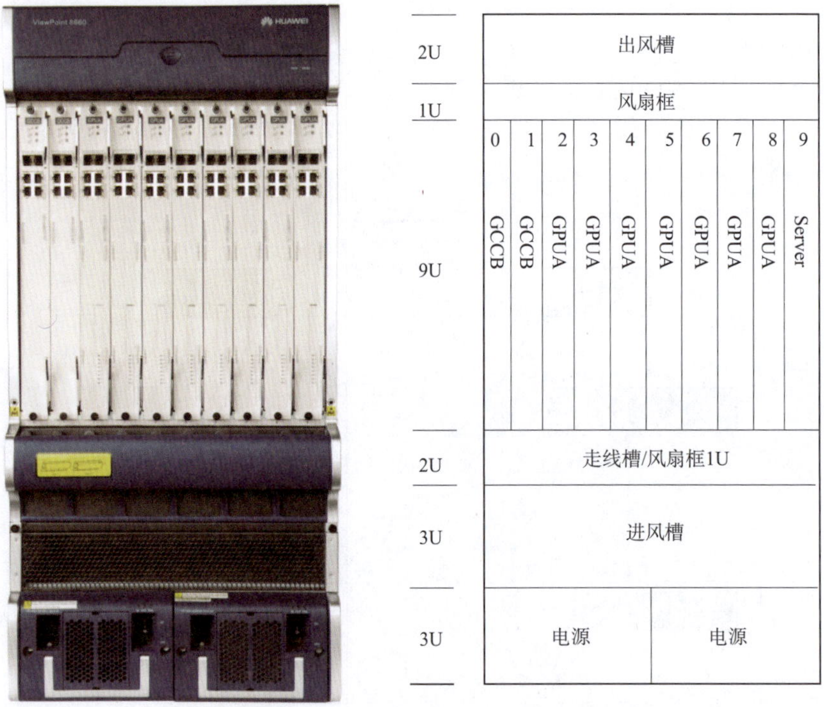

图 12—3 ViewPoint 8660 主机外观图

ViewPoint 8650 和 ViewPoint 8660 单板采用多层扣板设计，可根据需要配置不同功能的扣板，从而实现不同的功能特性；适用于大型视频网络。

2. 接入能力

ViewPoint 8650 MCU 支持 IP/E1/E1 ×4 混合接入，接入总带宽高达 512 M，会场最高接入带宽高达 8 M。最高可接入 256 个 2 M IP 会场，8 M IP 会场最高可接入 64 个；最多可接入 32 个 4E1 会场或 128 个 2 M E1 会场。

ViewPoint 8660 MCU 支持 IP/E1/E1 ×4 混合接入，接入总带宽高达 2 048 M，会场最高

接入带宽高达 8 M。最高可接入 1 024 个 2 M IP 会场，8 M IP 会场最高可接入 256 个；最多可接入 64 个 4E1 会场或 256 个 2 M E1 会场。

3. 组网及应用

ViewPoint 8650/8660 视频交换平台接口丰富，宽窄带兼容，可以适应 E1、4E1、ISDN、IP 等，支持 AAC－LD/LC、H. 235 信令和媒体流加密等。

（1）IP 组网（图 12—4）

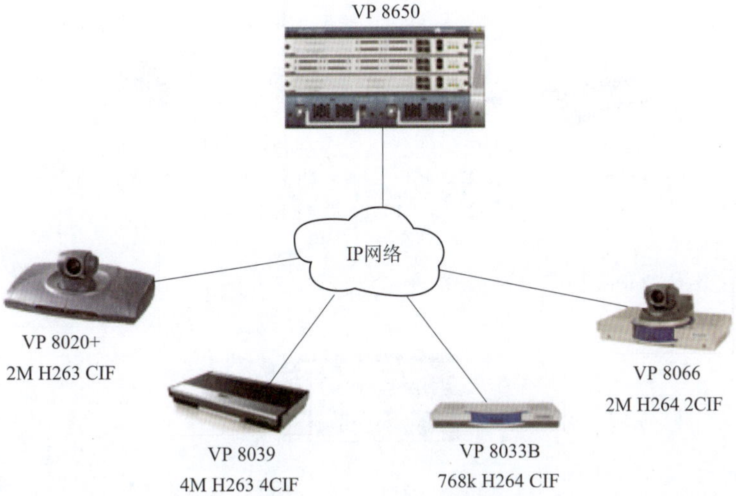

图 12—4　VP 8650 IP 组网

（2）单 E1 组网（图 12—5）

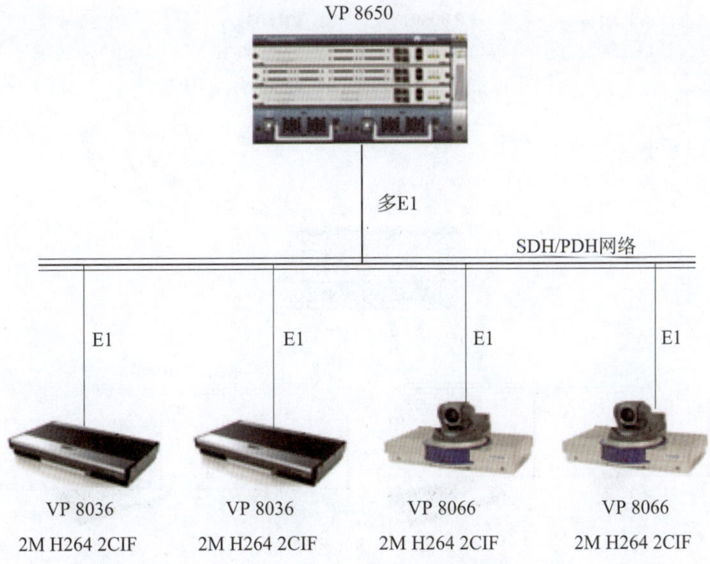

图 12—5　VP 8650 E1 组网

(3)4E1 组网(图 12—6)

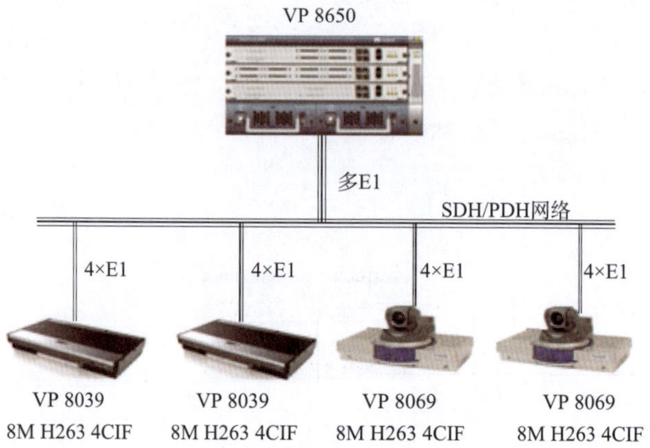

图 12—6　VP 8650 4E1 组网

(4)混合接入组网(图 12—7)

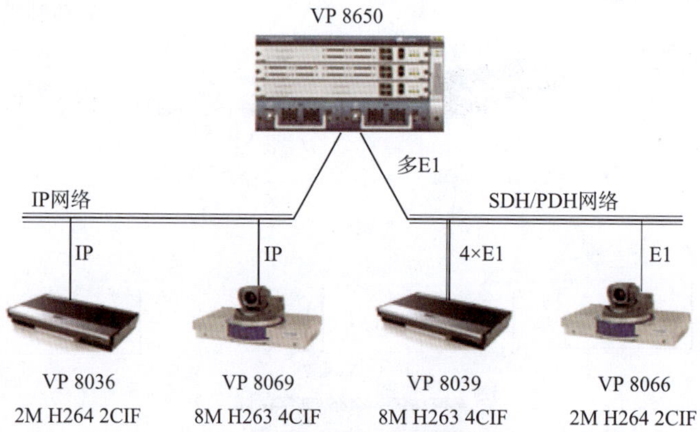

图 12—7　VP 8650 E1/IP 混合组网

(5)线路备份组网(图 12—8)

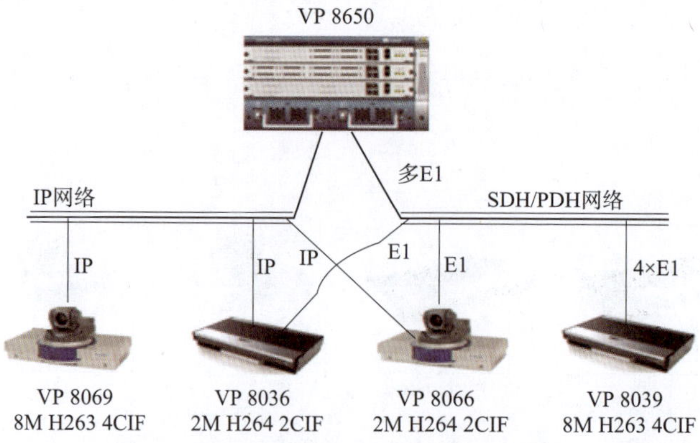

图 12—8　VP 8650 线路备份组网

(6)级联组网(图 12—9)

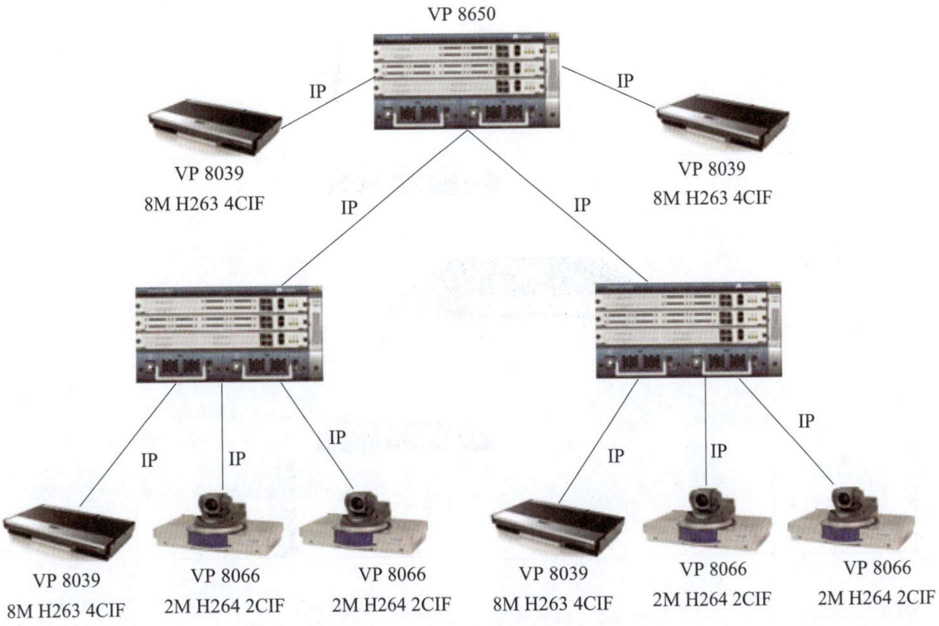

图 12—9 VP 8650 级联组网

(7)电视墙组网(图 12—10)

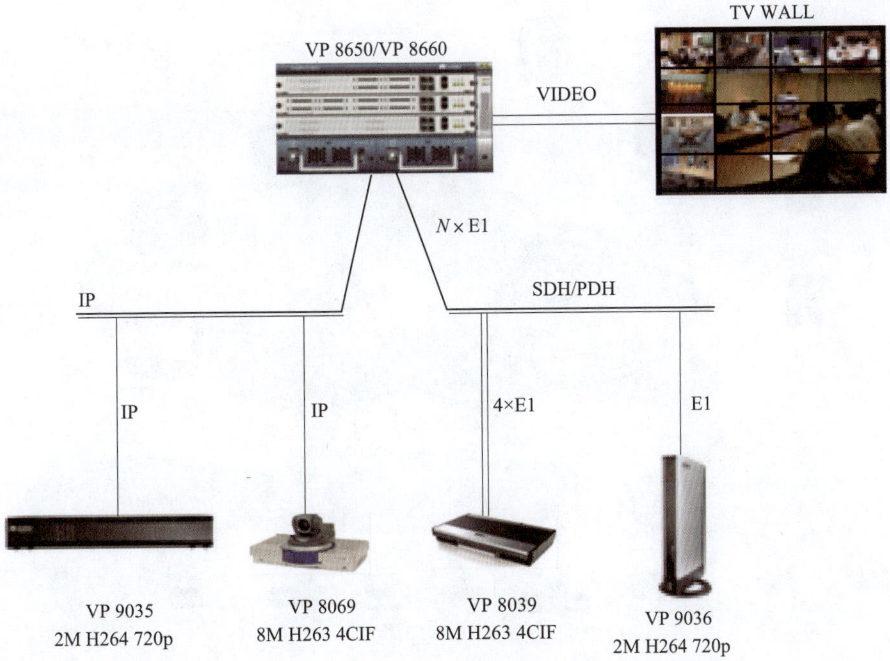

图 12—10 VP 8650/8660 电视墙组网

(8)骑墙组网(图 12—11)

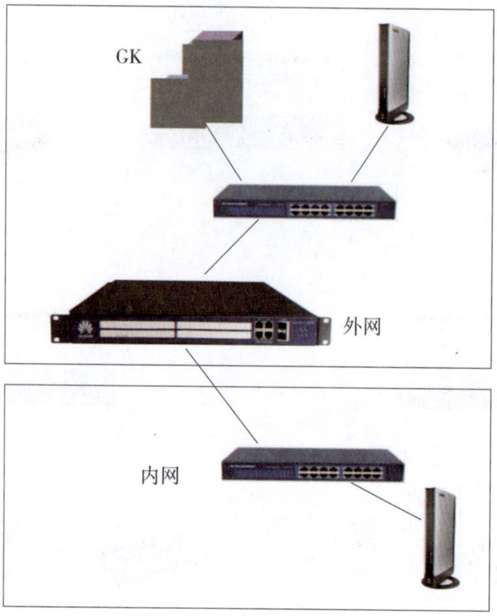

图 12—11 VP 8650/8660 骑墙组网

(9)IMS 组网(图 12—12)

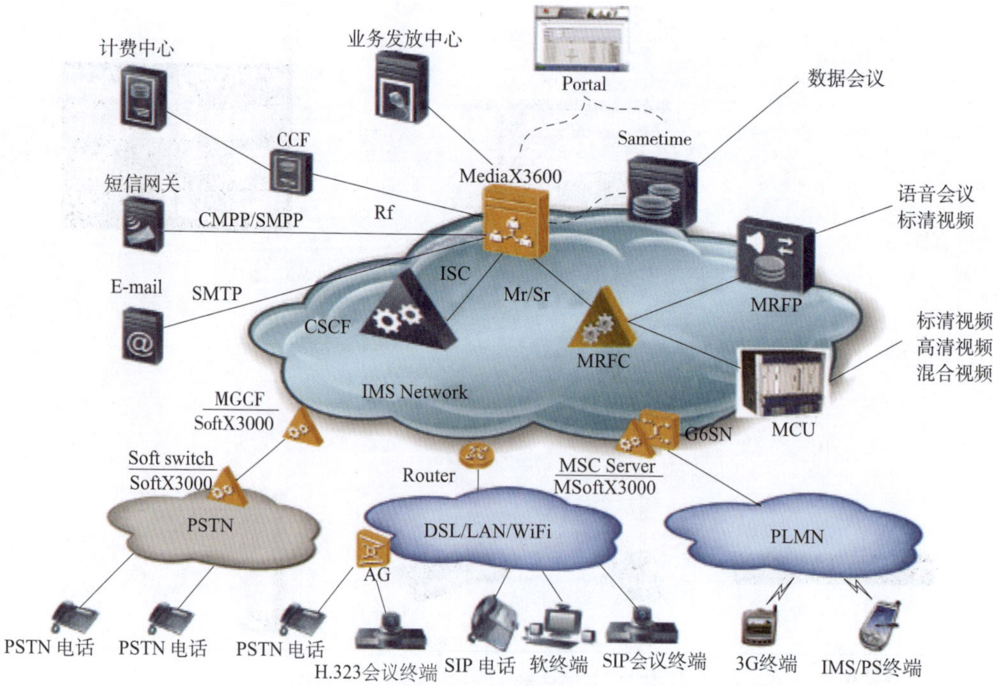

图 12—12 IMS 组网

(10)多点远程呈现组网(图 12—13)

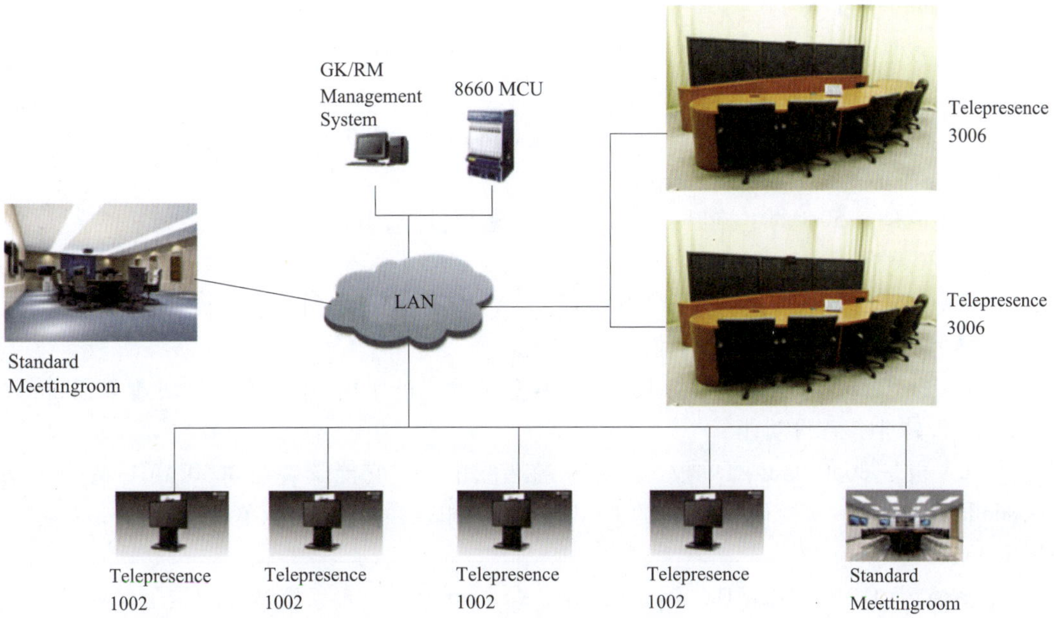

图 12—13　多点远程呈现组网

(11)网真多通道组网(图 12—14)

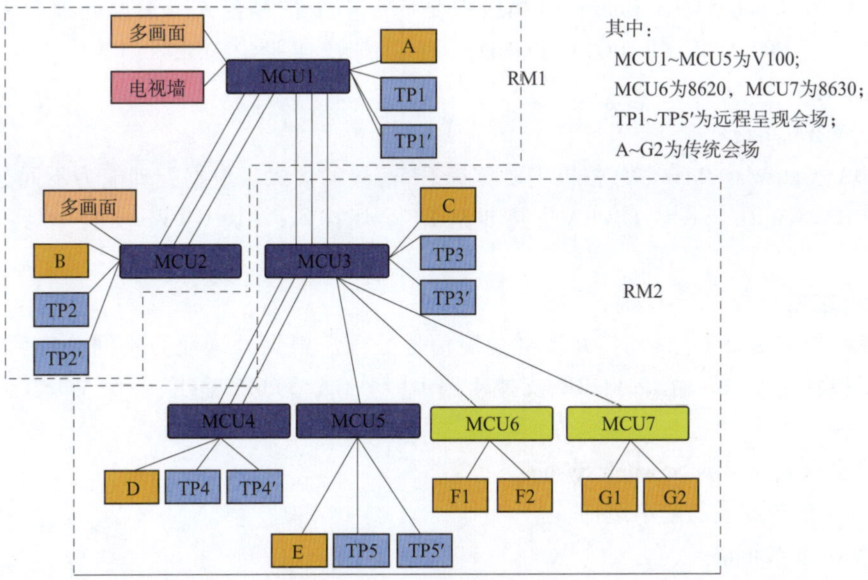

图 12—14　网真多通道组网

4. 单板及扣板

(1)主控板 GCCX(General Central Control Board X)

主控板 GCCX(General Central Control Board X,通用中心控制单板),是系统的核心处理

单元，负责视频、音频、信令等信息交换处理，并执行业务管理中心的控制命令，“X”代表该板的型号，可以为A、B、C。

GCCA板是8650的必配单板，只能安装在8650的1槽位，没有主/备用工作方式，可以通过加功能扣板(最多4块)实现业务板功能。

GCCB板是8660的必配单板，可以安装在8660 MCU的0、1槽位来实现主/备用工作方式，GCCB板不能增加功能扣板。

GCCC板是8650C的主控板，可以通过加功能扣板(最多4块)实现业务板功能。

(2)GPUA板

GPUA(通用处理单元，General Process Unit A)板是业务处理板，主要负责系统多画面处理、媒体码流处理及混音处理等功能。

GPUA板是8650/8660的业务处理板，不能起主控板作用，通过配置多块业务板，可以实现业务板的业务备份功能。

GPUA板是8660的必配单板，是8650的选配单板。它能安装在8650 MCU的1、2槽位，8660 MCU的2~9槽位(9槽位的GPUA板不能扣视频/音频功能单板)。

(3)HDPA扣板

高密处理(HDPA，High Density Processor A)扣板主要负责系统音视频信号流处理。根据处理能力不同分为4种：HDPA/HDPB/HDPC/HDPD。区别在于单板上的媒体处理单元个数不同(分别为2 dsp、4 dsp、6 dsp、8 dsp)。

(4)POEA扣板

POEA(Packet Over E1 Board A)扣板主要负责4E1信号接入。根据处理能力不同分为4种类型(POEA/POEB/POEC/POED)，分别支持4路2 Mbit/s、4 Mbit/s、6 Mbit/s、8 Mbit/s的4E1会场接入。

(5)GWBA扣板

GWBA(GateWay Board A)扣板主要负责E1信号的接入。根据处理能力不同分为两种类型(GWBA/GWBB)，每块GWBA支持8路E1会场接入，每块GWBB支持16路E1会场接入。

(6)电视墙扣板

电视墙扣板主要负责标清、高清电视墙信号处理。根据处理能力不同分为两种类型，VOBA，支持6路CVBS输出；VOBB，支持4路DVI/VGA/YPbPr输出，每块VOBB需配套一块HDPD板。

(二)会议控制系统 vSwitch System

1. vSwitch System的基本组件

(1)Switch Manager

Switch Manager位于视频系统的运营支撑层，负责对Switch Centre进行数据配置和日常管理；对外提供第三方放号接口；协同Resource Manager实现特服号呼叫和主叫呼集功能；监控节点的注册和呼叫。其基本组成包括：

①UI界面，浏览及配置SC业务数据；

②SM核心，完成SC管理及特色功能；

③Date Base,保存数据。

(2)Switch Centre

Switch Centre 位于视频系统的网络控制层,提供 H. 323 Gatekeeper 的基本功能(地址解析、接入控制、带宽管理和区域管理);提供网段限制、静态服务、认证计费、多点会议和点对点呼叫原始话单记录等特色功能。其基本服务包括:

①Switch Centre 服务,完成 Gatekeeper 功能;

②VRRPD 服务,完成主备倒换功能。

2. vSwitch System 的常见业务特性

日志管理;节点管理;主备倒换;动态注册;多种认证方式;主叫呼集、特服号及会议控制;网段注册限制;网段带宽限制;Switch Centre 路由。

3. vSwitch System 的常用操作

添加 GK、MCU、GK 路由、网段注册限制和网段带宽限制;简单介绍动态注册功能;GK 主备倒换的主要操作;查看相关信息、获取日志等。

(三)VP9039A 高清视频终端

VP9039A 高清视频终端是华为公司的 1080p 高清终端,如图 12—15 所示,利用硬件平台可以提供视频分辨率 1080p 60 fps 全高清图像效果,支持两路 1080p 活动图像,双声道宽频语音(AAC-LD),可以实现 CD 级的音质效果,与华为 VPM210 数字阵列麦克风(见图 12—16)结合提供 360°全方位高保真语音;VP9039A 支持 IP、E1、4E1、3G 和 PSTN 等多种接入方式,点对点最高会议速率达 8 Mbit/s;支持 H. 239 双流等功能。适合中小企业等小型交流会议各种应用场景的使用。

图 12—15 VP 9039A 高清视频终端

图 12—16 VPM210 数字阵列麦克风

VP9039A 高清视频终端具有如下功能:

全高清视频(1080p 50/60 fps);高清满帧率动态双流(双路 1080p 30 fps);双声道宽频语音(AAC-LD);线路备份机制完善(E1/IP、2E1/2E1、4E1/IP、IP/PSTN、E1/PSTN);网络适应性(超强纠错、自动降速);操作界面(UCD)人性化;H. 235 信令媒体流加密;字幕、横幅功能较强。

配合华为高清 MCU 实现多点会议控制、高清多画面、主叫呼集等高清视频应用。

VP9039A 高清视频终端接口,可以适应 E1、4E1、IP 等主流线路,能够灵活组建视频网络。

与 VP8650、VP8660 配套组网,实现全网的高清解决方案;接口丰富,扩展能力好;支持 AAC-LD、H. 235 媒体流和信令加密、4E1/IP 备份、2E1 +2E1 备份、E1 + E1 备份等。

(1)高清 IP 组网(图 12—17)

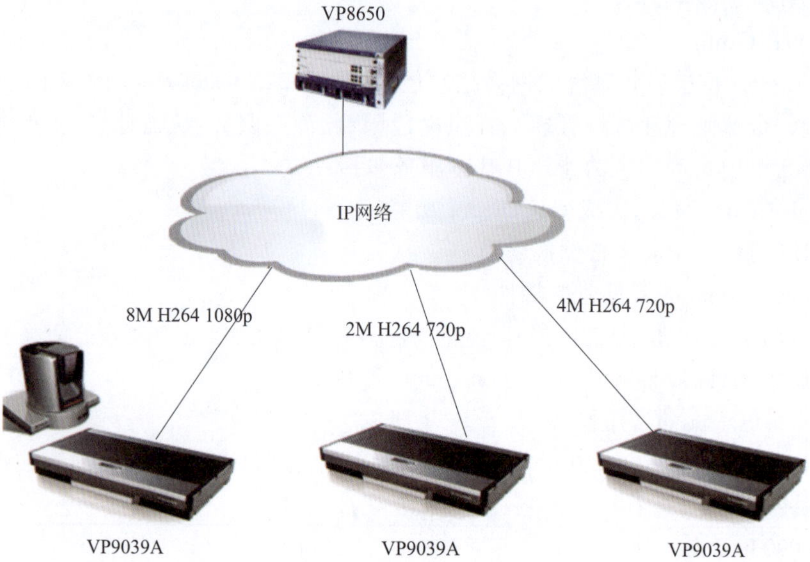

图 12—17 高清 IP 组网

与 MCU VP8650 配合纯 IP 高清组网，采用标准 H.323 协议组建多点高清会议。

8 M 带宽实现 1080p 高清会议、AAC-LD 高保真立体声音频等，体现高清的会议效果。

提供 768k 以上 720p 满帧图像体验，在低带宽组网下保持优质图像效果，网络带宽条件已不是高清组网的限制。

提供 1080p 多画面、1080p 及以下格式混速混协议的适配会议，并兼容标清系统。

(2)高清 4E1 组网(图 12—18)

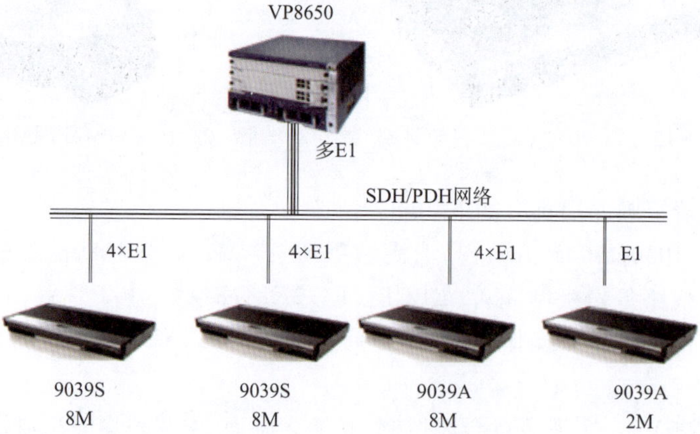

图 12—18 高清 4E1 组网

与 VP8650/VP8660 配合 4E1 高清组网，提供 8 M 的 E1 接入组建多点高清专线会议。

提供 1080p 的高清会议、AAC-LD 高保真立体声音频等，体现高清的会议效果。

提供 2E1 + 2E1、E1 + E1 备份方案，提供 4E1 线路智能升降率，有效保障 E1 高清网络的高可靠性要求。

提供 E1 + IP 自动备份高清方案，满足高可靠性的高清会议要求。

(3)高清 + 标清混合组网(图 12—19)

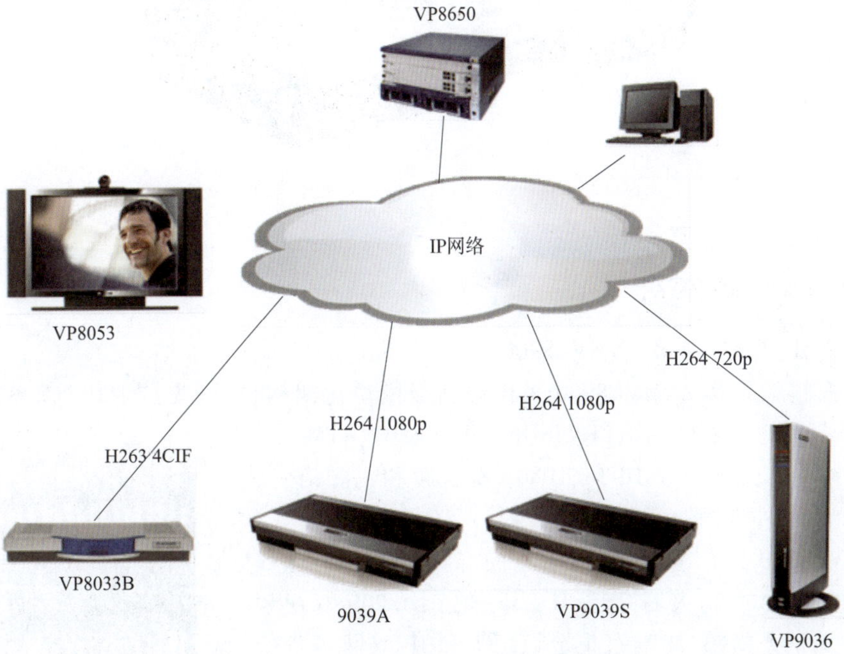

图 12—19 高清 + 标清混合组网

与 VP8650MCU 和 9039s、9036、9039A 高清终端以及 VP8033B 等标清终端配套，可提供高清与标清混合组网的混合多点会议。

提供混合 1080p、720p 高清和 4CIF、CIF 标清的混合会议，以及 AAC-LD 高保真立体声音频等，体现高清的会议效果。

提供高清 + 标清的速率协议适配会议，保证标清终端接入高清会议，实现高清与标清终端同一会议。

极大地兼容现网标清设备，保护原有投资，同时也享受高清的会议效果。

(四)ViewPoint 8036-M 视频终端

ViewPoint 8036-M 视频终端是华为公司推出的分离式视频终端，支持 LAN、xDSL、E1 等多种接入方式，最高会议速率达 4 Mbit/s。遵循 ITU-T H.323、H.320 框架协议；支持的视频编解码协议包括 H.263、H.263 4CIF、H.264；支持 H.239 双流；支持的音频编解码协议包括 G.711、G.722、G.728、AAC-LD。

ViewPoint 8036-M 视频终端支持如下功能：Mini MCU，50/60 场图像扫描技术，动态 4CIF 高清晰图像，SXGA 输入输出，H.239 双视频流发送，桌面传送，双视传送(DualView)，双屏显示，分屏显示等。作为 Mini MCU 时支持 H.323 多点会议、多点会议控制、二级 MCU 级联等。

ViewPoint 8036-M 视频终端也具有多点会议控制、多画面、主叫呼集等。

ViewPoint 8036-M 视频终端外观如图 12—20 所示。

图 12—20 ViewPoint 8036-M 视频终端外观

二、中兴视频会议系统

(一)智能视频服务器 ZXMVC8900

中兴视频服务器 ZXMVC8900 采用电信级模块化架构设计,支持 ITU-T H. 323、H. 320 和 SIP 协议,可通过不同网络(IP、ISDN、DDN、SDH、ATM 等)接入用户终端,支持 720p、1080i、1080p 高视频和宽频语音,图 12—21 为其外观图。

图 12—21 ZXMVC8900 外观

ZXMVC8900 具有 WEB 音视频监控、高清多画面、远程高清图像台、H. 460 防火墙穿越、H. 235 加密、H. 239 双视频流、T. 140 短消息横幅、终端召集会议、E1 和 IP 双网络备份等先进技术,可支持 8 M 带宽和 1080p 图像分辨率。

1. ZXMVC8900 的组成单元

(1)多点控制单元

由嵌入式主板和硬盘组成,实现会议的多点控制功能。控制单元(MC)模块与会议调度系统(CSS)建立可靠的通信通道,执行 CSS 的命令,向 CSS 提供 MCU 的信息。与 MPU 建立可靠的通信通道,实现对 MPU 的多点控制功能。

(2)主控单元

主控单元包括 MPU 资源管理、系统时钟 CC、A2LAN 板三个部分,提供系统时钟,完成多点会议处理,控制和管理各单板。MC 模块是 MCU 的最高长官,MPU 资源管理模块是 MCU 的秘书。

MPU 资源管理模块的功能包括:与各功能单板、MC 之间建立可靠的通信通道;解释 MC 模块的命令并对各单板进行配置;上报内部运行状态及与 MC 及功能单板交互消息内容;DSP 上的底层软件可进行远程在线升级。

CC 系统时钟模块的功能为系统时钟的产生及同步。

(3)音频处理单元

由 APU 板和 MIX 板或者由 EAPU 组成,完成音频编解码和声音混合或交换功能。

(4)LAN 接口单元

由 NILAN 板和 A2LAN 板或由 ENIL 板和 A2LAN 板组成，为 ZXMVC8900 的 IP 网络接口单元。

(5)E1 接口单元

由 N16E1 板、A16E1 板和 L16E1 板组成，为 ZXMVC8900 的 E1 网络接口单元。当使用数字传输网或 N-ISDN 的 PRI 接口组网时，E1 接口单元为 ZXMVC8900 必备单元。

(6)视频处理单元

由 VPU/EVPU 板和 AVO 板组成，实现 H. 320 和 H. 323 的网关、多画面回传、速率匹配(非高清系统)、图像台(zxms80 2. 03. 500t08 版本开始 EVPU 支持 H. 261)和 HPU 板、外置 MPEG-2 编解码器实现高清网关功能。

GPU/EGPU 可实现 H. 320 和 H. 323 的网关、速率匹配(高清和非高清)、高清网关、高清图像台功能(EGPU 支持图像台，zxms80 2. 03. 500t08 版本开始 EGPU 支持 H. 261)。

HDPU 实现 HD 高清的多画面、速率匹配、图像网关等功能。

(7)数据处理单元

由 DPU 板和 A2LAN 板组成，完成 T. 120 数据会议的数据处理功能。

(8)ISDN 协议处理单元

由 IPU 板和 DSP 阵列模块 M8DSP 组成，完成 ISDN 网络的信令处理。

(9)B 信道处理单元

由 BPU 板和 DSP 阵列模块 M8DSP 组成，完成 H. 320 系统的 B 信道处理功能，即 H. 221 帧复用和解复用。它将来自 E1 接口单元或 ISDN 协议处理单元的信道数据拆包为图像、声音和数据信号分别送给视频处理单元、音频处理单元和数据处理单元进行处理，并把处理过的视频、音频和数据信号捆成一束，送回 E1 接口单元或 ISDN 协议处理单元。

2. ZXMVC8900 单板

(1)CC 板

CC 板具有两个外部接口，如果 BITS 时钟采用平衡式接入方式，使用下面的 RJ45 接口；如果采用非平衡式接入方式，则使用上面的同轴接口。CC 模块为机箱后面插入的小卡。

单板功能：系统时钟的产生，16 MHz、4 MHz、8 kHz、10 ms；系统时钟的同步，BITS、线路时钟。

(2)嵌入式主板 MC

单板功能：MC 是 MCU 的多点控制部分，协议栈已在 Windows 系统上实现，MC 模块的平台应是通用的、易于升级的产品。MC 采用嵌入式主板与 MP 建立可靠的通信通道，实现对 MP 的多点控制功能，与网管中心建立可靠的通信通道，执行网管中心的命令，向网管中心提供 MCU 的信息。

(3)音频版 APU

单板功能：32 路 G. 711、G. 722、G. 728、G. 723、G. 729 语音编解码；32 路语音功率计算，计算 32 路解码输出的语音功率；语音匹配；64 组会议混音，每组会议混最强的 3、4、5 路(在混音子卡 MIX 上完成，基本系统中只有第一块 APU 上带有 MIX 卡)；软件版本在线下载升级。

(4)混音版 MIX

单板功能:完成 64 组会议的混音;根据会议中每一个端的功率,动态地对一组会议中功率最大的 3、4 或 5 个进行混音,混音结果发送回该会议的每一个端口;MIX 为安装在 APU 上的子卡,可完成 256 路终端的混音功能。

(5)EAPU 板

EAPU 板功能:一块 EAPU 完成 128 路的语音编解码,256 个终端的全混音处理。

APUMIX 和 EAPU 板功能对比:一块 EAPU 完成 128 路的语音编解码,256 个终端的全混音处理。如果只配置了一块 EAPU,会议终端数超过 128 时,会提示:MCU 的 APU 能力不足。两块 EAPU 替代 8 块 APU。EAPU 单板与 APU/APUMIX 单板不可混插。

(6)NILAN 板

单板功能:NILAN 板完成对输入语音和图像信息 UDP/IP、RTP/RTCP 拆包和打包,每块板占用 4 条 8 M 的 HW 线。对于 H320 和 H323 混合开会的情况下,NILAN 板要进行协议的匹配,为实现同时提供两个 10/100M 以太网口,NILAN 板由两个相对独立的网络协议处理部分和一个控制交换模块构成。

(7)A2LAN 板

A2LAN 板为 MCU 的 LAN 接口板提供 LAN 接口,每块 A2LAN 板提供两个 10/100M 以太网接口,完成 16 路 384k 用户的媒体接入。

(8)接口板 N16E1

N16E1 板为 E1 接口板,完成 16 个 E1 线路的信息接入,16VHW 系统最多可以配置 4 块,24VHW 最多可配置 6 块。背面的(上)A16E1 板为 E1 接口适配板,提供 16 个 E1 接口。背面的(下)L16E1 板为 E1 信道指示板,显示系统对 16 个 E1 信道的检测结果,指示灯量红灯表示线路不通,熄灭则 E1 线路正常。

N16E1 板、A16E1 板和 L16E1 板共同组成 E1 接口单元,为目前 H. 320 系统必备单元。纯 E1 系统最多配置 6 块 N16E1 板,带 96 个 E1 终端。纯高清系统最多配置 6 块 N16E1 板,可配置 24 个 8 M 终端,或者 24 个 6M 兼 24 个 2 M 终端,或者 48 个 4 M 终端,或者 96 个 2 M 终端。

(9)B 信道处理板 BPU

BPU 板背有一块小板(DSP 阵列模块),共同完成 H. 320 系统的 B 信道处理功能,即 H. 221 帧复用和解复用。能够完成 32 路专线数据的协议处理,单板数量可根据终端的 E1 个数确定。B 信道协议处理单元为 H. 320 系统必备单元。

(10)视频处理板 VPU

VPU 可实现 H. 320/H. 323 网关、多画面和速率匹配功能。VPU 也与 HPU、D100、E100 一起组成高清网关,实现高清终端与普通终端的互通。VPU 可作图像台用于终端图像的输出。如果作图像台和高清网关,需要在背面配置视频接口适配板 AVO,AVO 提供 10 路复合视频输出和一路复合视频输入。VPU 板和 AVO 板组成视频处理单元,如要求系统实现上述功能,为必备单元。

VPU 类型分为 MVPU、HVPU 和 VPU。主要功能为速率匹配、多画面、H. 320/H. 323 网关、图像台和高清网关。MVPU 为非高清终端图像台，HVPU 为高清网关 +4 速率 + 非高清网关，VPU 为 4 画面 +5 速率 + 非高清网关。

(11)数据处理板 DPU

DPU 为数据处理板，每块可处理 64 个 T.120 终端用户。DPU 背面的 A2LAN 提供 10/100BASE-T接口，连接会议网。DPU 板和 A2LAN 板组成数据处理单元，为 T.120 数据会议必备单元。

(12)GPU

组成：两个非高清解码节点，两个非高清编码节点，两个 MPEG 编解码节点。

功能：一组高清非高清网关会议(1 个高清速率 +2 个非高清速率) + 两高清速率会议；一组非高清速率匹配 + 两组高清速率匹配；两组高清非高清网关会议；一组高清非高清网关会议(2 个高清速率 +2 个非高清速率)。

(13)EGPU 单板功能

功能之一：两组高清网关会议[每组 1 个高清速率 +1 个非高清速率]；一组非高清速率匹配 + 两组高清速率匹配；一组高清网关会议[2 个高清速率(网关匹配) +2 个非高清速率]；一组高清网关会议[1 个高清速率 +1 ~2 个非高清速率] + 一组高清匹配会议[2 个高清速率]；一组普通网关会议[2 个非高清速率] + 两组高清匹配会议[每组 2 个高清速率]。

功能之二：实现 1 组 E1 高清与 IP 高清之间的互通 IGPU 功能，由 C6414 +2 × VWEB 实现；实现 1 组高清两画面 +1 组高清 2 ~4 画面；实现 1 组高清 5 ~6 画面；6 路高清图像台 + 2 组普通网关会议[2 个非高清速率]；两块 EGPU 配合可以实现 7、8、9、10 高清多画面会议；三块 EGPU 配合可以实现 13、16 高清多画面会议；若插 N 块板，至少可以实现 N 个 5 +1 画面和 N ×2 个网关功能。

EGPU 与 GPU 单板对比：

①不同点：GPU 有 4 块 TM1302 作 H.263 和 H.261 的编解码功能；而 EGPU 使用 DM642 作 H.261、H.263 和 H.264 的编解码功能；GPU 有两块 VWEB2010 完成 MPEG2、MPEG4 编解码功能；EGPU 则有 6 块 VWEB2010 完成 MPEG2 编解码功能；GPU 不能实现多画面功能；EGPU 可以由 DM642 合成多画面，可以实现多画面功能；GPU 不实现图像台功能；EGPU 可以由 VWEB 实现 6 路高清图像台功能；GPU 可以和 VPU 兼容，不能和 EGPU、EVPU 兼容；EGPU 可以和 EVPU 兼容做多画面或网关处理。

②相同点：1 块 GPU 和 1 块 EGPU 均占 3 条 VPHW；两者都可以实现高清网关功能，但具体实现能力也有不同；两者都可以实现非高清网关功能，但具体实现能力也有不同；两者都可以实现高清速率匹配功能，但具体实现能力也有不同。

(14)HDPU 板

HDPU 板实现视频处理功能时，其主要功能有：支持 H.264 720p/H.264 CIF/H.264 4CIF/H.263 CIF/H.263 4CIF 五种视频格式；支持 IP、E1、4 × E1 三种接入方式；支持网关/速率匹配，但是支持三组的匹配；最多支持 16 画面(720p 16 画面根据速率不同有不同数量的真实画面，1 速率下前 7 个画面是真实画面，2 速率下是 6 个，3 速率下是前 5 个)；支持多路解码；支持单组会议；可以插多块 HDPU；支持 128 ~8 M 速率；支持软件在线升级。

(15)流媒体处理板 SUP

单板功能:流媒体终端接入单元,仅接入流媒体终端;实现 A + V TS 流的复用解复用处理,网口发送到流媒体服务器或从流媒体服务器接收 TS 流以便广播等功能;处于 8900 的接口单元,在系统中的功能和位置类似于 BPU/ENIL,硬件采用 ENIL 单板,软件全新开发。

(16)WEB 监控单板 EPU

单板功能:主要实现图像台媒体处理,不需要 VPHW 资源,不影响 ENIL 单板的配置,其工作类似于 M800 的 LAN 模块;格式转换、UDP/RTP/QoS、语音 + 图像的 TS 流复用、网口发送;WEB 监控看谁听谁,不需要混音处理。

3. 系统配置

(1)纯 H. 323 系统单板配置

MPU 板、CC 板、A2LAN 板各一;NILAN 或 ENIL 板和 A2LAN 板,根据组网需要,最多可配置 8 块;APU 板,数量根据终端个数确定,最多四块,其中有一块板带有 MIX;可选单板:VPU(AVO),DPU(NILAN)。

(2)H. 320 系统(纯 E1 或纯高清)单板配置

MPU 板、CC 板、A2LAN 板各一;N16E1 板、A16E1 板和 L16E1 板,根据终端个数和速率进行配置;BPU 板,数量根据终端 E1 个数确定;APU 板,数量根据终端个数确定,最多四块,其中有一块板带有 MIX;可选单板:VPU(AVO),DPU(NILAN)。

(3)H. 323 和 H. 320 混合组网单板配置

MPU 板、CC 板、A2LAN 板各一;APU 板,最多四块,其中一块带有 MIX 板,需要配置为 APUMIX;NILAN 板和 A2LAN 板;N16E1 板和 A16E1,L16E1 板;BPU(+ M8DSP)板;VPU、GPU、EVPU、EGPU 任意一块;可选单板:HPU(HPA),DPU(A2LAN)。

(二)ZXV10 T600

ZXV10 T600 是中兴通讯推出的 T6 系列高清机架式视频会议终端,采用主机和摄像机分离设计,可单独放置,也可上架。图 12—22 为其外观图。

ZXV10 T600 支持 720p/1080i/1080p 图像分辨率,支持 H. 320(4 × E1)、H. 323、SIP 协议。

图 12—22　ZXV10 T600 外观

图 12—23　ZXV10 T502 外观

(三)ZXV10 T502

ZXV10 T502 是中兴通讯推出的 T5 系列视频会议终端之分体式终端,采用主机和摄像机分离设计,可平卧和上架放置,可靠性高,操作简便。图 12—23 为其外观图。

ZXV10 T502 支持 H. 320/H. 323/SIP 协议，支持 H. 460 防火墙穿越、H. 235 加密、H. 239 双视频流、T. 140 短消息横幅、会议组播、终端流媒体、终端发起会议等技术。

三、宝利通视频会议系统

（一）Polycom RMX 4000

RMX 4000 是 RMX 系列中容量最高的平台，支持多种网络类型。对于管理大规模的会议部署，Polycom Distributed Media Application™（DMA™，宝利通分布式媒体应用™）7000（DMA 的™7000）与 RMX 4000、Polycom RMX 2000 ® 配合，提供可冗余、可扩展性、相当的灵活性和丰富的会议控制功能。

RMX 4000 具有层次化接入的特点，基于 Web 的界面管理方便。支持标准化、按需扩展的应用方式。

逼真的视频（高达 1080p）、音频及内容共享可实现高品质的互动交流。在管理员的协助下，可随时安排会议，并密切管理会议进程。虚拟会议室提供按需接入会议桥资源。与会者在会议进行中可以调节会议视角。

（二）Polycom HDX 8000（图 12—24）

HDX 8000 是大中型会议室型视频终端，采用专用操作系统和专业芯片，符合 H. 323、SIP 和 H. 320 标准，H. 323 最高传输速率为 6 Mbit/s，内置 WEB 浏览器，可支持 4 点内置高清 MCU，具有高清音视频接口和端子，全双工麦克风，支持模拟双显，达到 25 帧/s 和 50 帧/s 的质量效果，中文界面，中文遥控器，中文 Web 界面。HDX 8000 具备多种音视频接口，可以与各类会议室辅助设备结合。

图 12—24　HDX 8000 外观

HDX 8000 采用了 Polycom 高清语音技术消除了语音的失真，同时 Polycom 的环绕立体声音频技术能够将房间内的声音分为左右声道，使远端的与会者直接感受到发言人的实际位置。

对于大量的多媒体演示，利用 HDX 8000 和 Polycom 独有的 People On Content™ 协作技术，演讲人可以将视频图像叠加到演讲的内容中，更清楚有效地解释演讲的关键内容。

第二节　铁路视频会议外部设备

铁路视频会议设备除多点控制设备（MCU）、视频会议终端设备、网关（GW）和网守（GK）外，根据需要还包括其他设备，如摄像机、图像显示设备、话筒、编辑导演设备、会场扩声设备、调音台、音/视频切换矩阵等。

一、音频输入输出设备

在视频会议系统中，音频的传输仍然占据最重要的地位。即使没有图像或在图像信息发生故障时,只要能保持语音信息的畅通,会议就可以继续进行下去。

(一)音频输入设备

语音是通过麦克风输入的,麦克风将声音的机械振动转变为电信号,这就是模拟音频信号,麦克风有动圈式、电容式和驻极体等多种类型。从传声质量指标来看,动圈式麦克风最好;从灵敏度指标来看,驻极体最好,而电容式指标居中间。由于视频会议传送的多为窄带语音信号,因此一般采用电容式麦克风就可以了。一般电容式麦克风的频响范围为100～13 kHz,灵敏度 -50 dB 左右,输出阻抗为2 kΩ 左右,并具有心形的指向特性。所谓指向特性就是指麦克风在各个方向上灵敏度的差异程度。发言者音量的强弱,其他方向噪声干扰的排除都与麦克风的指向特性有关。特别是在多点会议音控切换方式中麦克风的指向性直接关系到会议效果。在会议室系统中,需要安排多个不同位置的麦克风以供不同的发言者使用。多个麦克风的音频输出必须经过音频混合器,然后送到编码器经压缩编码再传输出去,这一任务可由外加的多路音频混合器完成。视频会议会场应根据用户要求参与发言的人数确定话筒的配置数量。话筒也不宜设置过多,其数量不宜超过10个。

(二)音频输出设备

经解码器输出的数字音频,经 A/D 变换、放大后,成为模拟音频信号,直接推动喇叭发出声音。视频终端设备所输出的音频功率有限,在会议室中为了让更多人收听,必须进行音量放大,这可由外置音频功率放大器来完成。

会场扩声的配置应符合下列要求:

(1)扬声器的布置应使会议室得到均匀的声场,且能防止声音回授。

(2)扩声系统的功率放大器,应采用数个小容量功率放大器集中设置在同一机房的方式,用合理的布线和切换系统,保证会议室在一台功放故障时不造成会场扩声中断。

(3)声音信号输入功率放大器之前,应采用均衡器和回声抑制控制器进行处理,以提高声音信号的质量。

(三)其他音频设备

1. 调音台

调音台具有多路输入,每路的声信号可以单独进行处理,如放大、音质补偿处理。调音台还可以进行各种声音的混合,混合比例可调,并拥有多种输出(包括左右立体声输出、编辑输出、混合单声输出、监听输出、录音输出以及各种辅助输出等)。调音台在诸多系统中起着核心作用,既能创作立体声、美化声音,又可抑制噪声、控制音量,是声音处理的重要设备。调音台在视频会议系统中应用相当广泛。

声音系统的质量取决于参与电视会议的全部会场的声音质量,每一会场必须按规定的声音电平进行调整,才能保证全系统有较好的声音效果。由多个话筒组成的会场,应采用多路调音台对发言话筒进行音质和音量的控制,以保证话音清晰,并防止回声干扰。

2. 回声抑制

在本地会场中,编码端要将麦克风的语音信号发送出去,但麦克风和扬声器里的解码输出语音同处于一个会议室,扬声器中发出的声音不可避免地会串到麦克风中。麦克风将这种混合声音传送出去,使对方好像听到了自己的“回声”,影响开会效果。因此在音频编解码器前面最好设置一个回声抑制器,将串入麦克风的扬声器干扰声消除。回声抑制器本质上是一个减法器，因为扬声器中的声音是已知的，只要将它反相，取恰当的幅度和时延，就可抵消串进麦克风的扬声器干扰声，达到回声抑制的目的。在不同的会议电视终端设备中，有的将回声抑制器放置在编解码器内部，形成一体化的设备，有的将回声抑制器单独做成一个外部设备使用。

二、视频输入输出设备

（一）视频输入设备

视频会议终端设备的视频信号，大部分来自摄像机（摄像头）。摄像机的质量也有高低之分，大体上分为专业级、业务级和家用级三种。对于大型的会议室型视频会议系统，大多采用质量较好的专业级或业务级摄像机，要求摄像机的输出视频信号失真小，色彩逼真，同时信噪比高，噪声小，尤其在光线暗的情况下更是如此。如果摄像机的输出噪声大，会增加编码器的负担。目前的摄像机使用 CCD 或 CMOS 图像传感器，有效像素达到百万级，可提供超一流的清晰度和分辨率的图像质量；支持 1080p 25/30 fps、720p 50/60 fps 格式的高清视频。高清摄像机采用视频降噪算法，通过 3D 视频动态滤波方案等，能够有效减少传感器产生的噪声。在弱光环境下也可以有效去除噪点，高度还原图像真实性，具有更强的灯光环境适应能力。

视频会议系统一般要求摄像机配齐镜头、云台、云台控制器。镜头要求是可调光圈的，以便控制曝光量。要求是可调视距的，目前光学变焦和数字变焦同时使用能到达数十倍的变焦效果。有些镜头可以自动聚焦，有些是可以手动调整焦距的，选用自动聚焦的镜头使用起来比较方便。云台是用来控制摄像机拍摄角度的，通过电控的机械传动装置，使摄像机在水平方位上的一定角度范围内可以左右旋转，在垂直方位上的一定角度范围内可以上下仰俯。云台控制器是负责摄像头和云台动作的控制设备，它接收用户的控制信号，并将这些控制信号转化为机械动作，使摄像机云台和镜头的工作状态符合用户的要求。云台控制信号可以是本地用户发送的，也可以是远端用户发送的。本地用户可以通过连在云台控制器上的由多条线缆连接的小控制键盘来实行云台控制。这种方式最为简单，但由于拖线较多，使用不太方便，目前使用较多的还有无线红外遥控的方式。通过手持控制器发出的红外光束，对摄像机云台进行各种控制。远端用户对摄像机的控制是通过一系列的摄像机控制指令来进行的。这些控制指令复用在远端会议信号码流中传到本地解码器，本地解码器取出该控制指令后，再去控制摄像机的云台，做相应的动作。

在视频会议系统中一般设置多台摄像机。一台主摄像机安装在主显示器的顶部，用来拍摄会场的重要人物及内容。一台辅助摄像机安装在会议室的某一地方，用来拍摄会场的全景或其他需要传送的画面。因此，摄像场面分为全景及讲演人（特写）两种模式，这两种模式的选择可由本会场控制，也可由其他会场来控制。

因为视频会议编解码器在某一时刻只传输一路图像，对来自多个摄像机的视频信号则要进行选择输入。视频会议的编解码器一般具有多路视频信号的输入，通过控制面板，用户可以自由选择某路视频源。除了摄像机输入之外，计算机、录像机等都可以提供视频信号输入，这些设备的输出需要满足编解码器的接口和格式要求。

对于多路的视频信号，单靠编解码器的切换往往是不能胜任的，此时可以增加一台多路视频切换器(视频分配器、视频矩阵)来解决这一问题。视频切换器实际上是一种多路视频切换开关,可以对多个输入视频进行适配,然后进行切换,由用户控制信号来选择,将所需要的视频信号送入视频编解码器。

(二)视频输出(如电视、大屏等)

图像输出的显示方式可分为两种:单画面显示方式,一台监视器只显示会议的一个场面;多画面显示方式,一台监视器能显示多个不同的画面。

根据会议室的大小和照度,可选择适宜的显示设备和投影机。小型会议室一般采用大屏幕液晶电视作为显示输出。

大型会议室一般采用投影或大屏作为显示输出。

目前市场大屏拼接主要分为背投大屏拼接(DLP)、等离子大屏拼接(PDP)和液晶大屏拼接(LCD/LED)。

背投的实现原理较简单,在设备内部设置一部投影机,发出的图像经透镜放大后投射到屏幕背面,就是背投。由于采用不同的投影机种类,主要可分为CRT(阴极射线管)、LCD(液晶)、DLP(数字光处理)等,其中以DLP背投最为出色,从其图像清晰度、亮度、色彩、可视角度以及体积来看,均比传统CRT背投有了很大提高。背投的优点是:单元之间的拼接缝小,响应时间快,安装维护方便;主要缺点是:体积与重量过大,长时间不间断工作,加快背光灯老化,维护成本昂贵等。

等离子大屏拼接(PDP)是一种利用气体放电的显示技术,工作原理与日光灯很相似。它采用等离子管作为发光元件,屏幕上每一个等离子管对应一个像素,屏幕以玻璃作为基板,基板间隔一定距离,形成一个个放电空间。放电空间内充入氖、氙等混合惰性气体作为工作媒质,在两块玻璃基板的内侧面上涂有金属氧化物导电薄膜作激励电极。当向电极上施加电压,放电空间内的混合气体便发生等离子体放电现象(也称电浆效应)。等离子体放电产生紫外线,紫外线激发涂有红绿蓝荧光粉的荧光屏,荧光屏发射出可见光,显现出图像。等离子显示器的优点是:颜色鲜艳、高亮度、高对比度;缺点是:耗电与发热量很大,严重灼伤现象,画质随时间递减,每块拼接屏之间容易产生色差。

液晶利用液状晶体在电压的作用下发生偏转的原理。由于组成屏幕的液状晶体在同一点上可以显示红、绿、蓝三基色,或者说液晶的一个点是由三个点叠加起来的,它们按照一定的顺序排列,通过电压来刺激这些液状晶体,就可以呈现出不同的颜色,不同比例的搭配可以呈现出千变万化的色彩。由于液晶采用点成像的原因,因此屏幕里面构成的点越多,成像效果越精细,纵横的点数就构成了液晶电视的分辨率,分辨率越高,效果越好。液晶拼接技术采用LCD或LED背光,屏幕色彩更加均匀,寿命更长。液晶屏的优点是:分辨率高、厚度薄、重量轻、低能耗、长寿命、无辐射;主要缺点是:拼接缝稍大。

三、音视频传输设备及线缆

(一)音视频光端机

在多媒体应用系统中,往往需要把音视频信号进行远距离传输,但使用普通的电缆长距离传输时,会出现信号差,容易受干扰。需要多条电缆才能同时传输多路信号,不能满足多媒体信息发布等场合长距离传输的要求,使用音视频光端机进行传输,完全解决了此类问题,它可以通过一芯单模光纤同时传输多路不同格式的音视频信号,传输距离可达几十公里。

目前市场上的音视频光端机可根据用户需要提供多路音频、视频、数据等信号的单双向不同组合。具有 DVI、HDMI、VGA 等多种视频输入输出接口,可实现不同视频接口信号之间的自由转换;具有双向数据接口及双声道音频,可实现三种高清视频及音频、数据信号远程无损传输,适应不同分辨率和刷新率,支持亮度、对比度调节,有较高的可靠性。

(二)音视频专用线缆及接口

1. 视频线缆及接口

(1)复合视频接口

复合视频接口,如图 12—25 所示,也叫 AV 接口或者 CVBS 接口,音频、视频分离的视频接口,一般由三个独立的 RCA 插头(又叫梅花接口、RCA 接口)组成,其中的 V 接口连接混合视频信号,为黄色插口;L 接口连接左声道声音信号,为白色插口;R 接口连接右声道声音信号,为红色插口。

复合视频是一种混合视频信号,没有经过 RF 射频信号调制、放大、检波、解调等过程,信号保真度相对较好。图像品质影响受使用的线材影响大,分辨率一般可达 350 ~ 450 线,不过由于它是模拟接口,用于数字显示设备时,需要一个模拟信号转数字信号的过程,会损失不少信噪比,所以一般数字显示设备不建议使用。如图 12—26 所示为复合视频线,其最大线缆长度支持 30 m。

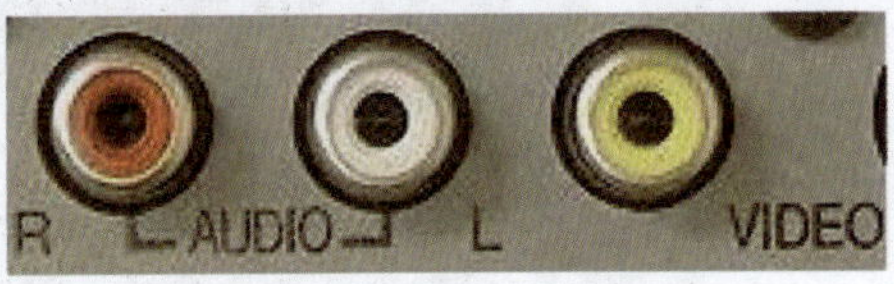

图 12—25　复合视频接口

图 12—26　复合视频线

(2)S-Video 视频接口

S-Video 也称为 Separate Video 或 SUPER Video,如图 12—27 所示。它将亮度和色度分离输出,避免了混合视频信号输出时亮度和色度的相互干扰。S 接口实际上是一种五芯接口,由两路视亮度信号、两路视频色度信号和一路公共屏蔽地线共五条芯线组成。

同 AV 接口相比,由于它不再进行 Y/C 混合传输,因此也就无需再进行亮色分离和解码工作,而且使用各自独立的传输通道在很大程度上避免了视频设备内信号串扰而产生的图像失真,极大地提高了图像的清晰度。但 S-Video 仍要将两路色差信号(Cr Cb)混合为一路色度信号 C,进行传输然后再在显示设备内解码为 Cb 和 Cr 进行处理,这样仍会带来一定信号损失而产生失真(这种失真很小,但在严格的广播级视频设备下进行测试时仍能发现)。Cr 和 Cb 的混合导致色度信号的带宽也有一定的限制。如图 12—28 所示为 S-Video 视频线,其一般不建议超过 30 m。

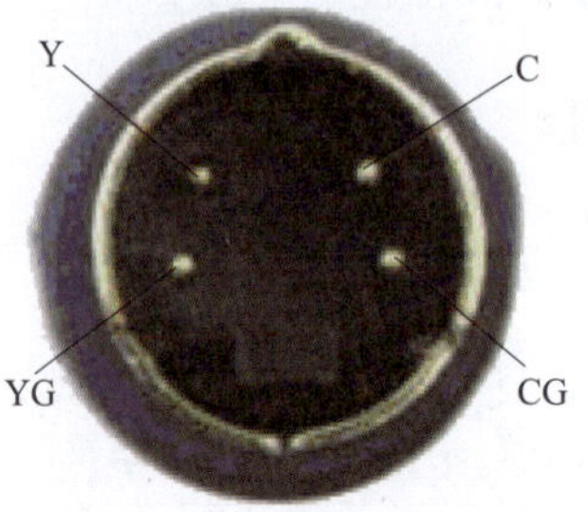

图 12—27 S-Video 视频接口

图 12—28 S-Video 视频线

(3)BNC 接口

BNC 接口是指同轴电缆接口,如图 12—29 所示。用于 75 Ω 同轴电缆连接使用,提供收(RX)、发(TX)两个通道,用于非平衡信号的连接。

BNC 接口(同轴电缆卡环形接口)主要用于连接高端家庭影院产品以及专业视频设备。BNC 电缆有 5 个连接头,分别接收红、绿、蓝、水平同步和垂直同步信号。BNC 接头可以让视频信号相互间干扰减少,可达到最佳信号响应效果。此外,由于 BNC 接口的特殊设计,连接非常紧,不必担心接口松动而产生接触不良。如图 12—30 所示为 BNC 接头线缆。

图 12—29 BNC 接口

图 12—30 BNC 接头线缆

(4)VGA 接口

VGA 接口也称 D-Sub 接口,是一种 D 型接口,上面共有 15 针,分成三排,每排五个,如图 12—31 所示。VGA 接口是显卡上应用最为广泛的接口类型,绝大多数的显卡都带有此种接口。迷你音响或家庭影院拥有 VGA 接口就可以方便地和计算机的显示器连接,用计算机的显示器显示图像。

VGA 接口传输的仍然是模拟信号,对于以数字方式生成的显示图像信息,通过数字/模拟转换器转变为 R、G、B 三原色信号和行、场同步信号,信号通过电缆传输到显示设备中。

对于模拟显示设备，如模拟 CRT 显示器，信号被直接送到相应的处理电路，驱动控制显像管生成图像。而对于 LCD、DLP 等数字显示设备，显示设备中需配置相应的 A/D（模拟/数字）转换器，将模拟信号转变为数字信号。在经过 D/A 和 A/D 二次转换后，不可避免地造成了一些图像细节的损失。VGA 接口应用于 CRT 显示器无可厚非，但用于数字电视之类的显示设备，则转换过程的图像损失会使显示效果略微下降。如图 12—32 所示为 VGA 接口线缆，其最大传输 50 m。

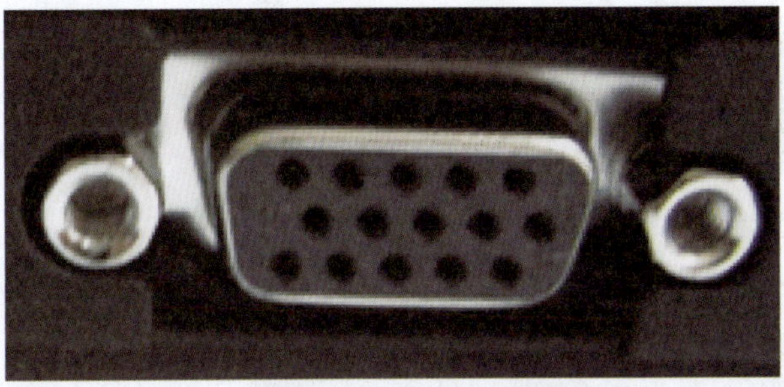

图 12—31　VGA 接口

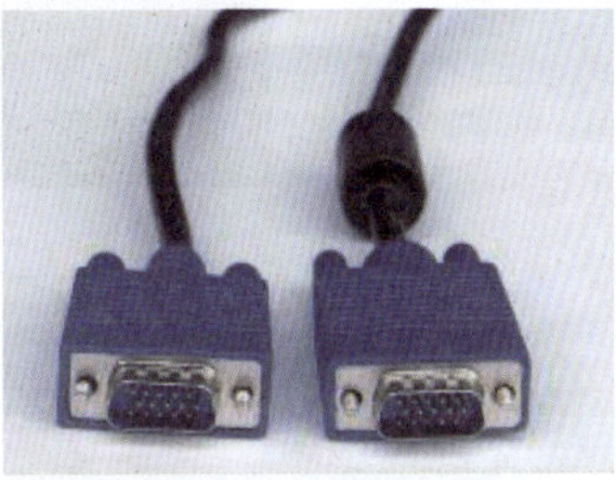

图 12—32　VGA 接口线缆

（5）DVI

DVI（Digital Video Interface）即数字视频接口。它是 1999 年由 Silicon Image、Intel（英特尔）、Compaq（康柏）、IBM、HP（惠普）、NEC、Fujitsu（富士通）等公司共同组成 DDWG（Digital Display Working Group，数字显示工作组）推出的接口标准。

DVI 是基于 TMDS（转换最小差分信号，Transition Minimized Differential Signaling）技术来传输数字信号，TMDS 运用编码算法把 8 bit 数据（R、G、B 中的每路基色信号）通过最小转换编码为 10bit 数据（包含行场同步信息、时钟信息、数据 DE、纠错等），经过 DC 平衡后，采用差分信号传输数据，它和 LVDS、TTL 相比有较好的电磁兼容性能，可以用低成本的专用电缆实现长距离、高质量的数字信号传输。DVI 是一种国际开放的接口标准，在 PC、DVD、高清晰电视（HDTV）、高清晰投影仪等设备上有广泛的应用。

DVI 有 3 种类型 5 种规格，端子接口尺寸为 39. 5 mm × 15. 13 mm。

3 种类型包括 DVI-Analog（DVI-A）、DVI-Digital（DVI-D）、DVI-Integrated（DVI-I）。

5 种规格包括 DVI-A（12 +5）、单连接 DVI-D（18 +1）、双连接 DVI-D（24 +1）、单连接 DVI-I（18 +5）、双连接 DVI-I（24 +5）。各种规格接口如图 12—33 ~ 图 12—37 所示。

18 +1 针 DVI 线是目前市面上最常见的 DVI 线材，在小于或等于 1920 ×1200 分辨率的显示器中，搭配的都是这种 DVI 线。

DVI-Analog（DVI-A）（12 +5）只传输模拟信号，实质就是 VGA 模拟传输接口规格。当要将模拟信号 D-Sub 接头连接在显卡的 DVI-I 插座时，必须使用转换接头。转换接头连接显卡的插头，就是 DVI-A。早期的大屏幕专业 CRT 中也能看见这种插头。

DVI-Digital（DVI-D）（18 +1 和 24 +1）是纯数字接口，只能传输数字信号，不兼容模拟信号。所以，DVI-D 的插座有 18 或 24 个数字插针的插孔 +1 个扁形插孔。

DVI-Integrated（DVI-I）（18 +5 和 24 +5）是兼容数字和模拟接口的，所以，DVI-I 的插座就有 18 或 24 个数字插针的插孔 +5 个模拟插针的插孔（旁边的四针孔和一个十字花）。比

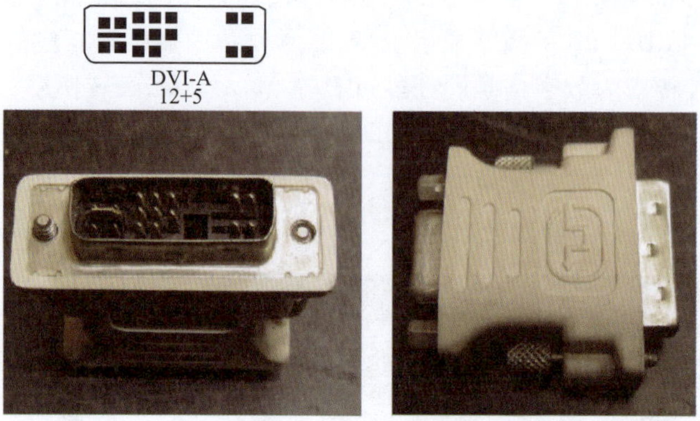

图 12—33 DVI-A(12 +5)

图 12—34 单连接 DVI-D(18 +1)

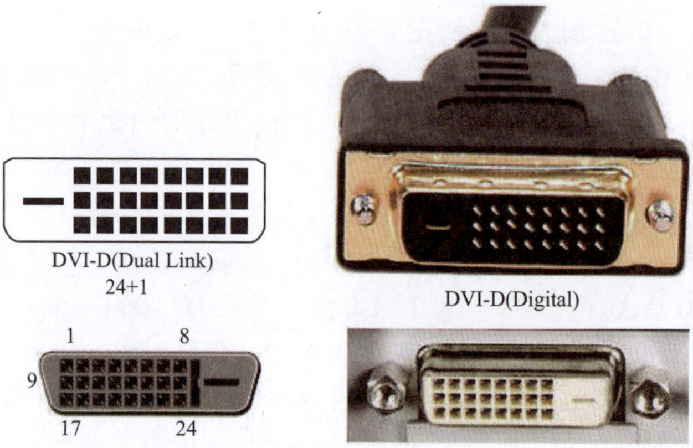

图 12—35 双连接 DVI-D(24 +1)

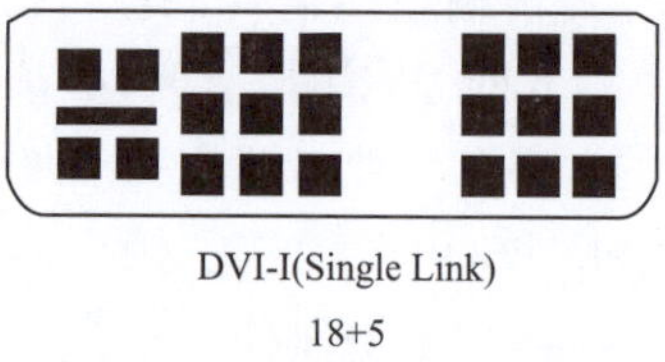

图 12—36 单连接 DVI-I(18 +5)

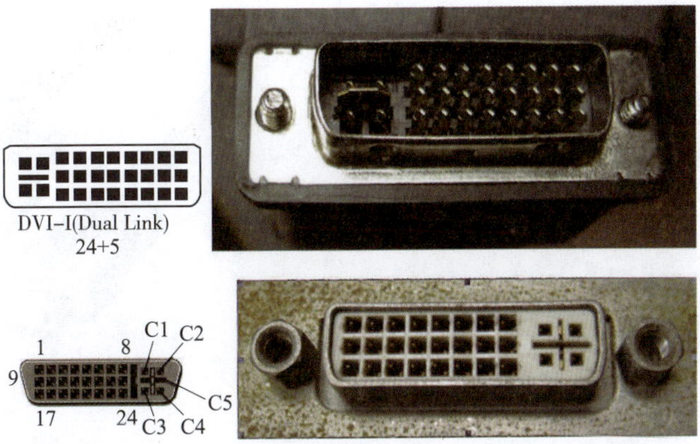

图 12—37　双连接 DVI-I(24 +5)

DVI-D 多出来的 4 根线用于兼容传统 VGA 模拟信号。基于这样的结构,DVI-I 插座可以插 DVI-I 和 DVI-D 的插头,而 DVI-D 插座只能插 DVI-D 的插头。DVI-I 兼容模拟接口并不意味着模拟信号的接口 D-Sub 插头可以直接连接在 DVI-I 插座上,它必须通过一个转换接头才能连接使用。一般采用这种接口的显卡都会带有相关的转换接头。考虑兼容性问题,目前显卡一般采用 DVI-I,这样可以通过转换接头连接到普通的 VGA 接口。带有两个 DVI 接口的显示器一般使用 DVI-D 类型。带有一个 DVI 和一个 VGA 接口的显示器,DVI 一般使用带有模拟信号的 DVI-I。

(6)HDMI 接口

HDMI(High Definition Multimedia,高清晰度多媒体)接口可以提供高达 5 Gbit/s 的数据传输带宽,传送无压缩的音频信号及高分辨率视频信号。同时无需在信号传送前进行数/模或者模/数转换,可以保证最高质量的影音信号传送。如图 12—38 所示。应用HDMI的好处是:只需要一条 HDMI 线,便可以同时传送影音信号,而不像现在需要多条线材来连接;同时,由于无需进行数/模或者模/数转换,能取得更高的音频和视频传输质量。对消费者而言,HDMI 技术不仅能提供清晰的画质,而且由于音视频采用同一电缆,大大简化了家庭影院系统的安装。

与 DVI 相比,HDMI 接口可以传输数字音频信号,并增加了对 HDCP 的支持,同时提供了更好的 DDC 可选功能。HDMI 接口支持 5 Gbit/s 的数据传输率,最远可传输 15 m,足以应付一个 1080p 的视频和一个 8 声道的音频信号。而因为一个 1080p 的视频和一个 8 声道的音频信号需求少于 4 Gbit/s,因此 HDMI 接口还有很大余量。这允许它可以用一个电缆分别连接 DVD 播放器、接收器和 PRR。此外 HDMI 接口支持 EDID、DDC2B,因此有 HDMI 接口的设备具有“即插即用”的特点,信号源和显示设备之间会自动进行“协商”,选择最合适的音视频格式。

HDMI 接口在针脚上和 DVI 兼容,只是采用了不同的封装。如图 12—39 所示为 HDMI 接头线缆。

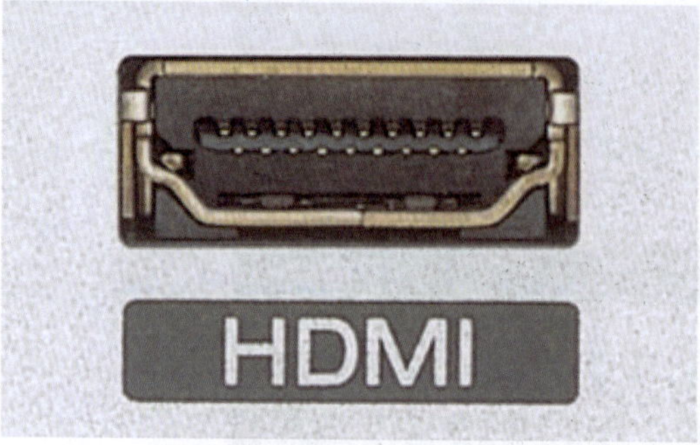

图 12—38 HDMI 接口

图 12—39 HDMI 接头线缆

2. 音频线缆及接口

平衡模拟音频：卡农（XLR）接头，应用于麦克风与终端之间的连接，如图 12—40 所示。

非平衡模拟音频：直型（TRS）接头，应用于连接调音台与终端之间的连接，如图 12—41 所示。

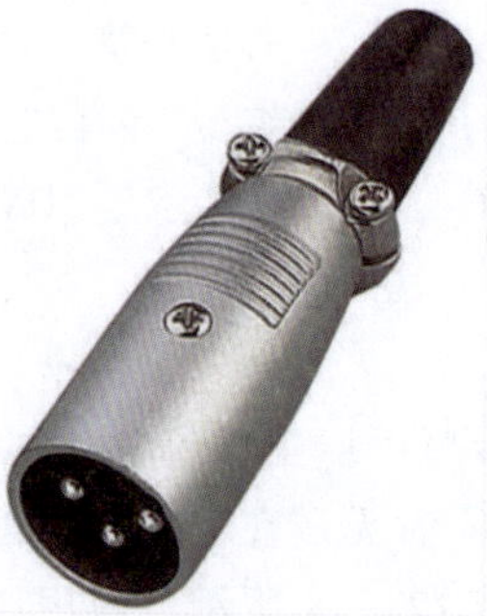

图 12—40 平衡模拟音频

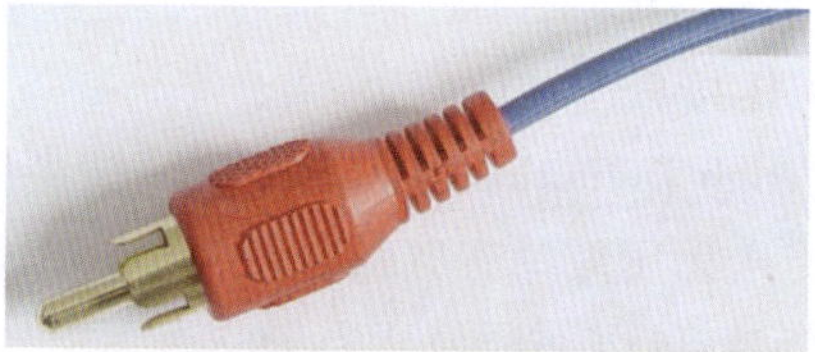

图 12—41 非平衡模拟音频

第三节 铁路会议室环境要求

从实用的角度考虑，视频会议的效果不仅与会议设备的水平和质量有关，还需要综合考虑其他的一些因素，如会议室的容量、布置、光照、背景等。会议室的设计要能逼真地反映现场的情景，使与会者有身临其境的感觉，有利于视觉和语言信息的交流，会议中传送的图像（包括人物、景物、文字等）应当清晰可辨。同时室内的温湿、空气流通等要使与会者感到舒适。此外，要便于视频会议设备的使用维护。

一、房屋建筑平面和设备布置

（一）视频会议的房间组成

会议室的面积根据参加会议的总人数确定，可按每人平均 2.2 m^2 计算，天花板高度 3 m 以上为宜，若会场需要设置多画面电视墙，则天花板高度适当加高。

对于大型会议室一般都配有专业的会议电视设备机房(也称会议控制室),用于放置会议设备、视音设备、传输接口设备、控制设备等。一般应设置不小于 30 m^2 的单独房间,如果设备较多,还可按实际需要增加面积。

视频会议室位置的选择应符合防止泄密、便于使用和尽量减少外来噪声干扰的要求。平面布置应以会议室为中心,机房或辅助房间应尽量与会议室相邻。控制室与会议室之间的墙上宜设置观察窗,便于操作人员了解会场的情况,及时配合会议主席的要求进行操作。窗高宜为 800 mm,窗宽宜大于 1 200 mm,窗底距地面宜为 900 mm。

除上述用房外,还应统一考虑设置与会人员会前休息饮水场所和厕所等公共用房,以及室外停车场地。较大型的电视会议室应考虑与会者的集散方便和防火安全措施。如与其他用房合建,还应考虑集散时,不影响其他用房的正常工作。

视频会议的建筑要求应符合表 12—1 的规定。

表 12—1　视频会议建筑要求

序号	房间名称	室内最低净高(m)	楼、地面等效均布活荷载(N/m^2)	地面类型	室内墙处理	室内顶棚处理	窗地面积比	门	外窗
1	会议室	3.5	3 000	水泥地加防静电地毯	结合吸音材料选用和布置	结合吸音材料选用和布置		双扇外开门,宽度不小于 1.5 m,满足隔音要求	满足隔音要求
2	控制室	3.0	6 000	防静电地板	水泥地灰砂浆水,表面涂白色或浅色油漆	水泥地灰砂浆水,表面涂白色或浅色油漆	1/6	单扇外开门,宽度不小于 1 m	良好防尘
3	机房	3.0	6 000	水磨石地	水泥地灰砂浆水,表面涂白色或浅色油漆	水泥地灰砂浆水,表面涂白色或浅色油漆	1/6	单扇外开门,宽度不小于 1 m	良好防尘

注:会议室最低净高一般为 3.5 m,当会议室较大时,应按最佳的容积比来确定。

(二)设备布置

会议室内话筒和扬声器的布置应尽量使话筒置于各扬声器的辐射角之外,扬声器宜分散布置。扩音系统的功率放大器应该采用数个小容量功率放大器集中设置在同一机房的方式,采用合理的布线和切换系统,保证一台功放故障时,不会造成会场声音中断。声音信号输入功率放大器之前,应采用均衡器和反馈抑制器进行处理,以提高声音信号的质量。为保证声绝缘与吸声效果,室内应铺有地毯;天花板可采用泡沫或纤维材料,四周墙壁可装隔音毯,门可采用木门并软包。电视会议室应有安静的环境,应尽量减少、控制和隔绝外界的噪声源,加强护围结构的隔音强度,消除和减少室内噪声。例如:通风、空调设备开动和运行产生的噪声;通风管道产生的噪声;街道车辆和行人产生的噪声等。电视会议室允许的噪声级不大于 40 dB(A)。护围结构的隔音量不低于 50 dB。

摄像机的布置应使被摄人物都收入视角范围之内,并宜从几个方位摄取画面,方便获得会场全景或局部特写镜头。监视器或大屏幕背投影机的布置应尽量使与会者处在较好的视距和视角范围之内。距地高度大约 1 m 左右,人与监视器的距离大约为 4 ~ 6 倍屏幕高度,各与会者到监视器的水平视角不大于60°。

会议室桌椅布置应保证每个与会者有适当的空间，一般不小于1 500 mm×700 mm，主席台还应适当加宽至1 500 mm×900 mm。会议室的总体设计要求“庄重、朴素、大方”。会议室的护围装饰、桌椅布置、地毯等应有统一的色调要求，宜简洁明亮、浅色为主、双色搭配。严禁采用黑色或白色作为背景色，这两种颜色对人物摄像将产生反光及“夺光”的不良效应。摄影背景（被摄人物背后的墙）不适挂复杂图案，否则将增加摄像对象的信息量，不利于图像质量的提高。可以摆放花卉、盆景等清雅物品，增加会议室整体高雅、融洽的气氛。

机房设备布置应保证适当的维护间距，机面与墙的净距离不小于1 500 mm；当设备按列布置时，列间净距不小于1 000 mm；若列间有坐席时，列间净距不小于1 500 mm。作为主会场的机房，一般要放置四类设备：

（1）会议设备、传输接口设备及不需控制的音视频设备，放在19寸标准机柜或机架上。

（2）用于显示各分会场图像和主会场各视频源的电视墙，一般靠一面墙放置。

（3）用于放置会议控制设备和音视频控制设备的操作台，放置在电视墙的前方便于观察电视墙画面。

（4）UPS电源。

（三）布线

视频会议相关房间应采用暗敷的方式布放缆线。在建造或改建房屋时，应事先埋设穿线管、安置桥架、预留地槽和孔洞、安装防静电地板等，以便穿线。

二、电源和接地

交流电源应按一级负荷供电。电压波动超过交流用电设备正常工作范围时，应采用交流稳压或调压设备。重要会场的MCU、会议终端、保密机应采用不间断电源。

摄像机、监视器、编辑导演设备等视频设备，应采用同相电源。在电视会议室、控制室、机房应设置专用分路配电盘，每路容量宜为15～25 A。在摄像机、监视器、内投式大屏幕投影电视机等设施附近，均应设置220 V三芯电源插座，每个插座的容量不小于2 kW。

交流电源的杂音干扰电压不大于100 mV。

保护地线应符合下列要求：

（1）保护地线必须采用三相五线制中的第五根线，与交流电源的零线必须严格分开，防止零线不平衡电流对视频会议产生严重的干扰影响。

（2）保护地线的接地电阻值单独设置接地体时，不大于4 Ω；采用联合接地体时，不大于1 Ω。

（3）保护地线的杂音干扰电压不大于25 mV。

接地系统应采用单点接地的方式。信号地、机壳地、电源告警地、防静电地等均应分别用导线经接地排，一点接至接地体。接地系统应满足YD 5098—2005《通信局（站）防雷接地规范》的要求。

三、照　　明

光照是会议室的基本条件，摄像机都有自动彩色均衡电路，能够提供真正的自然色彩，如果室内同时有从窗户射入的自然光和人工光源，就会产生有蓝色投射和红色阴影区域的视频图像;另一方面,召开会议的时间是随机的,不同时段自然光源的照度与色温均不一样。因此,会议室不应采用自然光,而采用人工光源,所有窗户都应用深色窗帘遮挡。光源应采用色温为 3 200 lx 的三基色灯。主席区的平均照度不应低于 800 lx;一般区域的平均照度不应低于 500 lx。投影电视屏幕区照度不应高于80 lx。各种照度应均匀可调,保证会议室按各种功能要求调节灯光。

控制室或机房的照明光源宜采用日光灯。机架设备区的平均照度不应低于 100 lx。坐席设备区的平均照度不应低于 100 lx。

四、环境要求

电视会议室的温度应保持在 18 ℃ ~25 ℃;相对湿度为 60% ~80% 。室内新鲜空气换气量每人每小时不小于 18 m^3。室内空调气体流速不宜大于 1.5 m/s。

控制室或机房的环境温度 18 ℃ ~25 ℃;相对湿度 60% ~80% 。

电视会议室、控制室或机房的消防应采用通信设备适用的灭火器,并满足 YD 5002—2005《邮电建筑防火设计标准》的要求。

第四节　铁路视频会议设备维护

一、维护项目及周期

按照铁路通信维护规则规定,铁路视频会议设备维护检查项目、周期和质量标准应符合表 12—2 和表 12—3 的要求。

表 12—2　视频会议 MCU 设备维护测试项目与周期

类　别	序号	项目与内容	周　期	备　　注
日常检修	1	设备表面清扫、状态检查	月	
	2	连接线缆、标签检查		
	3	会议控制功能试验		开会频次超过每月 1 次,此项可结合会前检查、试机一并完成
	4	双向音视频功能试验		
	5	双流功能试验		使用频次超过每月 1 次,此项可结合会前检查、试验一并完成
	6	时间检查核对		MCU 和网管
	7	会议模板定制设置校对		
	8	远端闭音功能试验		网管操作
	9	MCU 关机重启		
	10	会议参数设置检查、系统日志检查和备份、版本核对	季	
	11	增减会议点功能试验		网管操作
	12	清洁设备防尘滤网和风扇		

续上表

类别	序号	项目与内容	周期	备注
集中检修	1	地线连接检查测试	年	雷雨季前进行
	2	主备电源模块切换试验		
	3	主备主控板切换试验		
	4	热备用业务板切换试验		
	5	主备网口切换试验		
	6	主备用 MCU 倒换试验		
	7	电视会议系统性能测试		
重点整修		软件版本升级	根据需要	

表 12—3 视频会议终端设备维护测试项目与周期

类别	序号	项目与内容	周期	备注
日常检修	1	设备表面清扫及状态检查	月	
	2	缆线、标签检查		
	3	遥控器功能检查		
	4	图像、通话试验:音频输出、音频输入、视频输出、视频输入		开会频次超过每月 1 次,此项可结合会前检查、试机一并完成
	5	软件设置检查:会议名称、入会方式	季	
	6	视频源切换功能试验		
	7	双流功能试验		使用频次超过每季 1 次,此项可结合会前检查、试验一并完成
	8	会议控制功能试验(主席控制)		
重点整修		软件版本升级	根据需要	

二、重点维修项目的维护方法

1. 时间核对(包括录播设备)

检查核对会议设备,包括录播设备的时间显示与各级时间同步设备的偏差,超过相应标准的进行校准。

2. 传输电路/数据通信链路保护试验

热备电路、链路,人为断开主用通道,检查是否能自动切换到主用通道,业务是否受影响;冷备电路、链路,手动切换至备用通道,检查业务是否正常。

3. 主备切换试验(系统级、设备级、板卡级)

MCU 设备一般采用系统级备份,主要板件采用 1+1 热备的方式。主备切换试验通常通过网管进行切换,也可以手动关闭或拔出主用板件,令设备自动启用备用板件作主用。

4. 数据备份

设备各板件软、硬件版本、系统参数配置等关键数据要定期备份,如遇设备升级、参数修改等要随时备份，除在本地硬盘进行备份外，还要在外部存储介质进行备份。

5. 地线防雷

检查地线防雷装置是否完好、连接是否牢靠；测量电源电压，应在220 V ± 22 V；测量零线与地线间电压，应不大于3 V。使用接地电阻测试仪测量地线接地电阻，应不大于1 Ω。

6. 会前试线内容

（1）主设备、附属设备指示灯、外围连线的检查。

（2）主会场组织通话试验：开机后、会前5 min各一次。

（3）主会场进行图像浏览：确认各会场图像传送质量良好。

第四篇　铁路综合视频监控

本篇包括三章。首先概括介绍视频监控技术以及铁路综合视频监控系统的特点；其次从系统的角度详细介绍铁路综合视频监控系统的功能、构成、组网、与其他系统/设备的互联等，介绍了智能分析技术；最后简要介绍了铁路综合视频监控设备的硬件结构、功能和质量要求，同时对综合视频监控设备维护重点和故障处理进行了简要描述。

第十三章　铁路综合视频监控概述

第一节　视频监控技术

一、视频监控技术原理

信息化正在改变着人类的生活和工作方式，使人们打破了过去的时空界限，为人类能力的提高和发挥带来了新的空间。信息化的一个主要特征就是多媒体技术的广泛应用，随着多媒体业务的不断拓展，视频监控技术也得到了快速发展。

视频监控技术是应用光纤、同轴电缆或无线等媒介传输视频信号，并从摄像到图像显示和记录所需的技术。视频监控系统能实时、形象、真实地反映被监控对象，极大地延长了人眼的观察距离，扩大了人眼的机能，可以在恶劣的环境下代替人工进行长时间监视，让人能够看到被监视现场所发生的情况，并通过存储设备记录下来。同时告警设备可对非法入侵进行报警，产生的报警信号输入告警主机，告警主机触发监控系统录像并记录。

随着宽带通信网络的快速发展以及图像数据压缩编码技术及标准的改进，模拟闭路电视监控系统已完全被数字视频监控系统所取代。传统的监控系统是以模拟电子技术为基础的，存在着管理困难，系统的扩展能力差，无法支持远距离监控等问题。数字视频监控技术是一种新型监控系统技术，以计算机为中心，数字视频处理技术为基础，利用图像数据压缩的国际标准（如 H. 264 标准、MPEG 标准），结合监控系统的实际要求及多年来不断完善的安防理论和经验，综合利用传感器、通信网络、自动控制和人工智能等技术，实现了视频的数字化、应用的多媒体化、管理的智能化，充分体现了现代信息技术与监控技术的有机结合。目前，数字视频监控系统已经在全世界被广泛地应用于各行各业，如图 13—1 所示。

图 13—1　数字视频监控系统广泛应用图

与传统的模拟监控技术相比，数字监控技术具有如下优点：

(1)便于计算机处理。由于对视频图像进行了数字化，所以可以充分利用计算机的处理能力，对其进行压缩、分析、存储和显示。通过视频分析，可以及时发现异常情况并联动报警，从而实现无人值守。

(2)适合远距离传输。数字信息抗干扰能力强，不易受传输线路信号衰减的影响，而且能够进行加密，因而可以在数千公里之外实时监控现场。特别是在现场环境恶劣或不便于直接深入现场的情况下，数字视频监控能达到亲临现场的效果。即使现场遭到破坏，也照样能在远处得到现场的真实记录。

(3)便于查找。在传统的模拟监控系统中，当出现问题时需要花大量时间观看录像带才能找到现场记录；而在数字视频监控系统中，利用计算机建立的索引，在几分钟内就能找到相应的现场记录。

(4)提高图像的质量与监控效率。可以对不清晰的图像进行去噪、锐化等处理，通过调整图像大小，借助显示器的高分辨率，可以观看到清晰的高质量图像。此外，可以在一台显示器上同时观看多路视频图像。

(5)系统易于管理和维护。数字视频监控系统主要由电子设备组成，集成度高，视频传输可利用有线或无线信道。系统采用模块化结构，体积小，易于安装、使用和维护。

由于数字视频监控技术具有传统模拟监控技术无法比拟的优点，近年来在各行各业得到了广泛的应用，生活中有小区安全监控，电信行业有局站机房监控，银行系统有 ATM 监控和金库监控，交通方面有违章和交通流量监控。此外，在大型赛事和重要活动中，数字视频监控技术大放异彩，它被广泛用于智能化的交通调度、安全保卫等多种场合。从青藏铁路开始，在高原铁路、高速铁路建设中，中国铁路开始大规模、全方位的应用视频监控技术，建设了综合视频监控系统。

二、视频监控系统的发展历程

视频监控系统是以视频监控系统技术为基础的专业系统，是多媒体技术、计算机网络、工业控制和人工智能等技术综合运用的产物。目前，它正向着音/视频的数字化、系统的网络化和管理的智能化方向不断发展。从视频监控技术的发展历程来看，视频监控系统在过去的二十多年里大致经历了三代。第一代，模拟视频监控系统；第二代，数字视频监控系统；第三代，IP 联网视频监控系统。视频监控系统的发展过程如图 13—2 所示。

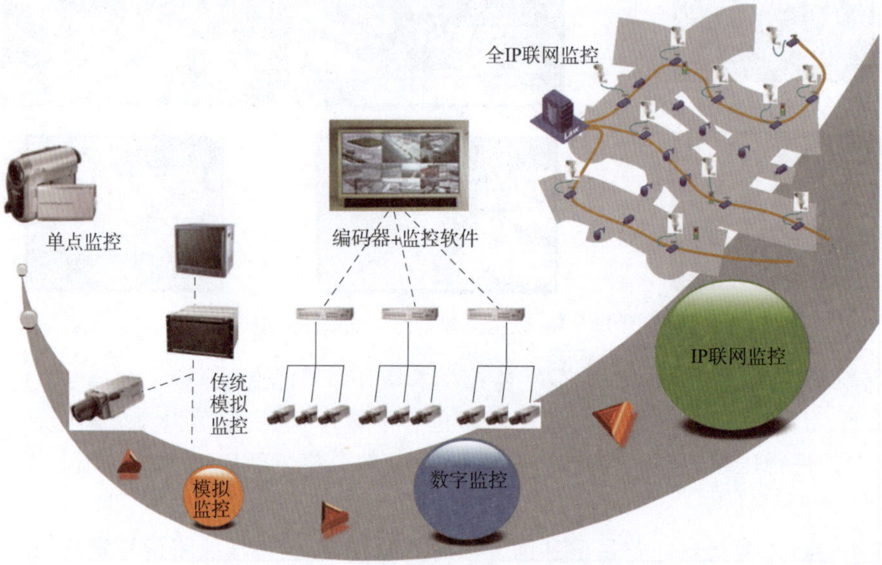

图 13—2 视频监控系统发展过程

第一代视频监控系统是以模拟信号、图像的处理和传输为基础的，多路模拟摄像机产生的模拟信号通过同轴电缆传输到监控室，然后通过预置好的顺序轮流显示，监控人员通过监视器来判断监视场景的情况。系统的主要特点如下：

(1)由于模拟视频监控系统采用同轴电缆的方式传输信号，传输距离受到限制，且模拟视频监控占用的带宽大，灵活分配带宽的能力弱。

(2)监控员长时间盯着监视器易产生视觉疲劳，可能产生误判和漏判。

(3)存储在录像带上的信息不能长时间地保存，对大量的视频资料也不能进行方便地检索和查询。

(4)不能与报警系统联动，不能对前端设备进行控制，且价格昂贵，操作管理复杂，很难实现较大系统的要求。

第二代视频监控系统主要依赖于混合模数或全数字的视频传输和处理方法，采用 MPEG4、H.264 等多媒体数字压缩技术将视频图像完全数字化，节省了带宽资源。在视频监控中可以利用视频分析算法，让监控者只注意感兴趣的事物从而实现自动报警。系统的主要特点如下：

(1)数字视频信息抗干扰能力比较强，不易受传输线路信号衰减的影响，而且能够进行加密传输。

(2)数字化后的视频数据占用存储空间少,可保存更长时间,数据更加稳定。

(3)利用智能视频分析技术,可及时发现异常情况并进行联动报警,从而实现无人值守。

(4)利用计算机对视频数据建立索引后可方便地进行视频检索。

第三代视频监控系统利用低价位高性能的计算机网络、移动网络和固定的多媒体通信网络传输监控信号。视频信号在前端进行自动分析处理,然后将有价值的信息通过无线或有线网络传输到监控中心,实现自动视频监控。第三代的研究热点主要放在鲁棒性的图像传输,彩色图像的处理,基于事件的和基于模式的序列图像的理解上,目前对这些技术的应用已经获得了很多有价值的结果。与此同时,由于无线和有线的多媒体数字通信的发展,特别是随着超宽带网络的接入,第三代监控系统将在不同的领域中大范围使用。系统的主要特点如下:

(1)能更有效地节省带宽资源和存储空间。

(2)可进行无限扩展,组成非常复杂的监控网络。

(3)监控距离长。

(4)性能稳定可靠,无需专人管理。

目前,在国内外市场上,主要采用的是第二代数字视频监控和第三代 IP 联网视频监控两类系统产品。前者技术发展已经非常成熟、性能稳定,并在实际工程应用中得到广泛应用,特别是在中、小型视频监控工程中的应用尤为广泛。后者是新近崛起的以计算机网络技术及图像视频压缩为核心的新型视频监控系统,该系统因解决了大型工程中的联网以及远程监控的需求而迅速崛起,但仍需进一步完善和发展。目前,随着国家标准的颁布实施,IP 联网视频监控系统已成为市场和应用的主流。

第二节　铁路综合视频监控系统的特点

铁路综合视频监控系统是以视频监控系统技术为基础,采用网络化、数字化视频监控技术和 IP 传输方式构建的视频监控系统,提供铁路各业务部门和信息系统所需的视频信息,实现网络和视频信息资源共享。

早期建设的铁路视频系统大部分没有经过联网,仅为本单位服务,后来建设的有青藏铁路、京津城际、京沪高速等铁路均同步建设了铁路综合视频监控系统。图 13—3、图 13—4 给出了在已建成的线路中,比较有代表性的铁路综合视频监控系统的使用画面。

铁路综合视频监控系统在实际应用中,采用全数字网络视频技术,实现通信/信号机房内、区间 GSM-R 基站、车站咽喉区、牵引变电所、开闭所、分区所、电力配电所、公跨铁立交桥、桥梁救援疏散通道、隧道口、正线与联络线结合处及铁塔巡视的实时监控。可在视频核心节点、视频区域节点、视频接入节点实现对其管辖范围内视频分专业、分区域的远程监控。同时预留客服视频监控前端采集设备和终端接入条件,同时预留通信电源及机房动力环境监控系统的接口。

图 13—3 铁路周边及隧道热成像监控图

图 13—4 城际客专客服视频监控图

铁路综合视频监控系统根据其业务应用和网络规划，其系统架构如图 13—5 所示。

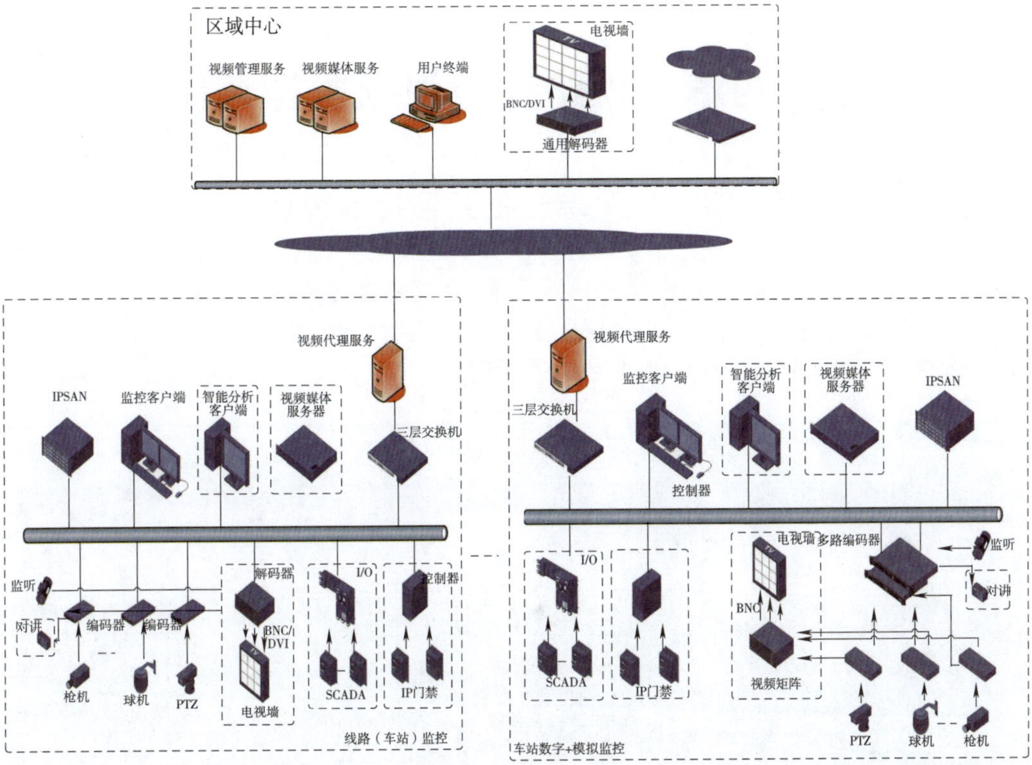

图 13—5　铁路综合视频监控系统架构示意图

从图中不难看出，铁路综合视频监控系统具有综合性、集中性、兼容性的特点。

(1)综合性：铁路综合视频监控系统包括控制管理、运营维护、资源共享等多方面的内容。监控地点覆盖广泛、数量众多，服务于铁路公安、工务、客运、电务、货运、机务、车辆、运输调度等各业务部门。

(2)集中性：铁路综合视频监控系统根据其系统应用和网络结构具有分布式部署、集中管理控制的特点。视频信息通过分布部署的视频采集和编码设备进行采集、编码，经过传输或数据网，集中汇聚在接入节点，并通过接入节点实现向区域节点和核心节点的视频传送。监控系统在各级节点实现了集中管理、集中存储、集中分析及处理、集中控制等多种功能。

(3)兼容性：铁路综合视频监控系统的兼容性主要表现在对设备的兼容，对既有系统和对各条线路视频系统的兼容等。系统中的前端设备和节点设备可同时兼容多个国内外知名厂商的产品；对既有系统的兼容，主要采用视频代理网关来实现。各条线路的兼容包括各个区域节点对其所辖的Ⅰ类和Ⅱ类视频接入节点的兼容，以及铁路总公司核心节点对下属各个区域节点的兼容，从而实现全路视频监控系统的互联互通。

第十四章 铁路综合视频监控系统

第一节 铁路综合视频监控系统功能

铁路综合视频监控系统（以下简称视频系统）主要功能包括视频图像的采集、处理、实时监视、存储、回放、云镜控制、视频分发及转发、视频内容分析、告警、联动、系统互联、业务和设备管理等功能。其功能框架图如图 14—1 所示。

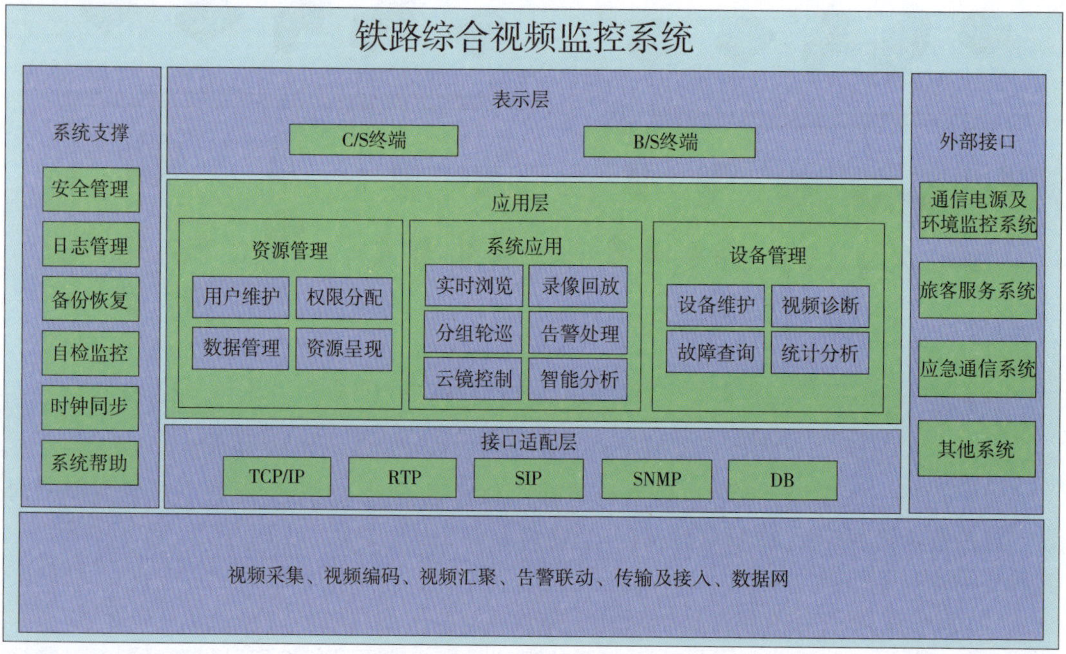

图 14—1 铁路综合视频监控系统功能框架图

视频系统的功能通过不同的功能单元来实现，功能单元是视频系统的功能模块，不代表实际的物理硬件设备，整个视频系统从业务需求的角度出发，分为以下功能：

（一）视频图像采集功能

视频系统通过前端采集设备，实现对被监视区域音频信号和视频图像的连续采集。

（二）视频处理功能

视频处理应实现对模拟音、视频的压缩编码和解码功能，支持对单路视频流传送带宽上限的设定。同时支持对视频流点对点、点对多点并发处理。在进行视频编码时，可以实现在实时图像上叠加中文字符，包括图像命名和时间信息等。视频编码可对码流参数灵活设置，分辨率支持 CIF、4CIF 或 D1、720p、1080p 等。视频编码可支持对不同分辨率或不同帧率的多码流输出，同时具有自动或手动降低图像分辨率或对图像进行减帧处理的功能。视频解码支持软件设备解码或硬件设备解码，视频编解码的处理结果应与原有视频音频信号对应特征保持一致。

(三)视频实时监视功能

视频实时监视应支持单画面和多画面模式的切换浏览、画面放大和伸缩等操作，支持对720p、1080p图像画面的局部放大操作。在用户终端上显示视频图像及图像采集时间、命名等信息。视频监视时，可以支持多用户同时监视同一路实时视频，支持按相关特性（如场所、业务种类等）对一组实时视频图像进行同步调用，实现图像组合播放功能。允许用户针对选定的视频图像，按照调用分组、显示顺序和每组显示时间，制定计划、进行轮巡。在终端浏览视频时，支持图像抓拍并以图片方式保存。具有自动弹出告警图像和告警信息提示功能。支持跨区域多级节点的实时视频调用。

(四)视频存储功能

对实时视频信息进行自动连续存储，或根据设定的事件、时间、地点等条件进行存储；支持对重要视频图像信息的备份存储，并可根据安全性要求，实现对重要信息的输出功能；支持外部条件触发下的减帧存储和按不同图像分辨率进行存储；对不同视频流分别设定存储空间，并支持循环存储等功能。

(五)视频回放功能

视频回放应支持用户根据时间、地点、事件等多种条件进行检索和回放；支持多用户同时调用和检索历史图像。在用户终端界面上，应支持历史图像的下载和远程回放，同时支持播放、快放、慢放、拖动、暂停及逐帧播放等功能。

(六)云镜控制功能

云镜控制功能用来完成对云台和镜头的远程实时控制。云台控制功能包括云台转动及速度设置、预置位设置等操作。镜头控制功能包括镜头变倍、调焦、调节光圈，以及对镜头变倍、调焦速度设置等功能。

(七)视频分发及转发功能

在视频系统中，由于存在多级（或同级多个）用户同时并发请求视频，因此系统需要支持视频的分发及转发功能。系统对多个用户请求的同一路视频数据可以进行分发及转发。通过分发实现系统同节点内多用户同时调看同一路视频资源。通过转发实现系统不同视频节点用户同时调看同一路视频资源。视频区域节点间互相调用视频时，控制信令应通过上级节点转发，视频图像应根据承载网络配置就近传送。同一个视频区域节点中的视频接入节点间互相调用视频时，控制信令应通过区域节点转发，视频图像应根据承载网络配置就近传送。

根据实际需要，系统应支持多级转发，转发级数不小于三级。当视频分发及转发请求超过系统能力时，系统对权限级别较低的用户暂停服务。同时支持动态分发，自动选择最佳的比特率进行传输，不受视频流编码制式的限制。

(八)视频内容分析功能

视频内容分析功能可提供对视频图像内容的分析和告警，并可根据用户需求进行设置。视频内容分析包括入侵检测、逆行检测、遗留物检测、人群异常行为检测和人群密度估计等基本分析类型的一种或多种。进行视频内容分析时，支持在同一场景内划分多个防区，在同一防区内的分析类型不少于两种。当图像抖动像素超过一定限值时，应能自动停止分析，并发出告警提示。视频内容分析可采用前端分析或后台分析方式，后台方式实现的内容分析需要单独部署相关应用。

（九）告警功能

视频系统支持对系统内部视频内容分析告警信息的处理，并以文字、声音、图像等方式进行提示，同时在系统中记录存储告警级别、告警类型、告警时间、告警内容等。

告警按重要告警、次要告警、一般告警三个级别进行划分。系统支持对联动系统相关告警提示信息的处理，并以文字、声音等方式进行提示，同时在系统中记录存储告警类型、告警时间、告警内容等。可以根据需要，支持在电子地图上突出显示告警地点。支持告警信息及相关视频自动弹出，同时实现对视频的存储。

（十）时间同步

铁路综合视频监控系统内部各设备间应保持同步，相对精度误差应不大于1s。

铁路综合视频监控系统通过数据网与要求的同步和时钟分配系统相连，通常选择视频系统中具有CMU管理单元功能的服务器，作为时钟同步系统中NTP服务器的客户端，接收时间同步信号。同时，CMU服务器在视频系统中又作为NTP SERVER，系统内设备通过NTP的方式接收时钟同步信息完成时间的同步。

（十一）系统管理功能

系统管理功能包括用户管理功能、资源管理功能和设备管理功能。

1. 用户管理功能

（1）对系统用户权限分配、相关业务用户的合法性认证、用户访问权限管理。

（2）为每个合法用户分配相应的权限，并可进行修改和查询。

（3）对用户、用户组进行增加、删除、修改和查询。

（4）用户在登录视频系统时应通过身份验证，合法用户在进行增加、修改、删除等操作时宜进行进一步的身份验证。

（5）应为不同维护用户分配相应的管理权限，包括对用户、设备和视频资源的管理。

（6）视频监视用户根据优先级权限高低对视频信息进行浏览和控制，用户视频浏览和云镜控制权限优先级支持从高到低，分为0~63级，0级最高，平时预留。

（7）对于同一节点内的用户优先级可根据业务和管理需求进行分配和授权，可设定优先级用户的占用时间。

（8）应对所有的用户进行统一的唯一编码标识。

（9）应支持在用户监视终端上对前端采集设备进行归类及目录树自定义设置。

2. 资源管理（包括用户资源和视频资源的管理）功能

（1）统一维护管理基础数据，包括总公司、铁路局、站段、业务部门及所属关系、设备信息等。

（2）收集整理系统用户信息，保留用户登录信息并保存重要用户操作记录，为不同级别的用户设定活动用户时间。

（3）支持用户优先级管理功能，当同时对视频资源进行调看的用户数超过系统设定的用户数时，高优先级用户可抢占低优先级用户所占用的资源。

（4）当网络资源受限时，可根据权限对用户同时调用视频的路数进行限制。

(5)支持视频资源屏蔽功能。

(6)支持用户、视频资源等管理信息的向上同步,保证上级视频节点相关数据的一致性。

(7)统一管理全路范围的信息上报、分级管理和信息同步等详细信息。

(8)视频资源按照相关规范规定的统一编码进行标识。

3. 设备管理功能

(1)系统应能实现对视频系统内的服务器、磁盘阵列、视频编(解)码器、视频光端机、IP摄像机、交换机等设备的集中管理。

(2)能够实现配置管理、故障管理、性能管理、安全管理和日志管理等功能。

①配置管理实现对管理对象的定义、初始化、控制、鉴别和检测等功能,为系统其他单元提供资源配置的数据,应支持设备的远程配置。

②故障管理实现故障监测、故障告警、告警处理和信息查询统计等功能。

③性能管理实现设备性能的监视和分析,监测系统设备的运行情况;监视用户占用资源情况,实现对系统中重要性能参数和数据的测量统计。

④安全管理应实现数据安全管理、网络安全、系统可靠性管理等功能。

⑤系统日志包括运行日志和操作日志,支持日志信息查询和报表制作等功能。

(十二)与其他业务系统联动功能

视频系统与其他业务系统联动时,应具有与通信电源及环境监控、数据采集与监视控制(SCADA)、旅客服务、自然灾害及异物侵限监测等外部系统进行联动的功能。支持在视频汇集点或I类视频接入节点接入外部告警或事件信息,并按预定规则触发前端采集设备进行联动。

(十三)与其他业务系统互联功能

视频系统与其他业务系统互联时,应提供同会议电视、应急通信、地理信息系统(GIS)、旅客服务等其他应用系统信息交互的接口,实现系统间的互联。能够从其他应用系统获取需要的信息并处理,再将相关的视频信息和告警信息传送给其他应用系统。互联功能在Ⅰ类视频接入节点或视频区域节点实现。

第二节　铁路综合视频监控系统构成和组网

一、系统组网的总体结构

铁路综合视频监控系统是由视频节点、视频汇集点、视频采集点、承载网络和用户终端构成。

视频系统的视频业务通过铁路数据通信网承载。视频采集点的视频信息可通过光缆、电缆或无线传输等方式接入到所属的视频汇集点。视频汇集点的视频信息可通过光缆、电缆、传输网或铁路数据通信网等方式接入到所属视频接入节点。Ⅱ类视频接入节点应通过铁路数据通信网或传输网等传输方式接入到所属Ⅰ类视频接入节点。Ⅰ类视频接入节点应通过铁路数据通信网等传输方式接入到所属视频区域节点。视频区域节点应通过铁路数据通信网等传输方式接入到视频核心节点,视频区域节点间互通应采用铁路数据通信网等传输方式。

如图 14—2 所示为铁路综合视频监控系统组网的逻辑结构。

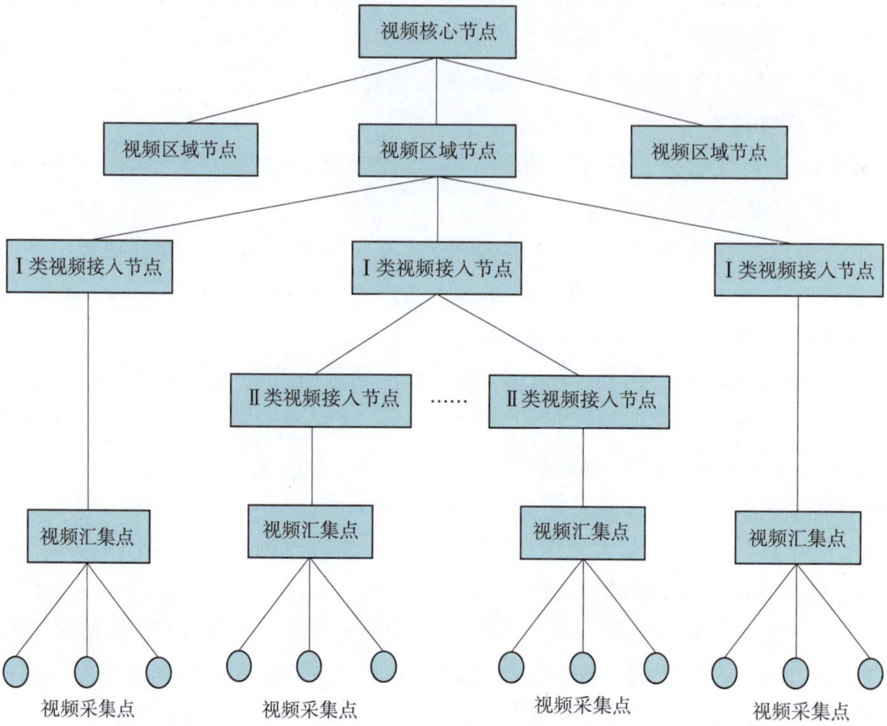

图 14—2　铁路综合视频监控系统组网逻辑结构

二、系统组网的构成

(一)视频采集点

铁路综合视频监控系统中的视频采集点指前端采集设备安装的场所。具体的前端采集设备包括定焦摄像机、变焦摄像机、半球、球机和高清摄像机等。

(二)视频汇集点

视频汇集点是指具有视频处理和汇集功能的点,可设置在车站、区间基站、牵引变电通信机房等处。

视频汇集点实现以下功能:

(1)实现视频的汇集接入。

(2)实现对视频的编码处理。

(3)可设置视频分析单元,实现视频内容分析。

(4)可支持与其他应用系统的前端联动。

视频汇集点内的设备通常包括编码器、光端机、交换机、智能视频分析设备等。

(三)视频接入节点

视频接入节点分Ⅰ类和Ⅱ类接入节点。Ⅰ类视频接入节点是指具有视频信息的接入、存储、分发及转发、调用、控制、系统管理以及与其他业务系统互联和联动等功能的节点,可设置在大型客运站、编组站或段(所)所在地等。Ⅱ类视频接入节点是指具有视频信息的接入、存储、分发及转发功能的节点,可设置在视频采集点较集中的位置和其他车站。

视频接入节点实现以下功能:

(1)Ⅰ类视频接入节点实现视频的接入、分发及转发、视频内容分析和与其他业务系统的互联和联动等,并对其接入的所有视频图像和视频告警信息进行自动存储。

(2)Ⅰ类视频接入节点应具有辖区内视频资源、用户和设备配置管理功能,并对管理信息进行存储。经授权可对视频资源、用户和设备进行配置。

(3)Ⅰ类视频接入节点内的视频用户可对辖区内的视频信息资源进行浏览和调用,可对辖区内采集设备进行云镜控制。

(4)Ⅰ类视频接入节点具有对告警的处理功能。

(5)Ⅱ类视频接入节点实现对相对分散的采集点的视频接入、存储和分发及转发。

(6)Ⅱ类视频接入节点可设置视频分析单元,实现视频内容分析功能。

视频接入节点内的设备通常包括交换机、路由器、具备各种单元功能的服务器和视频智能分析设备等。

(四)视频区域节点

视频区域节点是指具有对本区域视频信息的存储、分发及转发、调用、控制、系统管理以及与其他业务系统互联等功能的节点,设置在铁路局。

视频区域节点实现以下功能:

(1)对本区域视频信息的存储、分发及转发、调用、控制、系统管理以及与其他业务系统互联等。

(2)可对节点内的视频告警信息和视频告警图像进行自动存储,对重要视频图像进行人工存储。

(3)能接收并存储Ⅰ类视频接入节点主动上报的用户、视频资源、用户权限列表等信息,提供跨接入节点视频访问的授权和信令交换。

(4)可对辖区内视频资源、用户和设备进行统一管理,并对管理信息进行存储。

(5)应支持信令的多级交换和视频数据的跨域转发。

(6)该节点内的用户在正常情况下,只有对辖区内的实时监视和存储图像进行调用的权限;特殊情况下,经授权可对该辖区内采集设备进行云镜控制。

视频区域节点内的设备通常包括交换机、路由器、具备各种单元功能的服务设备等。

(五)视频核心节点

视频核心节点是指具有视频信息的存储、分发、调用、控制、系统管理及与其他系统互联等功能的节点,设置在铁路总公司。

视频核心节点实现以下功能:

(1)对视频信息的存储、分发、调用、控制、系统管理以及与其他系统互联等。

(2)可对节点内视频资源、用户和设备进行统一管理,并对管理信息进行存储。

(3)应能接收并存储区域节点主动上报的用户、视频资源、用户权限列表等信息,提供跨区域节点视频访问的授权和信令交换。

(4)不具备对前端设备的配置修改、增加、删除和对设备告警处理的权限。

(5)该节点内的视频用户在正常情况下只有对实时监视和存储图像进行调用的权限；特殊情况下，经授权可进行云镜控制。

(6)可对重要视频图像进行人工存储。

视频核心节点内的设备通常包括交换机、路由器、具备各种单元功能的服务设备等。

(六)用户终端

用户终端是指对系统资源、用户和设备进行管理操作，以及经过系统注册并授权使用视频信息、数据信息的终端设备，主要包括视频管理终端、用户监视终端和显示设备。

视频管理终端分为业务管理终端和设备管理终端，为网管用户使用。其中，业务管理终端主要完成对用户和视频资源的维护管理，可以实现对授权的视频进行浏览和查询；设备管理终端主要完成对设备和网络的维护管理。

用户监视终端是为视频用户提供视频操作和浏览界面，用户通过它调看实时和历史视频图像，对视频内容分析产生的告警进行确认处理，并根据权限对摄像机进行云镜控制。

显示设备是用于显示视频及相关信息的设备，包括 DLP 一体化投影单元、液晶显示器、视频监视器等。

第三节 铁路综合视频监控系统与其他系统/设备的互联

铁路综合视频监控系统由于其业务的广泛性和综合性，需要与其他应用业务系统进行互联和联动。在与其他应用系统的互联和联动时应符合下列要求：与会议电视、应急通信、GIS、通信电源及环境监控、SCADA、旅客服务等系统互联时，可通过接入网关单元实现信息互通；与通信电源及环境监控、SCADA、旅客服务、自然灾害及异物侵限监测等系统进行联动时，应满足联动响应的时间。本节以与时间的同步，与应急通信系统的互联，以及与通信电源及机房环境监控系统的联动为例，详细介绍铁路综合视频监控系统与其他系统的业务融合及交互。

一、与应急通信系统的互联

铁路应急通信系统是在铁路发生自然灾害、行车事故或其他突发性公共事件时，为确保救援指挥需要，在突发事件现场与应急救援指挥中心之间、应急救援指挥中心与应急救援指挥分中心之间以及突发事件现场内部建立的话音、数据、图像等通信，同时包括铁路应急指挥应用系统与各相关信息系统之间的通信。

铁路应急通信系统由应急中心通信设备、传输网络、应急通信现场设备三部分组成，如图 14—3 所示。

在紧急事件发生时，铁路综合视频监控系统可以为应急通信系统提供所需的视频图像。铁路综合视频监控系统接入应急通信系统时，是以接入网关(SA)的方式接入应急通信系统的应急中心，实现资源和信息的共享、互通。

铁路综合视频监控系统在以 SA 方式接入到应急通信系统时，通过《铁路综合视频监控系统技术规范》附录 E 中规定的 C 类接口信令协议要求完成两个系统的互联。两个系统互联后，在应急通信系统中可以实现铁路综合视频监控系统中相关视频图像的实时浏览监视，历史

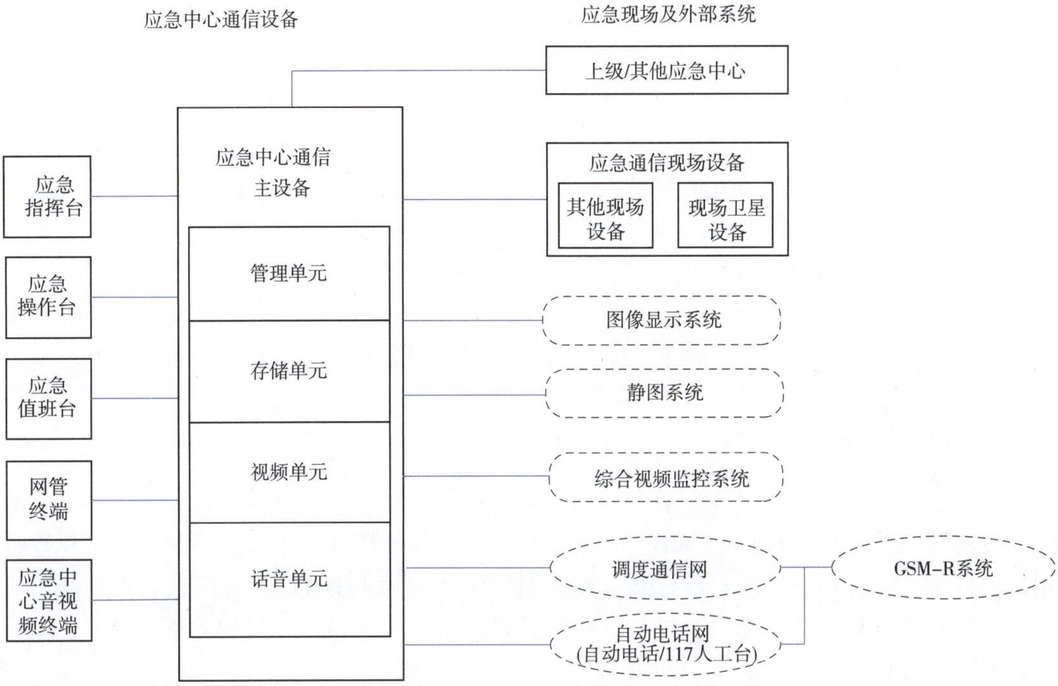

图 14—3　应急通信系统逻辑示意图

录像的检索、查询和回放功能，以及在授权情况下的云镜控制、告警信息查看和处理功能。

二、与视频监控系统及视频应用系统的互联

铁路综合视频监控系统可通过接口与铁路旅服系统、地方公共安全视频监控系统等互联。与铁路旅服等其他系统互联时，铁路综合视频监控系统将指定场所的视频媒体流发送至对方，提供标准格式的媒体流，供其进行内容分析等二次应用开发或按照定制的策略进行展示，如开展后台越界报警、人流密度分析等智能分析应用，或以定制的策略顺序显示相应的图像。接口协议由双方参照相关技术标准商定。

三、与其他系统的联动

铁路综合视频监控系统在与其他系统进行联动时，通过接收来自于其他系统的告警事件消息或联动信息，之后根据用户定制的需求所形成的联动策略，进行联动处理。通常的联动策略执行如下动作：触发摄像机自动转向预设的预置位，并启动视频录像；在用户监视终端上，弹出相应的视频图像和联动信息；可通过联动信息调用相应的视频图像。下面以铁路通信电源及环境监控系统与视频系统的联动为例进行详细说明。

通信电源及机房环境监控系统的建设目的是通过对铁路无人值守机房内的智能开关电源、蓄电池组、空调等动力设备以及机房内各种环境量进行集中监控和管理，确保机房安全，设备可靠运行。

铁路综合视频监控系统与通信电源及机房环境监控系统进行联动时，会接收基站或机房内的监控设备所发出的各种开关量告警消息，之后根据预先制定的联动处理策略，进行告警信

息的提示和视频信息的调取和联动处理。例如，当电源及机房环境监控系统检测到机房内的门磁、电源或空调发生告警时，会将告警信号以标准化的北向接口的方式提供给铁路综合视频监控系统内的告警单元，告警单元将对接收到的各种告警信号进行分析、处理，将处理的结果发送给用户终端，进行告警信息的提示显示，同时在系统内予以记录，支持事后的检索和查询。用户对于关注的告警信息，在用户终端上，可通过直接双击告警事件消息，调取当时的告警录像。在授权配置的情况下，同告警事件相关联的摄像机，可在告警发生时，按照预先设定的预置位，自动转向告警发生的场景，便于告警视频的实时记录和事后录像提取。

第四节 智能分析技术

一、智能分析的关键技术

(一)背　　景

智能视频分析(Intelligent Video Analyzing)技术是指使用计算机自动地从视频图像序列中通过一定的预处理、计算和分析，获取视频图像中人们感兴趣的、有用信息的一种技术手段。智能视频分析的狭义理解可以是对特定感兴趣目标形状、运动、纹理等特征提取、分析、识别和语义解析。

智能视频分析是以视频图像处理技术为基础，在铁路领域内的很多实际应用的根本任务归结为从视频的每一帧中提取前景目标(单目标、多目标)、分析目标轨迹，并进行适当的行为分析以及身份识别。当今智能分析的方法也是多种多样，本节对其中较为常见的几类技术做简单介绍。

(二)关键技术

1. 目标提取技术

视频目标提取是指将视频中运动的目标从图像序列背景中提取出来，是视频目标跟踪、目标识别、行为分析的基础。一般视频目标提取算法有帧差法、背景减除法等。

视频目标提取算法中，背景减除法是一种经典算法。它适合采用固定摄像机所监控的场景。背景相减法的系统流程可以简单描述为如图 14—4 所示。

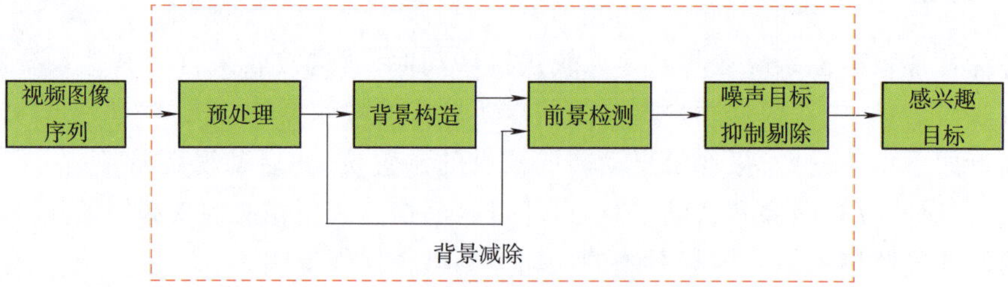

图 14—4 背景减除法的系统流程

背景减除法的系统处理单元包括预处理单元、背景构造单元、前景检测单元、噪声目标抑制剔除单元。

预处理单元包括对输入视频进行颜色空间转换，如为提高处理速度所采取的图像灰度化处理、去噪声平滑滤波（如区域中值滤波、均值滤波等算法）。感兴趣区域裁剪等预处理手段。该处理单元的目标是使输入的图像帧适应后续处理，提高系统速度和性能。

背景构造单元是背景减除法最为重要的部分之一。该单元通过一定的技术手段构造一个前景运动目标所处环境的一个近似模型，目前采用的技术手段包括均值算法、混合高斯算法、背景编码算法等。所构造的背景要能够包容背景本身的变化，如树木的晃动、光照的变化，又能有力地区分背景与前景运动目标的差别，如颜色近似的运动前景、水面上的船舶等。

前景检测单元是将通过背景构造单元所产生的背景与经过预处理的图像帧进行相减，通过简单的阈值法得到具有噪声干扰的运动区域。此时获取的运动区域包括前景部分，也包括由于噪声产生的运动部分，如树木的晃动、海水的波浪等非感兴趣运动区域。

噪声目标抑制剔除单元通过其他一些算法，如形态学膨胀腐蚀算法、光照抑制算法、阴影抑制算法等，对检测出来的前景目标进行场景噪声抑制、剔除运动目标阴影、填补运动目标漏洞等处理，以此获取感兴趣目标。

2. 目标跟踪技术

视频序列中的目标跟踪以视频图像处理技术为基础，其根本任务是从视频图像的每一帧中捕获被跟踪目标的真实位置。目前在铁路综合视频监控中，所感兴趣的跟踪目标主要是运动的人、车等感兴趣的运动目标。对此类目标进行跟踪通常可以采用的算法也是多种多样，如均值移动算法、粒子滤波算法等。均值移动算法在 1975 年首次提出，是一种非参数概率密度寻找极值算法，并且首次被应用到特征空间样本聚类问题之中。1998 年相关科研人员提出了 CAMSHIFT（Continuously Adaptive Mean Shift）算法并应用到人脸跟踪，其中包括了人脸目标的旋转处理。该算法后来应用到非刚体目标的跟踪，并且在视频跟踪应用中取得了很好的效果。

3. 特征提取技术

在铁路综合视频智能监控应用中，系统需要对视频目标进行特征提取，所提取的特征包括前景目标颜色、纹理、目标运动信息以及其他一些通过计算获取的目标特征信息。这些信息包含了目标特有属性，如暴力行为的运动分量特性、逗留人员的运动轨迹等。

光流算法是计算图像之间运动特征的一种重要方法，已经应用到图像处理的各个方面，例如，可以利用光流进行目标运动识别等应用。

4. 目标识别技术

目标识别技术区别于前面介绍的运动目标检测技术，它所感兴趣的是图像中某些特定目标，利用一些更具体的算法来实现对于这些特点目标的识别，而不只是检测目标的运动。人脸识别、车号识别、车辆识别等都属于这类技术，这也是视频分析技术中的重要一项，而且属于技术难度较高的内容，视频监控技术如何能进入全智能的无人值守阶段，目标识别技术是非常关键的一环。

SVM、Adaboost、神经网络等识别算法是目前使用程度较高的识别算法。在这些技术中，Adaboost 算法是一种将若干个弱分类器整合成一个强分类器的机制，这些弱分类器的性能只需要比随机策略略好，但整合的强分类器可以达到很高的检测精度。Adaboost 算法是机器学习领域中一类重要的算法，目前它在图像处理的自动目标检测、目标分类等方面已经展现出强大的处理能力，进一步的潜力还需要广大研究人员的不懈挖掘。但 Adaboost 算法还有很多没有解决的问题，如算法的收敛性证明、弱分类器数目的选择、目标特征的有效表示等，这些方面还有待进一步研究。

综上所述，智能分析所涉及的技术繁多，主要包括目标提取技术、目标跟踪技术、目标特征提取技术以及目标识别技术。如何将这些技术进行适当地修改与完善，从而适用于铁路行业将是广大铁路科研工作者的一项重要责任。

二、智能分析的主要应用

智能视频分析具有多种多样的用途，如铁路沿线视频监控、客运站监控、基于内容的视频内容检索、图像夜视增强、三维重构与展示、智能视频会议、医疗诊断与病人监护和大型活动现场的安防监控等。近年来，智能视频分析技术在铁路领域得到初步应用，如铁路沿线非法人员入侵报警等，客运站特殊区域的逗留徘徊检测、遗留物检测、候车大厅的人群密度分析、火车站广场的人群异常聚集等应用尚处于研究和试用阶段。

（一）分析类型及关键问题

视频监控智能分析主要包括有入侵检测、逗留检测、丢包检测、人群异常检测等多种类型。针对各个分析类型分别进行介绍。

入侵检测指在复杂的天气和光照环境中（如雨雪、大雾、大风、树影摇动等）精确检测和识别单个或多个目标的运动情况、运动方向、运动特征等。安全规则包括禁区报警、绊线报警、尾随检测、运动方向异常报警等多种类型。

入侵检测的主要应用场景有铁路车站、货场、线路、道口以及通信、信号、电力、电气化四电设备机房的关键固定场景，系统检测并跟踪进入固定场景的运动目标，根据用户所设置的规则触发报警，将报警信息叠加到视频图像上实时地在客户端软件上显示。实现视频中运动目标的检测、跟踪、识别和标识，并根据用户设置的规则触发报警，上报报警消息，记载报警记录。具体应用场景如图14—5、图14—6所示。

图14—5　红外周界入侵检测

图 14—6　夜景入侵检测

逗留检测针对固定视频监控场景中保护区域内的运动目标进行分析、定位、跟踪，并对逗留时间超过用户设定时间的运动目标进行检测并触发告警的分析模式。典型应用场景包括机场、火车站、地铁站等。图 14—7 所示可以看出在过往的人行通道，由于售货员整理物品时间过长，可能会对过往的乘客造成不便，因此产生了报警消息，提醒相关人员注意，采取相应措施，预防乘客拥堵。图 14—8 所示场景是在出站口，有一名旅客由于等人或者其他事情而没有及时出站，在出站楼梯处长时间停留，对此系统也产生了相应报警，提醒相关人员注意，并进行查看。

图 14—7　候车大厅非等待区域逗留检测

图 14—8 出站口非法逗留检测

遗留物检测针对固定场景中用户设定区域内的遗留物进行分析、定位、跟踪，并对遗留时间超过用户设定时间的遗留目标进行检测并触发告警的分析类型。该项智能分析主要应用于人迹罕至、有可能发生恐怖袭击的场所，如换乘大厅、自动购票机的后面等隐蔽的地方。图 14—9、图 14—10、图 14—11 为遗留物检测的场景。

图 14—9 售票厅遗留物检测

图 14—10　候车大厅丢包场景

图 14—11　自动售票处遗留物检测

人群异常检测是针对固定视频监控场景中的人员群体性行为进行分析和定位，并对突然聚集、突然分散等反常行为进行检测并触发告警的分析模式。通过分析视频中的人员行为模式，检测人员奔跑、打斗等异常行为。该类检测应用主要针对客运站或者人群聚集的地方发生突发事件，从而给相关部门、相关人员进行预警。图 14—12、图 14—13 为异常检测的场景。

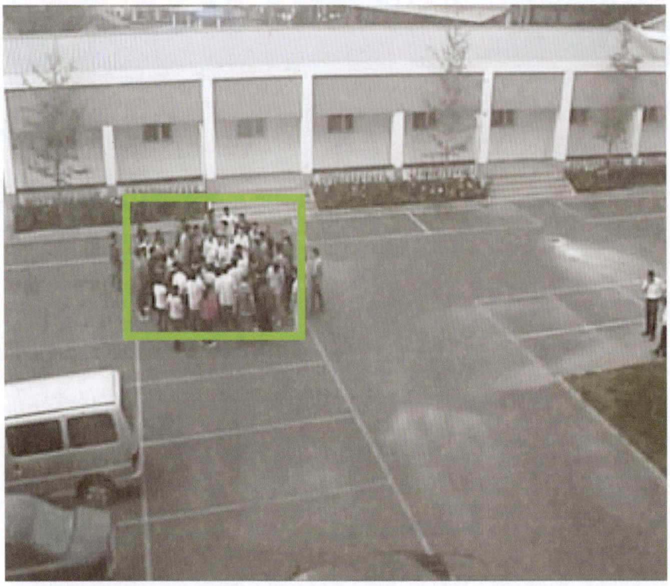

图 14—12 异常聚集行为检测

图 14—13 人行通道异常奔跑检测

智能分析还有其他多种用途，如人群计数、人群密度估计等。

（二）智能分析的应用举例

目前，智能分析的相关产品已经在部分高速铁路上试点运行，并且在相应工程中取得不错的检测效果。如图 14—14 ~ 图 14—17 所示，在夜间主要对线路入侵人员进行检测和分析，并且将相关的报警信息上报给平台，从而达到监控预警的目的，减少人员财产损失。

图 14—14　高速铁路应用实例
（夜间有光线干扰下的入侵告警）

图 14—15　高速铁路应用实例
（夜间多目标入侵告警）

在智能分析应用中，如何提高分析的准确率、减少误报和漏报是目前必须重点关注的问题，对于智能分析技术的应用有着非常重要的影响。

图 14—16　高速铁路应用实例
（夜间强光干扰下的入侵告警）

图 14—17　高速铁路应用实例
（多目标入侵告警）

第十五章　铁路综合视频监控设备和维护

第一节　铁路综合视频监控设备简介

铁路综合视频监控系统的设备按照应用地点的不同可以分为前端设备和节点设备。前端设备主要安放在视频采集点和视频汇集点,负责视频图像的采集和传送,以及云镜的控制。节点设备主要安放在视频接入节点、视频区域节点和视频核心节点,负责视频图像的接收、分发转发、存储以及系统的管理控制。

一、前端设备

前端设备通常包括摄像机、云台、视频光端机和编码器等。下面对这些设备的外观形态、功能、主要特性和技术指标进行详细介绍。

(一)摄 像 机

摄像机设备作为综合视频监控系统的"眼睛",是综合视频监控系统内最重要的设备之一。铁路综合视频监控系统内的摄像机根据需要通常被安装在通信/信号机房内、区间GSM-R 基站内、车站咽喉区、公跨铁立交桥、桥梁救援疏散通道、隧道口、正线与联络线结合处及铁塔上。在视频系统内,最常用的摄像机产品形态为彩色枪型摄像机、一体化球形摄像机和高清网络摄像机。

1. 彩色枪形摄像机

彩色枪形摄像机在使用时,为了增强其防护等级,去除室外雨、雪、大雾和强光等自然条件的影响,通常会加装防护罩。加装防护罩的彩色枪形摄像机如图 15—1、图 15—2 所示。

图 15—1　加装防护罩的彩色枪形摄像机(基站)

图 15—2　加装防护罩的彩色枪形摄像机(铁塔)

下面以 Panasonic WV-CP504 型彩色枪形摄像机为例,介绍枪形摄像机的主要特性和技术指标。由于采用了高性能 CCD 图像传感器件,该摄像机可以获得很高的成像质量。在彩色模式下,分辨率可达 650 线;在黑白模式下,分辨率可达 700 线。由于融合了超级动态、ABS 自动暗区补偿技术,所以在对比度较差的气象环境中,该设备仍能获得清晰、细腻的画质。在获得优质图像感受的同时,彩色枪形摄像机还具有高灵敏度的日夜转换功能。照度在 0.1 lx 以上时,工作于彩色模式;照度低于 0.01 lx 时,工作于黑白模式。红外滤光片的切换可有效地提高黑白模式下的灵敏度。摄像机内具有三维色彩转换功能,确保即使在低色温的条件下,也可以输出清晰自然的图像。为了保证在各种环境下,有效降低输入图像的噪声,彩色枪形摄像机内部集成了 2D-DNR 和 3D-DNR 技术的数字降噪功能,使得设备具有全天候自适应数字降噪功能。通常情况下,室外安装的彩色枪形摄像机由于安装位置较高,会受到大风天气的影响引起摄像机的震动,所以目前的摄像机都具有自动图像稳定的高级功能。彩色枪形摄像机的主要技术参数指标见表 15—1。

表 15—1 彩色枪形摄像机主要技术参数指标

技术指标	参　　数	
拾取装置	1/3 英寸隔行扫描 CCD	
有效像素	976(H)×582(V)	
扫描模式	2:1 隔行扫描	
扫描范围	4.8(H)×3.6(V)mm	
扫描频率	水平 15.625 kHz　垂直 50 Hz	
扫描线	625 线	
水平清晰度	650 线(彩色模式,典型);700 线(黑白模式)	
最低照度	彩色模式(F1.4):0.1 lx(SENS UP:关)　0.003 lx(SENS UP:32 倍) 黑白模式(F1.4):0.01 lx(SENS UP:关)　0.0003 lx(SENS UP:32 倍)	
信噪比	50 dB(AGC 关,加重开)	
白平衡	ATW1(2700~6000 K) ATW2(2000~6000 K)或 AWC(2000~10000 K)	
光线控制	ALC/ALC+/ELC	
自动增益控制	开(高/中/低),关	
动态范围	54 dB 典型(SD5 开)	
电子灵敏度提升	关/自动(2 倍、4 倍、6 倍、10 倍、16 倍、32 倍)/固定(2 倍、4 倍、6 倍、10 倍、16 倍、32 倍)	
数字降噪	低/高	
黑白模式	模式:自动 1、自动 2、开、关(外部控制) 水平:低/高	
数字变焦	开(最多 2 倍)/关	
场景	两种模式	
VMD	视频移动探测;场景变化检测	视频移动探测;可疑物体探测(丢包/放包) 场景变化检测
隐私区	开(灰度/马赛克)/关	
自动图像稳定	开/关	

续上表

技术指标	参　　数	
摄像机标题	最多16字符	
镜头卡口	CS卡口	
ALC镜头驱动	DC	
后焦调整	无	ABF(自动/预置/固定),手动ADJ
同步	内同步(INT)、多工垂直驱动同步(VD2)、线性锁定同步(LL)	
视频输出	峰—峰值1.0 V PAL复合信号75 Ω/同轴视频控制BNC端口	
外部I/O端口	报警输入:1(关/报警/VMD报警/黑白模式/场景2) 报警输出:1(关/报警/黑白模式)	
设置方式	OSD设置菜单	
语言	汉语、英语	
安全/EMC标准	CE(EN60065,EN55022 ClassB,EN55024),GOST(GOST R 51558)	
电源功耗	AC 24 V,50 Hz,3.6 W DC 12 V,310 mA	
工作环境温度	-10 ℃ ~ +50 ℃	
工作环境湿度	≤90%(无结露)	
尺寸(不包括镜头)	72(W)mm×65(H)mm×103.5(D)mm	
重量(不包括镜头)	350 g	

2. 一体化球形摄像机

一体化球形摄像机是由原来普通分立的摄像机、电动变焦镜头、全方位云台、防护罩和解码器5个独立的部分有机地结合为一个整体,而设备制造商在设计并整合球机时还会充分考虑各功能模块的结构关系,使集成后的球机结构更加紧凑。由于球机本身已经是一个小的集成系统,因此还可以在其内部再增加一部分协调各独立模块功能的智能信号处理电路,从而实现基于电动镜头的自动聚焦、基于云台及镜头的自动跟踪以及在连续跟踪过程中因移动目标垂直经过球机下方而自动上下翻转画面、因移动目标与球机作径向运动而自动变焦放大的功能等。一体化球形摄像机如图15—3所示。

图15—3　一体化球形摄像机

下面就以Panasonic CS570型摄像机为例,介绍一体化球形摄像机的主要特性和技术指标。该设备的510线水平分辨率可以为用户带来质量卓越的彩色图像。超高灵敏度使其在照度低至1 lx的情况下也能工作。可实现360°无限水平旋转和180°竖直转动,摄像范围广阔。预置位最多可达32个。在预置模式下摄像机可以最高300°/s的速度从一个位置移动至下一个位置,同时图像保持功能可防止迅速移动造成的图像模糊的现象。隐私区遮挡功能能够屏蔽不宜显示的图像。巡视学习功能可以记忆并重复对摄像机的手动操作。数字移动检测功能可以自动觉察图像中的移动。该设备的外设接口结构如图 15—4 所示。

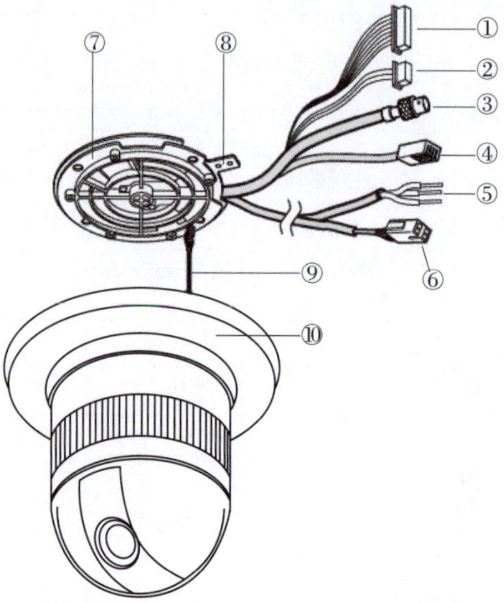

图 15—4 松下 CS570 一体化球形摄像机外设接口结构

①报警输入端口

接线颜色	功能
黑色	IN1
棕色	GND
红色	IN2
橙色	GND
黄色	IN3
浅蓝	GND
蓝色	IN4
紫色	GND

②报警输出端口

接线颜色	功能
灰色	OUT1
白色	GND
粉色	OUT2
绿色	GND

③RS-485数据端口

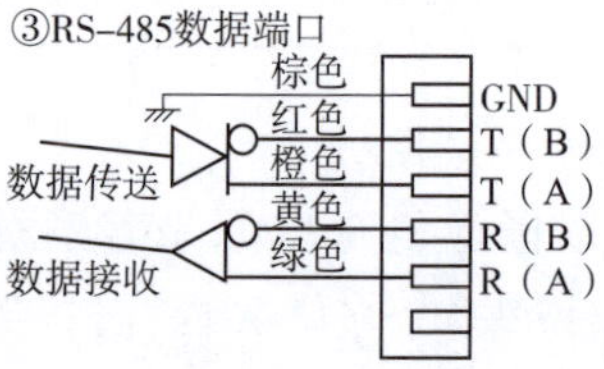

④视频输出 ⑤用于WV-CS570的AC电源线 ⑥用于WV-CS574的AC电源线

⑦摄像机安装底座 ⑧摄像机固定板 ⑨防滑落吊绳 ⑩装饰罩

该设备的整机重量约为 2 kg。其安装方式为吸顶或者嵌入式以及墙壁安装：在足以承受摄像机重量的天花板（混凝土等）上安装。当吸顶安装时，顶部电缆出口时，在天花板上开一个洞以穿过电缆。侧面电缆出口时，在机壳和装饰盖上准备一个开口。确保安装位置的材料和结构足以承受摄像机总重量。该摄像机电源采用 AC220 ~ 240 V 供电，功耗15 W。

一体化球形摄像机的主要技术参数指标见表 15—2。

表 15—2 一体化球形摄像机主要技术参数指标

技术指标	参　数
有效像素	752（H）×582（V）
扫描范围	3. 65 mm（H）×2. 71 mm（V），1/4-type CCD
同步	内同步/电源同步/多工垂直驱动（VD2）
扫描频率	水平：15. 625 kHz　垂直：50 Hz

续上表

技术指标	参　数
视频输出	1.0 V_{p-p} PAL/75 Ω 端口
水平分辨率	中心部分 510 线(彩色 High Position),中心 480 线(彩色 Nomal Position)
最低照度	彩色成像模式 1 Lux(Sens up Off,AGC High)
信噪比	50 dB(AGC 关,加重开)
变焦速度	手动模式下约为 4.5 s(望远/广角)
聚焦速度	手动模式下约为 5 s(远/近)
光圈	自动(可开/关)/手动
最大光圈比	1:1.6(广角)-3.0(望远)
焦距	3.79~83.4 mm
视角	水平:2.6°~52.3°;垂直:2.0°~39.9°
AGC	开(低/中/高);关
电子灵敏度提升	最大 32 倍,自动/固定
变焦比率	22 倍率+10 倍率数码变焦
光圈范围	F1.6-22,关
自动聚焦	手动/自动
自动模式	关闭、顺序、排序、自动旋转、巡视
自动旋转键	顺序、排序、自动旋转、巡视播放
数字翻转	开/关
图像保持功能	开/关
摄像机 ID	预置 ID,摄像机 ID,范围标题:最多 16 位
移动探测器	开/关
报警输入	4 路输入(从报警输入 1 到报警输入 4)
报警输出	2 路输出(报警/辅助 1 以及黑白/辅助)
隐私区	开/关(8 个区)
比例旋转/俯仰	开/关
巡视学习	学习/播放/停止,最多 60 s
清洁	开/关
旋转范围	360°无级
旋转角度设置	自动旋转模式下可行
旋转模式	手动/预置位调/排序预置/自动旋转
旋转速度	手动:约 0.1°/s~120°/s,8/64 级预置位置:最大约 300°/s
俯仰范围	-5°~185°
俯仰模式	手动/预置位置/排序位置
俯仰速度	手动:约 0.1°/s~120°/s,8/64 级预置位置:最大约 300°/s
控制功能	旋转/俯仰,镜头,32 个预置位置,基点位置

续上表

技术指标	参　数
控制方式	多工同轴/RS-485
电源	AC 220 V～240 V,50 Hz
耗电量	15 W
工作环境温度	－10 ℃ ～ ＋50 ℃
尺寸	f120(D)×191(H)mm
重量	大约 2 kg

3. 高清网络摄像机

高清网络摄像机通常是指能按大于 12 fps 连续采集最大分辨率大于 720p(1 280×720)画面的网络摄像机,该类摄像机甚至可以采集分辨率超过 Full HD(1080p,1 920×1 080)到更高的 2 048×1 536 分辨率的画面。除了具备一般传统摄像机的图像捕捉功能外,机内还内置了数字化压缩控制器,使得视频数据经压缩后,通过 IP 网络传送至终端用户。

终端用户可以通过浏览器或者定制客户端的方式,对网络摄像机进行访问,实时监控目标现场,并对视频实时存储,还可以通过网络来控制摄像机的云台和镜头进行全方位地监控。除视频信息外,高清网络摄像机能够通过网络实现视频移动侦测、音频、数字化输入和输出(可用于实现报警联动,如触发警报或激活现场照明等)、用于传输串行数据或者进行 PTZ 设备驱动的串行端口等功能。

高清网络摄像机多采用高速多媒体处理器,内置 Linux 操作系统。摄像机性能可靠稳定,图像分辨率高,色彩逼真还原度高。高清网络摄像机采用先进视频压缩算法,如 H.264,编解码性能高,具有很高的数据压缩比率。前端视频采集采用 CMOS 或 CCD 传感器逐行扫描,捕捉图像无锯齿,支持多种网络协议。摄像机内置嵌入式 WEB 服务器,支持 B/S 架构应用。可以通过 Pelco-D 等协议进行 PTZ 控制,具备外部报警输入、输出端子、SD/SDHC 卡本地存储等,支持 DC 12 V 或 PoE 供电输入。

以 DVE5216 宽动态高清网络摄像机为例,对高清网络摄像机的主要特性和技术指标加以介绍。

DVE5216 宽动态高清网络摄像机,如图 5—15 所示,采用 1/2.8 英寸逐行扫描 CMOS 图像传感器,最大分辨率支持 2 048×1 536 像素,HD 模式支持 1 920×1080p@30fps,支持 H.264、MPEG4/MJPEG 三种数字视频压缩格式,并支持双码流功能。同时,DVE5216 具有自动彩转黑和 ICR 日夜切换功能,支持在强光照变化条件和低照度环境下提供更清晰的现场图像。图 15—6、图 15—7 为 DVE5216 宽动态高清网络摄像机接口和结构尺寸。

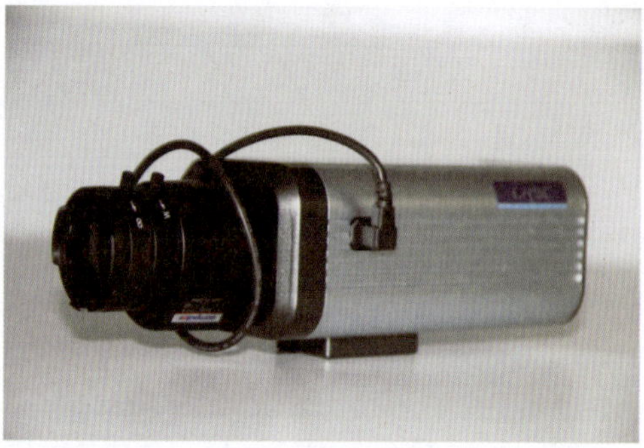

图 15—5　DVE5216 宽动态高清网络摄像机

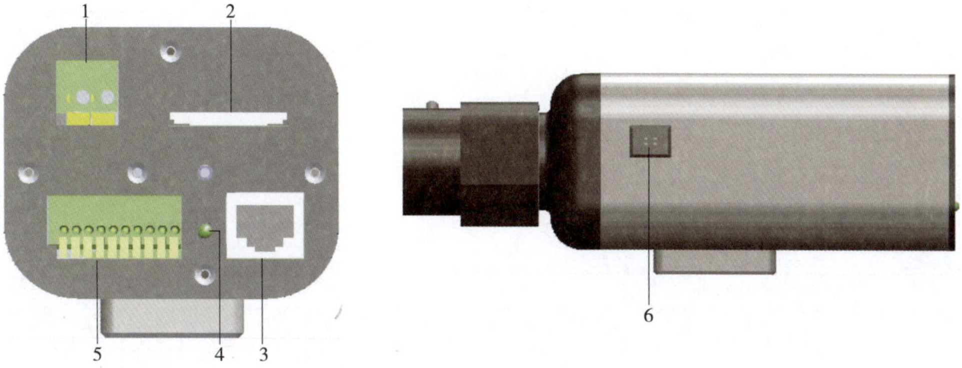

图 15—6 DVE5216 宽动态高清网络摄像机接口

1—RJ-45 网络接口;2—SD/SDHC 卡本地存储;3—2 V 直流电源输入;4—电源指示灯;
5—控制接口:RS-485 + 、RS-485 - 、GND、ALM_OUT、ALM_IN、AUDIO_IN、AUDIO_OUT;
6—自动光圈连接

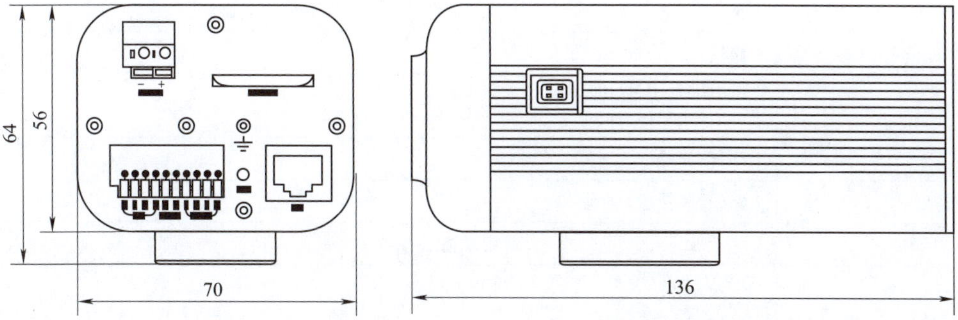

图 15—7 DVE5216 宽动态高清网络摄像机结构尺寸(单位:mm)

DVE5216 宽动态高清网络摄像机的规格参数见表 15—3。

表 15—3 DVE5216 宽动态高清网络摄像机规格参数

技术指标	参 数
摄像机	
传感器类型	1/2.8 英寸逐行扫描 CMOS
有效像素	2048(水平)×1536(垂直)
镜头接口	C/CS
最低照度	彩色:0.2 Lux@ F1.2 黑白:0.01 Lux@ F1.2
快门时间(秒)	1/10000 ~ 1/4
自动光圈	DC 驱动
日夜转换模式	自动彩转黑,IR-CUT 红外滤片式
信噪比	大于 100 dB
视频参数	饱和度,亮度,对比度,色调通过客户端或者 IE 浏览器可调

续上表

技术指标	参　　数
音视频	
视频压缩标准	H. 264/MPEG-4
压缩输出码率	64 kbit/s ~ 16 Mbit/s，可选
音频压缩标准	G. 711
最大图像尺寸	1 920 × 1 080@ 30 fps
帧率	8、15、24、30 帧
功能	
双码流	支持
存储功能	支持 SD/SDHC
密码保护	支持
支持协议	TCP/IP，HTTP，DHCP，RTP/RTCP，FTP，SMTP，SNTP
接口	
语音输入	1 路
语音输出	1 路
通信接口	1 个 RJ-45 10 M/100 M 自适应以太网口 1 个 RS-485 接口端子
报警输入	1 路，信号量
报警输出	1 路，开关量
通用规格	
工作温度	工作温度：-10 ℃ ~50 ℃；湿度：0 ~95% 无冷凝 存储温度：-20 ℃ ~ +70 ℃
电源	DC12V 1A/AC 24V/PoE（符合 IEEE802. 3af 标准）
功耗	6 W
尺寸	136 mm（D）×70 mm（W）×64 mm（H）
重量	500 g

摄像机的安装位置除考虑取景需要外，还应注意不要将摄像机安装在暖气、炉子等热源或其他发热的设备附近，不要安装在容易晃动的地方。摄像机工作环境应符合摄像机工作温湿度要求。

（二）云　　台

云台是安装、固定摄像机的支撑设备，分为固定云台和电动云台两种。固定云台适用于监视范围不大的情况，在固定云台上安装好摄像机后可调整摄像机的水平和俯仰的角度，达到最好的工作姿态后只要锁定调整机构就可以了。电动云台适用于对大范围进行扫描监视，可以扩大摄像机的监视范围。电动云台高速姿态是由两台执行电动机来实现，电动机接受来自控制器的信号精确地运行定位。在控制信号的作用下，云台上的摄像机既可自动扫描监视区域，也可在监控中心值班人员的操纵下跟踪监视对象。

云台根据其回转的特点可分为只能左右旋转的水平旋转云台和既能左右旋转又能上下

旋转的全方位云台。一般来说，水平旋转角度为0°～350°，垂直旋转角度为+90°。恒速云台的水平旋转速度一般在3°～10°/s，垂直速度为4°/s左右。变速云台的水平旋转速度一般在0°～32°/s，垂直旋转速度在0°～16°/s左右。在一些高速摄像系统中，云台的水平旋转速度高达480°/s以上，垂直旋转速度在120°/s以上。其实云台就是两个交流电机组成的安装平台，可以水平和垂直地运动。

以YP3060型室外变速云台为例，对云台的主要特性和技术参数进行介绍，如图15—8所示。

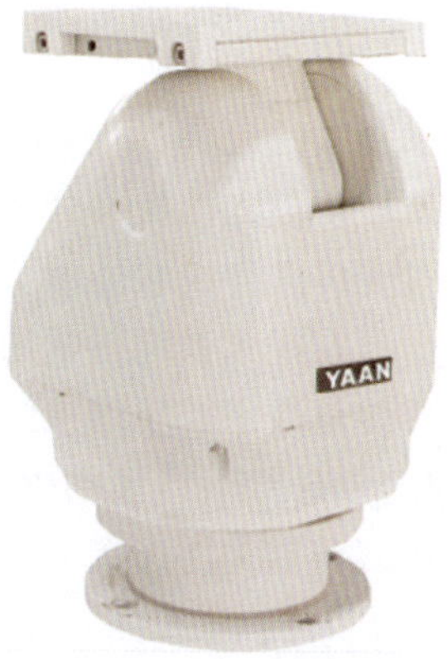

图15—8 YP3060型室外变速云台

室外变速云台设备具有功能全面、稳定可靠、使用和安装方便等特点，此系列云台具有0°～355°水平旋转（可调节）、预置位、自动扫描、自动巡航、守望、支持多种协议等功能。适用于对大面积区域的监控，目前可广泛应用于车站、机房、沿线基站的铁塔，桥梁和隧道口等重要领域。室外变速云台的主要技术参数指标见表15—4。

表15—4 室外变速云台主要技术参数指标

技术指标	参数
输入电压	AC24 V ±2.4 V
功率	≤70 W
水平旋转角度	0～355°
承载方式及运动范围	顶载：-60°～+10°
水平速度范围	9°/s
垂直速度范围	4°/s
镜头控制	云台配置镜头预置接口
通信协议	行业V0.0、YAAN、Pelco-P、Pelco-D
通信波特率	2 400/4 800/9 600/19 200 bit/s
通信接口	RS-485
预置位	支持50个
自动扫描	行业V0.0协议时5条，其他协议时1条
自动巡航	行业V0.0协议时8条，其他协议时1条
守望位	可设1个预置位或8条自动巡航路线或8条自动线扫路线，仅限行业V0.0协议具备此功能
继电器输出	2组
防护等级	IP66
工作温度	-20 ℃～+60 ℃ <90% RH，（无冷凝器、无加热器情况下） -35 ℃～+60 ℃ （含加热）
外形尺寸	215 mm(L)×190 mm(W)×290 mm(H)
云台重量	9.5 kg
最大承载	17 kg
抗雷击浪涌	GB/T 17626.5—2008
材料	主体结构：压铸铝合金
可选摄像机	可配合枪机，DC12 V/AC24 V供电

(三)视频光端机

视频光端机是把一路或多路的模拟视频信号经过各种编码转换成光信号通过光纤介质来传输的设备,由于视频信号转换成光信号的过程中会通过模拟转换和数字转换两种技术,所以视频光端机又分为模拟光端机和数字光端机。光端机原理就是把信号调制到光上,通过光纤进行视频传输。

在视频系统内常用的光端机为数字非压缩光端机。数字非压缩光端机可以通过一芯光纤传输数字非压缩视频、可选双向音频/数据信号以及 100 M 以太网信号。视频质量可达到广播级标准,音频质量可达到 CD 级,支持 RS-232、RS-422、RS-485(2/4)、曼码等数据通信格式和以太网连接。其设备图如图 15—9 所示。

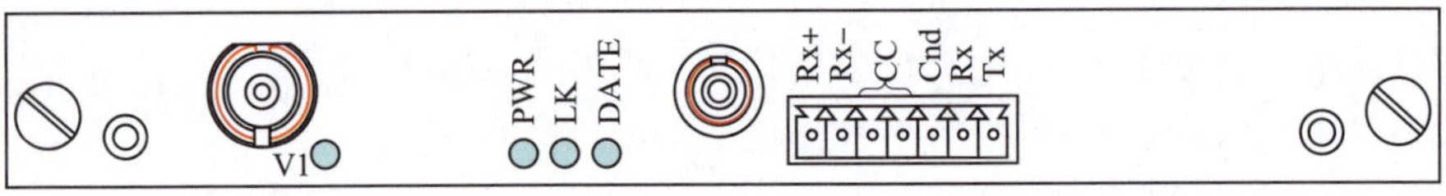

图 15—9 数字非压缩光端机设备图

视频光端机一般由远端视频发送设备和局端视频接收设备所构成,其工作原理如图 15—10 所示。

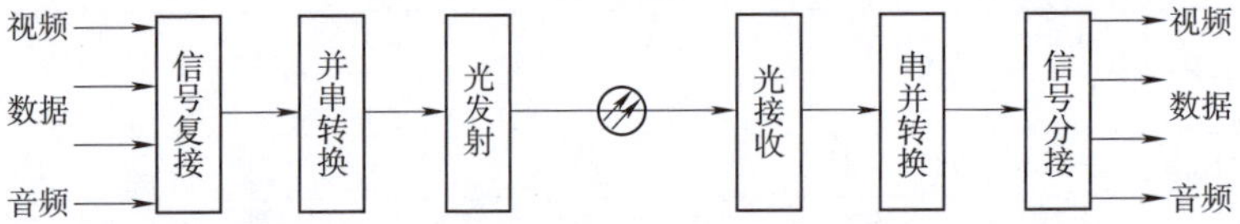

图 15—10 视频光端机工作原理图

视频光端机内部由视频放大芯片、模数转换芯片、可编程 ROM 芯片、CPLD、FPGA 高速复接芯片等组成。它将输入的模拟视频信号(来自模拟摄像机视频、音频、数据、开关量、以太网等)采用数字解码技术进行处理,然后将数字信号又复接到激光发射器上,通过光纤传输到光接收单元,再将先前的数字信号重新还原为模拟基带视频信号。这样,系统在传输上完全无损伤地将光发射单元的视频输入通过光纤发送到了光接收单元并输出。

视频光端机的主要技术参数指标见表 15—5。

表 15—5 视频光端机主要技术参数指标

技术指标	参　　数
信号制式	PAL/NTSC/SECAM
标称输入输出电平	1 V_{p-p}
标称输入输出阻抗	75 Ω
视频带宽	8 MHz
量化等级	8 bit/10 bit
微分增益	<1%
微分相位	<0.7°

续上表

技术指标	参 数
场倾斜	<0.5%
回波 E	<2% kF
亮度非线性	<3%
加权信噪比	>67 dB
接口类型	RS-232, RS-485/422, Manchester, Biphase
通信速率	DC ~ 300 kbit/s
工作模式	反向单工/半双工
误码率	$<10^{-9}$
视频连接器	BNC 插座
音频连接器	压接端子台
光纤连接器	FC/PC、ST/PC 可选
机架电源	AC220 V ±44 V, 50 Hz, 总功率 200 W
独立电源	24 V, 功耗 5 W(单端)
工作温度	-40 ℃ ~ +75 ℃
储存温度	-55 ℃ ~ +85 ℃
相对湿度	0 ~ 95%(非冷凝)

(四)编 码 器

编码器又称网络视频编码器,是一种编码压缩、处理音视频数据的专业网络传输设备。编码器在监控系统中的作用是将前端摄像机、拾音器等设备采集到的音视频信号经过压缩编码,通过网络传输到后端的监控平台,并由终端上运行的相应的解码软件或硬件解码设备进行解码播放的前端设备。编码器还可作为智能分析算法的硬件平台,对监控内容进行智能分析;同时在网络中还设有专门的存储服务器,可将压缩的实时音视频信息根据事先制定的存储方案进行存储。此外视频编码器还可联动现场报警设备,如警铃、警灯、报警按钮等,并将相关信息发给告警主机用于报警联动管理。

下面以 CRSC DVE6040 型编码器为例,对编码器的主要特性和技术参数进行介绍,设备如图 15—11、图 15—12 所示。

图 15—11 CRSC DVE6040 型编码器前视图

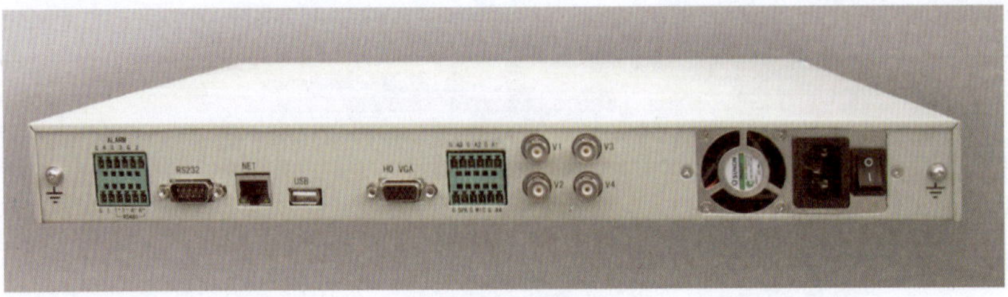

图 15—12 CRSC DVE6040 型编码器后视图

DVE6040 型编码器具备 AC220 V 和 DC -48 V 两种电源模块可供选择。采用美国 DSP 芯片厂商 TI 公司的双核 DAVANCI 架构 DM6467 处理器,性能高效。整机采用 Linux 嵌入式操作系统,稳定可靠。DVE6040 型编码器支持输入视频图像的现场输出预览,便于现场安装调试,支持前端 OSD 叠加,便于监控系统标识管理,可支持数字水印和图像预处理等功能扩展。设备现场音频输入接口采用凤凰嵌位端子,便于现场安装,同时支持 USB 移动存储设备。

编码器的主要技术参数指标见表 15—6。

表 15—6 编码器主要技术参数指标

技术指标	参 数
模拟视频输入	4 路,BNC 接口(电平:1.0 Vp - p;阻抗:75 Ω),PAL 制式
视频压缩标准	H. 264 Baseline
视频编码分辨率	4CIF/CIF
视频帧率	PAL:6 ~ 25 帧/s
视频码率	128 kbit/s ~ 2 048 kbit/s,可自定义
码率控制	支持 VBR、CBR 两种方式
码流类型	复合流/视频流
音频压缩标准	G. 711
音频码率	16 kbit/s
双码流	支持
云台控制协议	支持 PELCO D、PELCO P 等主流控制协议
同步回放	支持 4 路
网络接口	1 个,RJ-45 10 M/100 M 自适应以太网口
串行接口	1 个,标准 RS-485 串行接口;1 个,标准 RS-232 串行接口
USB 接口	1 个,USB 2. 0
报警输入	2 路
报警输出	2 路
电源	AC220 V,DC 48 V
功耗	≤15 W
工作温度	-5 ℃ ~ +55 ℃
工作湿度	10% ~90%
机箱	19 英寸标准 1U 机箱

二、节点设备

视频系统内的节点设备通常包括服务器、交换机和磁盘阵列等。下面对这些节点设备的外观、功能、主要特性和技术指标进行详细描述。

（一）服务器

服务器是网络环境中的高性能计算机，侦听网络上其他计算机（客户机）提交的服务请求，并提供相应的服务。它的高性能主要体现在高速度的运算能力、长时间的可靠运行、强大的外部数据吞吐能力等方面。服务器的构成与微机基本相似，有处理器、硬盘、内存、系统总线等，它们是针对具体的网络应用特别制定的，因而服务器与微机在处理能力、稳定性、可靠性、安全性、可扩展性、可管理性等方面存在很大差异。按照体系架构来区分，服务器主要分为两类：非 X86 服务器和 X86 服务器。

非 X86 服务器：包括大型机、小型机和 UNIX 服务器，它们是使用 RISC（精简指令集）或 EPIC（并行指令代码）处理器，并且主要采用 UNIX 和其他专用操作系统的服务器，精简指令集处理器主要有 IBM 公司的 POWER 和 PowerPC 处理器，SUN 与富士通公司合作研发的 SPARC 处理器、EPIC 处理器主要是 Intel 研发的安腾处理器等。这种服务器价格昂贵，体系封闭，但是稳定性好，性能强，主要用在金融、电信等大型系统的核心业务中。

X86 服务器：又称 CISC（复杂指令集）架构服务器，即通常所讲的 PC 服务器，是基于 PC 机体系结构，使用 Intel 或其他兼容 X86 指令集的处理器芯片和 Windows 操作系统的服务器。价格相对便宜，兼容性好，主要用在企业级系统业务中。目前的铁路综合视频监控系统中所采用的服务器大多数均为 X86 服务器。

下面以系统中常用的惠普公司 DL380 型服务器为例，对服务器的主要特性和技术参数进行介绍，设备如图 15—13 所示。

图 15—13　DL380 型服务器

服务器系统主要的硬件构成包含如下部分：中央处理器、内存、芯片组、I/O 总线、I/O 设备、电源、机箱和相关软件。整个服务器系统就像一个人，处理器就是服务器的大脑，而各种总线就像是分布于全身肌肉中的神经，芯片组就像是骨架，I/O 设备就像是通过神经系统支配的人的手、眼睛、耳朵和嘴；电源系统就像是血液循环系统，将能量输送到身体的所有地方。

服务器的主要技术参数指标见表 15—7。

表 15—7 服务器主要技术参数指标

技术指标	参　数
结构类型	X86 构架服务器,2U 机架式双路服务器
CPU	主频:2.0 GHz,四核,直连架构;QPI 总线:4.8 GT/s;缓存:4 MB
硬盘	146 GB 10 k SAS 硬盘
内存	4 GB DDR3-1333 高速内存
磁盘阵列卡	智能阵列控制器(RAID 0、1)
光驱	DVD 光驱
显卡	32 MB 显存
HBA	FC 4 Gb PCI-e HBA 卡,含 5 m 光纤线缆
标准接口	1 个鼠标接口、1 个视频接口、1 个键盘接口、USB 2.0 端口
散热系统	冗余风扇
电源	冗余电源
操作系统	Win2003 Server 标准版
远程管理	配置 iLO2 远程管理卡,能实现远程管理,远程配置,远程启停机

(二)磁盘阵列

磁盘阵列简称 RAID(Redundant Arrays of Inexpensive Disks),其原理是利用数组方式来作磁盘组,配合数据分散排列的设计,提升数据的安全性。

磁盘阵列一般是由多种软件管理模块和硬件通信协议模块组成,其设计原理如图 15—14 所示。

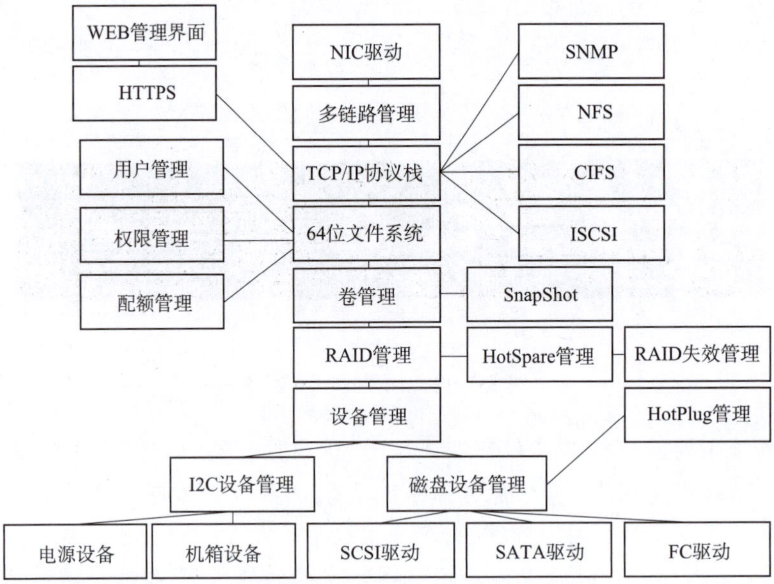

图 15—14 磁盘阵列原理图

RAID 的基本结构特征是组合(Striping)、捆绑两个或多个物理磁盘成组,形成一个单独的逻辑盘。组合套(Striping Set)是指将物理磁盘组捆绑在一块儿。在利用多个磁盘驱动器时,组合能够提供比单个物理磁盘驱动器更好的性能提升。数据是以块(Chunks)的形式写入组合套中的,块的尺寸是一个固定的值,在捆绑过程实施前就已选定。块尺寸和平均 I/O 需求的尺寸之间的关系决定了组合套的特性。总的来说,选择块尺寸的目的是为了最大限度地提高性能,以适应不同特点的计算环境应用。

磁盘阵列能够提供在线扩容、动态修改阵列级别、自动数据恢复、驱动器漫游、超高速缓冲等功能,确保形成一套提供性能、数据保护、可靠性、可用性和可管理性的解决方案。磁盘阵列按照存储方式的不同,主要分为 FCSAN 和 IPSAN。下面以 IPSAN VS2024 型设备为例,对磁盘阵列的主要特性和技术参数进行介绍,其设备的内部结构如图 15—15、图 15—16 所示。

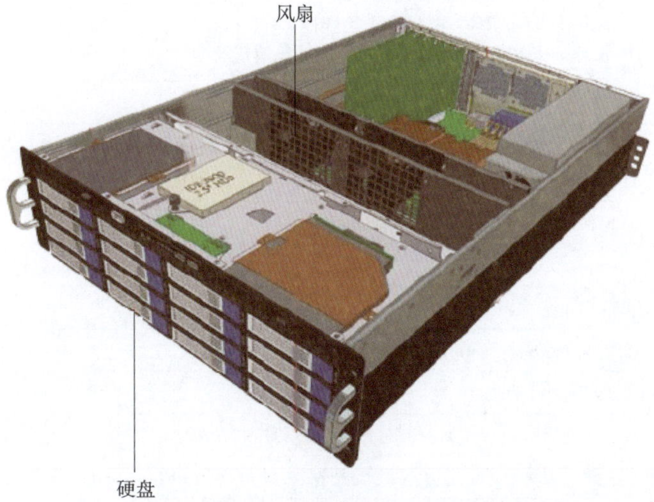

图 15—15 磁盘阵列内部结构前视图

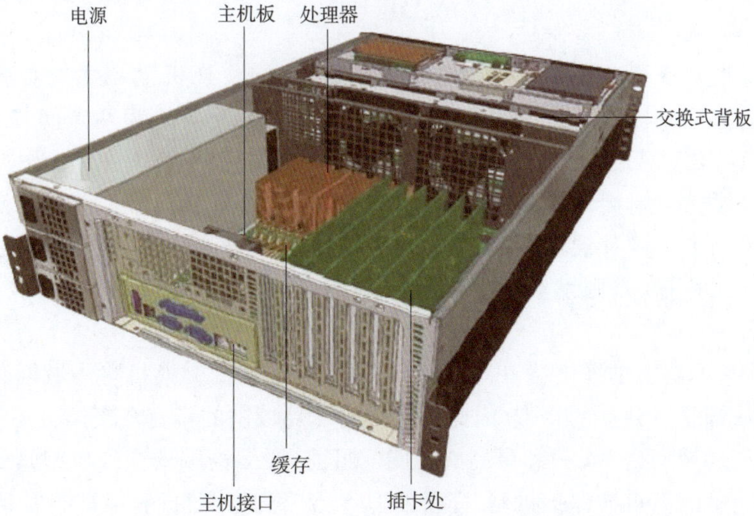

图 15—16 磁盘阵列内部结构后视图

磁盘阵列中配备的主机端口有两个 GE 接口(RJ-45 类型),电源接口按照相关国家标准配备有 3 个。管理端口 1 个为 RS-232 串口,显示接口 1 个,同时配有键盘和鼠标接口。磁盘阵列的主要技术参数指标见表 15—8。

表 15—8 磁盘阵列主要技术参数指标

技术指标	参 数
存储处理器	64 位多核存储处理器
缓存	2 GB
最大硬盘数量	24 个
最大存储容量	48 TB
硬盘类型	SAS:146 GB/300 GB/450 GB/600 GB SATA Ⅱ:500 GB/750 GB/1 TB/1.5 TB/2 TB 注:支持 SAS 和 SATA 硬盘的混插,支持热插拔
RAID 级别	0、1、5、6、10,支持动态热备盘
操作系统支持	Windows XP,Windows 7,Windows Vista,Windows Server 2000/2003/2008,Linux/FreeBSD/Unix,AIX 5.x,Solaris,MacOS,VMware
协议支持	iSCSI,CIFS,NFS(V2,V3,V4),SNMP
最大主机连接数	256
最大 LUN 数	1 024
风扇	冗余,热插拔
单柜尺寸	4U 19 英寸机架式
控制管理界面	基于浏览器的管理界面,控制台管理,终端控制管理
故障提示	通过 SES 服务,GSM 短信,采用发光管、报警声、E-mail 报告向用户管理员进行故障提示
存储管理	数据自动重建、重建接续,硬盘坏簇、故障隔离,数据完整性检测,RAID 在线扩容、扩展,LUN 在线扩容,链路冗余及负载均衡,支持远程管理,支持设备统一管理,支持统一时间管理

(三)交 换 机

综合视频监控系统中常说的交换机通常指"以太网交换机",以太网是一种计算机网络,需要传输的是数据,因此采用的是"分组交换"技术,交换机为两点间提供了"独享通路"的特性。就以太网设备而言,交换机和集线器的本质区别就在于:当 A 发信息给 B 时,如果通过集线器,则接入集线器的所有网络节点都会收到这条信息(也就是以广播形式发送),只是网卡在硬件层面就会过滤掉不是发给本机的信息;而如果通过交换机,除非 A 通知交换机广播,否则发给 B 的信息 C 绝不会收到(获取交换机控制权限从而监听的情况除外)。

交换机的基本功能是提供端口,实现端口间数据转发。交换机将局域网分为多个冲突域,每个冲突域都是有独立的宽带,因此大大提高了局域网的带宽。交换机还提供了更先进的功能,如虚拟局域网(VLAN)和更高的性能。目前,很多高端的交换机都具备强大的多业务支持能力,完备的高可靠保护机制,完备的 QoS 策略和安全机制,丰富的 IPv6 特性以及良好的可扩展性。

交换机的传输模式有全双工、半双工、全双工/半双工自适应。交换机的全双工是指交换机在发送数据的同时也能够接收数据，两者同步进行，好像平时打电话一样，说话的同时也能够听到对方的声音。目前的交换机都支持全双工。全双工的好处在于迟延小，速度快。下面以三层交换机 S5300 为例，对交换机的基本功能和技术参数进行介绍，其设备如图 15—17 所示。

图 15—17　S5300 型交换机

交换机的主要技术参数指标见表 15—9。

表 15—9　交换机主要技术参数指标

技术指标	参　数
物理形态	3 层 48 口 10/100/1 000 M 交换机
转发性能	72 Mpps
背板交换容量	240 Gbit/s
MAC 性能	遵循 IEEE 802.1d 标准；支持 MAC 地址自动学习和老化；支持静态、动态、黑洞 MAC 表项；支持源 MAC 地址过滤
VLAN 性能	支持 4 k 个 VLAN；支持基于 MAC/协议/IP 子网/策略的 VLAN；支持灵活 QinQ 功能
IP 路由	静态路由、RIP V1/2；OSPF、IS-IS、BGP、ECMP
组播	支持 IGMP v1/v2 Snooping 和快速离开机制；支持 VLAN 内组播转发和组播多 VLAN 复制；基于端口的组播呼叫接纳控制功能(组播 CAC)
安全特性	支持防止 DoS、ARP 攻击功能；支持 IP、MAC、端口的组合绑定；支持端口隔离；支持 AAA 认证，支持 Radius、TACACS + 等多种方式；支持 CPU 保护功能
管理和维护	支持端口镜像和 RSPAN(远程端口镜像)；支持 Telnet 远程配置、维护；支持 SNMPv1/v2/v3；支持系统日志、分级告警

第二节　铁路综合视频监控设备维护

铁路综合视频监控设备的维护主要包括软件系统和硬件设备的维护，以及设备故障的处理，其维护工作是一项庞大且复杂的工作。以一条高速铁路为例，系统内所包含的硬件设备会多达几百台，每台设备中均会部署自己的操作系统和应用软件。铁路综合视频监控系统日常维护工作的重点就是确保这些设备工作稳定，运行正常。

一、日常维护与保养

在对监控系统的设备进行维护过程中，应对一些情况加以防范，尽可能使设备的运行正常，主要需做好防潮、防尘、防腐、防雷、防干扰的工作。对于监控系统的各种采集设备来说，由于设备直接置于有灰尘的环境中，对设备的运行会产生直接的影响，需要重点做好防潮、防尘、防腐的维护工作。摄像机长期工作于各种环境中,防护罩及防尘玻璃上容易沾染灰尘、雨痕,影响收视效果。因此必须做好摄像机的防尘、防腐维护工作。在某些湿气较重的地方,则必须在维护过程中安装位置、设备的防护进行调整以提高设备本身的防潮能力。

视频监控设备在维护过程中必须高度重视防雷问题。防雷的措施主要是要做好设备接地的防雷地网。为防止电力线辐射干扰视频图像,在布线要严格按通信布线规范施工,做到强弱电分开。

服务器通常会配备不间断电源 UPS 设备供电。服务器电源应与照明电源分开,尤其注意避免与强电器加热装置或大功率的电器使用同一条供电线路和共用一个插座,最好使用单独的插座。服务器应放在易于通风或空气流动的地方,便于温度的调节。干燥的秋冬季节要保持房间中的湿度。在拔插服务器的板卡前,应佩戴防静电手环。尘土是服务器最大的“杀手”,因此需要定期给服务器除尘。除尘方法与普通计算机除尘方法相同,尤其要注意的是电源的除尘。

如果设备故障需卸载更换板卡等部件,应严格按照产品说明书操作,不要强行拆卸。另外,必须在完全断电、设备接地良好的情况下进行,以防止静电对设备造成损坏。

在铁路综合视频监控系统中,由于信息数据量巨大,所以经常会使用到数据库服务。针对大型的数据库服务,需要定期备份数据库。针对频繁使用的用户数据,也需整理备份,除在系统中备份外,还应刻成光盘另行保存。

二、常见故障处理

(一)摄像机常见故障

摄像机的常见故障及处理方法见表 15—10。

表 15—10 摄像机常见故障及处理方法

故障现象	原因/处理方法
无画面(暗屏幕)	摄像机连接是否正确?查阅操作使用说明书
	镜头光圈是否关闭?通过系统控制器进行光圈复位
	是否对摄像机进行了固定快门速度设置
白色画面	镜头光圈是否打开
	是否为电子感光度提高设置选择了固定模式
画面无法聚焦	摄像机的护罩或镜头是否脏了?如果是,清洁
	是否为自动聚焦模式选择了手动开关
	被摄像的物体是否是难于自动聚焦的物体?如果是,选择手动
画面内存在数字噪声	滑环可能脏了,是否开启了清洁功能
	摄像机设置是否正确
图像颜色质量差	检查白色平衡设置
	使用特殊设置菜单调整图像质量
	摄像机的护罩或镜头是否已经脏了?如果是,清洁

续上表

故障现象	原因/处理方法
画面中有残留图像	检查数字降噪设置
画面中有白色斑点	使用像素补偿功能,进行像素补偿
俯仰,旋转,变倍或聚焦功能不好用	摄像机连接是否正确
	摄像机具有旋转角度限制功能,查看产品旋转角度极限
	马达或镜头可能已经损坏,联系产品售后人员
摄像机的动作模式不能使用	查看自行返回功能
	查看报警设置功能
	查看移动检测恢复时间设置
摄像机位置不同于预置位设置	进行特殊设置菜单的刷新功能
摄像机电源线、连接端子或电源插头变热	电源线、连接端子或电源插头受损,易造成电击或火灾的危险,须立即拔下电源插头,停止使用设备,联系售后人员处理

(二)云台常见故障

云台的常见故障及处理方法见表15—11。

表15—11　云台常见故障及处理方法

故障现象	原因/处理方法
通电后不自检	电源线连接错误,查阅操作使用说明书
	电源损坏,更换电源
自检无法进行,或伴有噪声	电源功率不够,更换符合要求的电源
	机械故障,需要检修
自检成功,但无法操作云台	控制线连接错误,重新接线
	云台地址码设置错误,重新设置
	云台通信协议或波特率设置错误,重新设置
云台旋转时,摄像机图像丢失	电源功率不够,更换符合要求的电源
	摄像机视频线接触不良,更换视频线
预置位无法调用	首先检查云台预置位的四芯连线是否正确连接到解码器
	然后用万用表测量在云台转动时,该方向反馈端子与-VE之间是否有电压变化(电压在0~5V内)。如果没有说明云台预置位电位器正常,需要检查是否正常存储了预置位
	如果在云台转动时没有变动电压输出,需要切断预置位连线,仍然用万用表检测该方向反馈线与+VE或-VE之间的电阻值,云台预置位电位器为5K,云台转动到每一个点都应对应不同的电阻输出。如果仍然没有,可怀疑云台预置位电位器故障
预置位调用位置不准确	首先应确认是否在预置位设置前对解码器进行了复位操作
	然后检查预置位连线及预置反馈端的电压输出
	确认预置位设置操作是否正确。如果设置正确,可怀疑解码器预置位部分电路故障

(三)光端机常见故障

光端机的常见故障排查方法主要有以下三种:

1. 根据设备指示灯进行故障判断

(1)光端机的远端节点机指示灯意义

"V1 ~ V4":视频输入接口,当有视频输入时,对应的视频指示灯被点亮。"RUN":运行指示灯,网管插件运行时该灯闪烁。"UpSync":上行同步灯,正向链路同步建立时灯亮,光功率不足无法锁定时,该指示灯长灭(1 s),短亮(0.2 s)闪烁;光功率足却无法锁定时,该指示灯长亮(1 s),短灭(0.2 s)闪烁。"DnSync":下行同步灯,反向链路同步建立时灯亮,光功率不足无法锁定时,该指示灯长灭(1 s),短亮(0.2 s)闪烁;光功率足却无法锁定时,该指示灯长亮(1 s),短灭(0.2 s)闪烁。

(2)光端机的局端接收机指示灯意义

"V1 ~ V16":视频输出接口,当有视频输出时,对应的视频指示灯被点亮。"LK":运行指示灯,网管插件运行时该灯闪烁。"LP":局端机和与其相连的光端机收发两端的光纤连好后,该灯被点亮,说明双向通信通道正常;该灯不亮或闪烁,说明双向通信通道不正常。"SYN":局端机光盘上的"SYN"指示灯,在没有数据扩展盘或者只有一块数据扩展盘的情况下闪烁,如果有两块数据扩展盘则该指示灯熄灭。

需要注意的是:

只有远端节点机加载了视频信号且对应视频信号指示灯点亮、光纤链路正常情况下,局端接收机对应的视频通道的该路视频信号指示灯才会被点亮。

当中间某段光路(节点 N 与节点 $N-1$)中断时,则从节点 1 至节点 $N-1$ 的 DnSync 灯均呈闪烁状态($N>1$)。

2. 视频及数据故障排查方法

观察中心接收机指示灯状态以及图像状态(正常状态 LP 常亮,RUN、SYN 等其他灯闪烁),用光功率计测试设备发/收光功率。前往离中心最近的节点,观察每个节点指示灯(正常状态 UpSync、DpSync 指示灯常亮);断开其他节点业务上传的光纤线路(即仅让该节点业务往上传)测试,检查上述视频/数据拨码是否正确,检查线路连接状态(线序是否对,接口是否有虚接、混接、乱接等状况),检查供电条件、接地环境、各类线缆是否劣质、外围设备状况等。依次逐个节点(离中心逐渐向远端节点)作上述测试。

3. 光路故障排查方法

光路故障通常是由于以下原因造成:

(1)光纤断裂,通常是由于外力物理挤压或过度弯折。

(2)传输光功率不足。

(3)光纤传输距离过长可能造成信号丢失。

(4)光纤适配器(法兰)受损可能造成信号丢失。

(5)光纤接头和连接器故障可能造成信号丢失。

(6)使用过多的光纤接头和连接器也可能造成信号丢失。

(7)光纤配线盘或熔接盘连接处故障。

(8)结合处制作水平低劣或结合次数过多造成光纤衰减严重。

(9)由于灰尘、指纹、擦伤、湿度等因素损伤了连接器或者在配线间线路跳接错误。

(四)服务器常见故障

惠普服务器的快速诊断面板指示灯如图 15—18 所示。

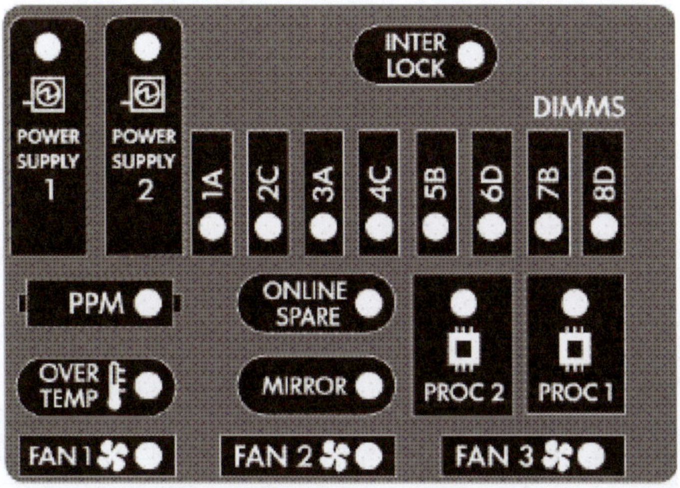

图 15—18　惠普服务器快速诊断面板指示灯

下面对快速诊断板中各种指示灯所标识的服务器状态进行说明,详见表 15—12。

表 15—12　指示灯所标识的服务器状态

指示灯	颜色状态	原因/处理方法
Online Spare memory	绿色	保护模式开启
	琥珀色闪烁	内存配置错误
	琥珀色	内存失效
	不亮	没有保护
Mirrored memory	绿色	保护模式开启
	琥珀色闪烁	内存配置错误
	琥珀色	内存失效
	不亮	没有保护
Processor failure, socket X/内部健康灯(组合)	琥珀色/红色	一个或多个以下的情况可能存在: X 槽位的处理器失败; X 槽位的处理器未安装好; X 槽位的处理器是不支持的
	琥珀色/琥珀色	X 槽位的处理器处于即将失败的情况
Processor failure, both sockets/内部健康灯(组合)	琥珀色/红色	CPU 类型不匹配
PPM failure/内部健康灯(组合)	琥珀色/红色	集成的 PPM 失败
FBDIMM failure, slot X/内部健康灯(组合)	琥珀色/红色	一个或多个以下问题出现: X 槽位的内存失败; 不支持安装在 X 槽位的内存,而且在其他 Bank 上没有其他内存

续上表

指示灯	颜色状态	原因/处理方法
FBDIMM failure, slot X/内部健康灯(组合)	琥珀色/琥珀色	一个或多个以下问题出现: X槽位的内存达到了单位纠错的极限; X槽位的内存预报警; X槽位的内存是不支持的型号,其他Bank中没有有效的内存
FBDIMM failure, all slots in one bank/内部健康灯(组合)	琥珀色/红色	没有有效的或可用的内存安装到系统中
Overtemperature/内部健康灯(组合)	琥珀色/琥珀色	温度预报警
	琥珀色/红色	温度报警
Riser interlock/内部健康灯(组合)	琥珀色/红色	PCI扩展笼未接或不牢固
Fan/内部健康灯(组合)	琥珀色/琥珀色	有一个风扇故障或未安装
	琥珀色/红色	两个或更多的风扇故障或未安装

铁路综合视频监控系统是一个集网络通信技术、音视频处理技术为一体的多媒体应用系统,采用了多种设备,主要有以太网交换机、服务器、磁盘阵列、摄像机、计算机等。综合视频监控系统的故障分析与处理,需要在了解整个系统工作流程的基础上,通过替代法、排除法、比较法等处理方法来定位、处理故障,在工作中不断总结维护经验,提高故障处理能力。

第五篇　铁路应急通信

本篇包括三章。首先概括介绍铁路应急通信的发展、特点、要求和高速铁路应急救援指挥体系；其次从系统的角度详细介绍铁路应急通信系统的功能、组成、拨号原则等，介绍了卫星通信技术；最后简要介绍了铁路应急通信设备的硬件结构、功能，同时对应急通信设备维护重点和质量标准进行了简要描述。

第十六章　铁路应急通信概述

第一节　铁路应急通信的发展

铁路应急通信早期主要是靠有线通信手段来完成。在铁路两侧都有架空电线路或地下电缆，从电线路建设上就考虑了沿线各区间发生紧急事件时，在事件现场与邻站及其他地点，迅速建立通信联络。在架空明线区段，用接线杆两对回线分别接通各站线和列调回线。在地下电缆区段，每隔 1.5 km 设通话柱，在通话柱内至少有两对回线接入相邻车站，一对回线接自动电话机，通过区转机可呼叫上行车站、下行车站、列调台。另一对回线接人工电话，由邻近车站转接至电话所。20 世纪 90 年代以前，由于受通信技术条件的限制，铁路自动电话的普及率很低，当时的应急通信只是在事件现场提供人工电话和调度电话业务，不成为系统。

20 世纪 90 年代开始，铁路加快了通信线路光电缆及数字程控电话交换系统工程的建设，自动电话逐渐覆盖到了全路各车站。启用应急通信时，将车站自动电话延伸至区间，在事件现场可提供自动电话、人工电话、调度电话业务，构成救援指挥系统的电话，事件现场有了自动电话，才开始有静止图像传输，将事件现场拍摄的图像直接传送至铁路局救援指挥中心。

随着铁路通信线路光电缆及数字程控电话交换系统工程的建设，自动电话逐渐覆盖到了全路各车站并延伸至区间。从 20 世纪 90 年代中期开始，各铁路局陆续配备了静图传送设备，现场利用数码相机拍摄照片，通过笔记本电脑以电话拨号方式接入铁路局静图服务器，将现场图像传送至铁路局，供应急救援指挥人员全面掌握现场情况、指挥救援使用。该设备至今仍有应用。

随着通信技术的发展，目前集语音、视频（动态图像）和数据交互为一体的应急通信设备在高速铁路、普速铁路 GSM-R 区段得到了广泛的应用。

未来，铁路应急中心通信设备将逐步与多媒体调度通信系统实现业务融合。铁路应急通信现场设备的小型化、轻量化、易于部署、全天候适用性、接入手段的多样化和自续航能力，已成为当前研发的重点。

第二节　铁路应急通信业务的特点和要求

一、适应铁路应急救援指挥需要

根据铁路运输生产管理实际和相关预案要求，铁路目前设铁路总公司和铁路局两级应急指挥机构。铁路应急通信需要保障铁路总公司指挥中心、铁路局指挥中心和事件现场相关信息及时、可靠的传递，包括提供语音、数据、静止和动态图像传输业务等。

二、时间、地点的不确定性

突发事件可能发生在铁路沿线任何时间、任何地点，时间与地点均不能事先知晓，具有不确定性。所以要根据各区段的地质、气象等情况，合理布局应急通信现场保障队伍，配置必要的应急通信现场设备，以便在规定时限内开通应急通信系统，确保指挥畅通。

三、时效性

应急通信保障工作有很强的时效性。只有尽快到达现场并开通应急通信设备，才能将事件现场具体情况报告上级指挥中心，指挥中心根据影响程度、损失大小等作出决策，调集各方力量开展现场救援，尽最大努力减少损失。如果较晚到达现场或者虽到达但不能将现场实际情况及时有效的传递到指挥中心，应急通信就没有发挥作用。

四、规范性

在应急通信保障中，要遵守有关规定，按照预案启动、执行和撤除。在通话中应使用普通话，采用规范用语。现场应急通信保障人员应根据现场救援指挥人员及指挥中心要求拍摄并传送图像。图像（静图或动图）既要反映事故现场概貌又要关注细节，对故障发生部位要进行多角度、近距离图像拍摄和传送。图像传送格式应符合有关要求。

五、协同性

为保障应急通信的时效性，铁路局根据管内生产组织、应急通信装备等情况，建立应急通信现场保障队伍。个别由于通信工区管辖半径大、交通不便等因素难以在指定时限内完成应急通信保障任务的区段，需要联劳协作，安排其他专业人员参与应急通信保障工作。

六、综合性

应急通信是各类通信手段的综合运用。为了实现全天候、全覆盖的应急通信保障，可因地制宜利用各种通信资源、综合采用各类通信手段、提供包括语音、图像和数据通信在内的多种业务。在通信资源方面，可采用固定通信、移动通信、卫星通信等接入资源，可利用铁路专用通信网和公众电信网资源。

七、应急通信现场设备的适用性

为快速实现应急通信保障，在保证功能的前提下，现场设备应机动灵活、便于部署。一是要便于携带，对体积和重量有一定要求，并且在设计制造中充分考虑携带方式；二是要易于开通和部署，操作简便、界面友好；三是要具备在风雨雪等恶劣环境下全天候适用性；四是要有自续航能力，在一定时间内不必依靠发电机。总之，应小型化、轻量化，便于部署并有自续航能力。

八、中心设备与现场设备松散耦合

铁路应急中心通信设备应符合铁道行业标准的要求，具备标准接口，可无障碍的接入符合铁道行业标准的应急通信现场设备。应急通信现场设备应通过 IP 网络方式接入上级应急中心通信设备，这样既符合技术进步和应用发展趋势，又可节约传输资源特别是 E1 资源的使用，同时也有利于应急通信现场设备的普遍发展。

第三节　高速铁路应急救援指挥体系

为适应高速铁路应急处置、救援的特点，满足高速铁路应急处置、救援需要，进一步增强应对高速铁路突发事件的能力，铁路总公司建立了高速铁路应急救援指挥体系，主要内容包括工作原则、应急机构及职责、应急响应、保障措施等方面。

一、工作原则

按照以人为本、安全第一、预防为主，统一领导、集中指挥、归口负责、分级管理，分工协作、快速反应、紧急处置的原则，不断提高对高速铁路突发事件的应急处置能力，保证高速铁路运行安全有序。

二、应急机构及职责

（一）组织指挥体系

1. 铁路总公司组织机构

铁路总公司成立高速铁路突发事件应急领导小组。应急领导小组由铁路总公司分管副总经理任组长，总调度长、安全总监任副组长，成员由办公厅、安监、财务、计划、建设、劳卫部、运输局（营运、调度、机务、车辆、供电、工务、电务部）、铁路总工会、政治部宣传部、公安局等相关部门负责人组成。应急领导小组下设办公室。办公室设在运输局调度部（应急救援指挥中心）。

2. 铁路局组织机构

铁路局成立高速铁路突发事件应急领导小组。应急领导小组由铁路局分管副局长任组长，成员由局办公室，安监室，运输、客运、货运、机务、供电、工务、电务、车辆、财务、物资、建设、计划、劳卫处，调度所、工会、宣传部、公安局等部门负责人组成。应急领导小组下设办公室。办公室设在调度所（应急救援指挥中心）。

（二）应急机构职责

1. 铁路总公司应急领导小组负责领导、协调高速铁路突发事件应急处置工作。其主要职责：

（1）决定启动或终止本级预案。

（2）组织、指导有关铁路局进行突发事件的应急处置。

（3）负责与有关部委、地方人民政府相关事务的协调工作。

（4）决定向国务院有关部门报告和请求支援。

（5）有关事项的决策。

2. 铁路总公司应急领导小组办公室负责信息传递、协调组织等工作，其主要职责：

（1）负责日常工作和应急领导小组交办事项。

（2）收集掌握高速铁路突发事件的信息并及时通报，落实应急领导小组有关应急处置的指示、命令。

3. 铁路局应急领导小组成员单位职责：

铁路局层面在铁路局高速铁路突发事件应急预案中规定。

三、应急响应

（一）应急响应标准

应急响应分为特别重大、重大、较大、一般四级（即Ⅰ、Ⅱ、Ⅲ、Ⅳ级）。发生突发事件时，由相应部门启动应急预案，作出相应级别的应急响应。

1. Ⅰ级应急响应标准

出现以下情况之一，启动Ⅰ级应急响应：

（1）造成30人以上死亡或者100人以上重伤。

（2）铁路直接经济损失1亿元以上。

（3）中断铁路行车48 h以上。

（4）其他需要启动Ⅰ级应急响应的事件。

2. Ⅱ级应急响应标准

出现以下情况之一，启动Ⅱ级应急响应：

（1）造成10人以上30人以下死亡或者50人以上100人以下重伤。

（2）铁路直接经济损失5 000万元以上1亿元以下。

（3）中断铁路行车12 h以上48 h以下。

（4）其他需要启动Ⅱ级应急响应的事件。

3. Ⅲ级应急响应标准

出现以下情况之一，启动Ⅲ级应急响应：

（1）造成3人以上10人以下死亡或者10人以上50人以下重伤。

（2）铁路直接经济损失1 000万元以上5 000万元以下。

（3）中断铁路行车6 h以上12 h以下。

（4）其他需要启动Ⅲ级应急响应的事件。

4. Ⅳ级应急响应标准

因突发事件造成以下条件之一者，启动Ⅳ级应急响应：

（1）造成3人以下死亡或者10人以下重伤。

（2）铁路直接经济损失1 000万元以下。

（3）中断铁路行车1 h以上6 h以下。

（4）其他需要启动Ⅳ级应急响应的事件。

5. 应急响应的启动主体

应急响应的启动按照启动级别，由铁路总公司（铁路局）高速铁路突发事件应急领导小组以命令形式宣布，命令内容应包括灾害基本情况、响应级别、响应单位及相关要求等。

（二）应急响应行动

1. Ⅰ级应急响应

Ⅰ级应急响应由铁路总公司报请国务院，由国务院或国务院授权铁路总公司启动。铁路总公司及以下各级相关单位同时启动相应级别的应急响应。

铁路总公司迅速启动应急救援指挥，开展铁路应急救援工作，并参加国务院应急领导小组办公室的应急工作。

（1）铁路总公司应急响应

①在国务院的领导下，全面负责高速铁路的应急工作。

②执行国务院的有关指示，贯彻落实国务院的各项决议、要求和任务。

③实施紧急救援工作，确定紧急救援的区域、项目和规模，部署各部门的应急措施，根据国务院的要求和铁路事故灾害情况，紧急调集救援抢险队伍、设备和器材，研究部署救援抢险方案。视铁路事故灾害情况，可向国务院报告请求支援。

④迅速派出工作组赶赴事故灾害现场，加强救援抢险的组织领导，协助、督促和指导现场开展救援抢险工作，及时掌握事故灾害地区铁路救援抢险的主要工作和进展情况。

⑤及时协调、解决救援抢险运输和救援抢险工作中出现的各种问题。

（2）铁路局应急响应

发生铁路特别重大突发事件后，事发地铁路局的应急响应应在铁路总公司和省级人民政府的领导下，按本级铁路特别重大事故灾害应急处置方案执行。

2. Ⅱ级应急响应

Ⅱ级应急响应由铁路总公司负责启动，铁路局及以下各级相关单位启动相应级别的应急响应。事发地铁路局应立即启动事故灾害指挥，采取事故灾害应急行动。

（1）铁路总公司应急响应

①铁路总公司根据事故灾害情况和发展趋势迅速作出救援抢险部署，向国务院报告事故灾害情况，落实国务院救援抢险的指示。

②根据救援抢险部署，组成救援抢险工作组，迅速赴事故灾害地区开展工作。

③根据事发地铁路局的请求，迅速确定对灾害地区进行紧急支援的部门、单位、设备及有关救援安排。

（2）铁路局应急响应

①铁路局应急领导小组启动应急预案，实施对管内应急工作的统一领导。

②铁路局应急领导小组须迅速了解事故灾害及救援抢险情况，研究部署救援抢险工作，确定铁路运输事故灾害范围和应急规模，将事故灾害情况及时报告铁路总公司和所在地人民政府，视事故灾害情况请求支援。

③事发地铁路局各部门和单位要迅速就位，各级专业救援抢险队伍集结待命，紧急集中运输车辆、救援抢险机械设备、工具器材、物资、材料、通信工具和其他备品进入紧急待命状态，做好支援救援抢险和应急运输的一切准备。

④铁路局各业务部门依据各自职责和应急领导小组要求，组织制定应急救援抢险措施和方案，迅速开展各项应急工作。

⑤次生灾害防御。对易发生次生事故灾害（火灾、爆炸、污染）的地点和设施，有关部门、站段、工区要采取紧急处置措施，及时疏散有关人员，加强监视、控制，防止灾害扩展。

3. Ⅲ级和Ⅳ级应急响应

Ⅲ、Ⅳ级应急响应由铁路局负责启动，应急响应级别、响应程序、内容及形式在铁路局应急预案中规定。

各有关单位、部门按应急预案的要求，积极进行紧急处置，并及时将有关情况向铁路局报告。

（三）应急结束

按“谁启动、谁结束”的原则，当现场应急救援工作结束后，由相应的应急领导小组宣布应急结束。

四、保障措施

（一）资料保障

为满足故障抢修工作的需要，铁路局管理部门、调度部门及有关站段（含高速铁路基础设施维修、动车基地，动车所等）应根据实际健全技术资料；根据有关规定配备故障抢修机具、材料，建立管理制度和台账，每年定期检查。指定人员负责抢修料具的管理，确保状态良好。相关资料包括：

1. 技术资料：高速铁路管内设备示意图、线桥隧等设备图表；高铁沿线道路交通路线图（标明高铁紧急疏散通道、声屏障安全门、作业门等位置）；协议储备挖掘机、推土机等大型抢险机械及劳力表；故障抢修机具、设备、器材、材料储备明细表；应急通信电路组网示意图；各车站（含基站）位置公里标、行驶里程与到达时间表；管内各车站（含基站）应急传输通道端口位置配线图、应急通信电话号码资源分配表等。

2. 联系电话表：高速铁路应急抢修联系电话表（包括 GSM-R 手持终端）；相关设备产品集成商、生产厂商及客专（高速铁路）公司的联系电话表。

3. 应急值守表：高速铁路应急抢修组织机构表，铁路局、站段、车间值班人员表，重要地段的看守电话号码表等。

4. 高速铁路沿线道路交通路线图、长大隧道内的应急通信组网示意图应通报经由该线路的所有列车客运乘务担当局，并交担当客运段。

（二）通信保障

当高速铁路运输遭受各种自然灾害、设备故障、铁路交通事故等突发事件时，为快速实施抢险救援，确保通信指挥畅通，必须立即启动突发事件应急通信，在现场与各级救援指挥中心之间建立语音、图像、数据等通信联系，为事故现场的救援指挥提供通信手段。

（三）交通运输保障

启动应急预案期间，根据需要，现场救援指挥部商请交通管理部门实行必要的交通管制，保障应急处置期间的交通运输。事发地铁路局按管理权限调动管辖范围内的交通工具，任何单位和个人必须积极配合。

应急处置、抢险救援人员可搭乘动车组、轨道车赶赴现场。

（四）治安保障

启动预案期间，公安部门负责对现场的安全警戒，维护现场秩序，提供治安保障。

（五）医疗卫生保障

劳卫部门负责组织协调医疗卫生保障工作。应急抢修救援时，积极与地方卫生部门协调，根据现场的需要，及时协调有关医疗专家和医疗卫生小分队进入现场，实施对伤病员的救护。

（六）物资保障

铁路运输企业要按规定备足必需的应急抢险路料及备用器材、设施，专人负责，定期检查。

（七）资金保障

铁路交通事故应急救援费用、善后处理费用和损失赔偿费用由事故责任单位承担，事故责任单位无力承担的，由地方政府和铁路总公司、铁路安全生产监督管理办公室按管理权限协调解决。根据国家有关精神向财政部门申请应急处置工作经费补助。

五、培训和演练

（一）培　　训

按照分级管理的原则，铁路总公司、铁路局、站段要组织应急管理、应急救援人员进行岗前培训、专业培训，提高处置高速铁路突发事件的技能。根据需要，可开展国内外的工作交流，充分学习和借鉴国内外的先进成熟经验。

（二）演　　练

各铁路局、站段要结合实际，定期开展演练，提高处置高速铁路突发事件的实战能力。

第十七章 铁路应急通信系统

铁路应急通信系统是在铁路发生自然灾害、行车事故或其他突发性公共事件时，为确保救援指挥需要，在突发事件现场与应急救援指挥中心之间、应急救援指挥中心与应急救援指挥分中心之间以及突发事件现场内部建立的话音、数据、图像等通信，同时包括铁路应急指挥应用系统与各相关信息系统之间的通信。

第一节 铁路应急通信组成

应急通信系统总体结构示意图如图17—1所示。

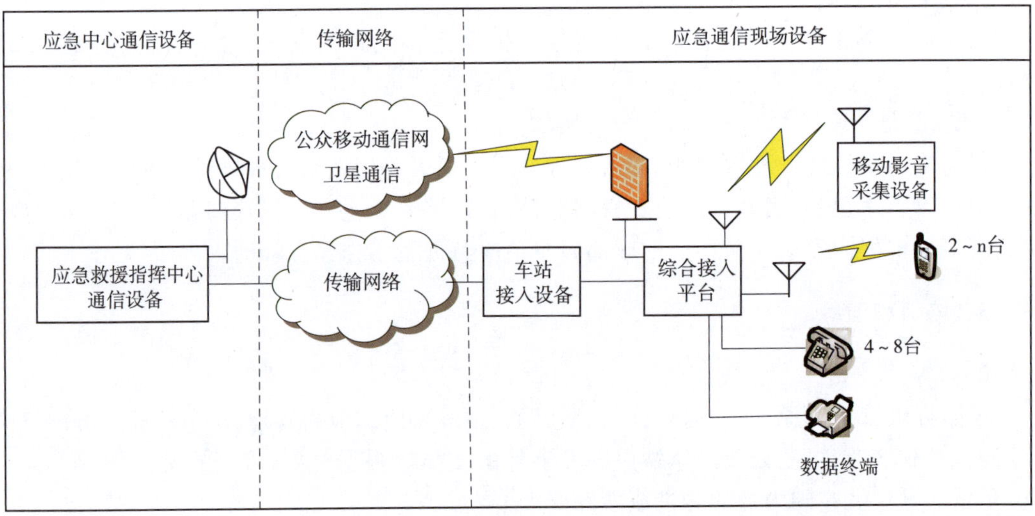

图17—1 应急通信系统总体结构

应急通信系统主要由应急中心通信设备、传输网络、应急通信现场设备三部分组成。

一、应急中心通信设备

应急中心通信设备是应急通信系统的核心部分，与铁路调度通信网、自动电话网相连接，将调度电话、自动电话延伸到事件现场，实现应急中心与突发事件现场、应急中心之间以及现场内部的话音通信，事件现场的图像实时上传到应急中心，并转发到上级应急中心。

应急中心设备设在铁路总公司和各铁路局（集团公司、客专公司）的救援指挥中心，每处只需一套便可满足运用要求。

（一）应急中心通信设备的组成

应急中心通信设备主要由通信主设备和终端设备组成，并通过外部接口与现场设备以及其他系统互联。其构成如图 17—2 所示。

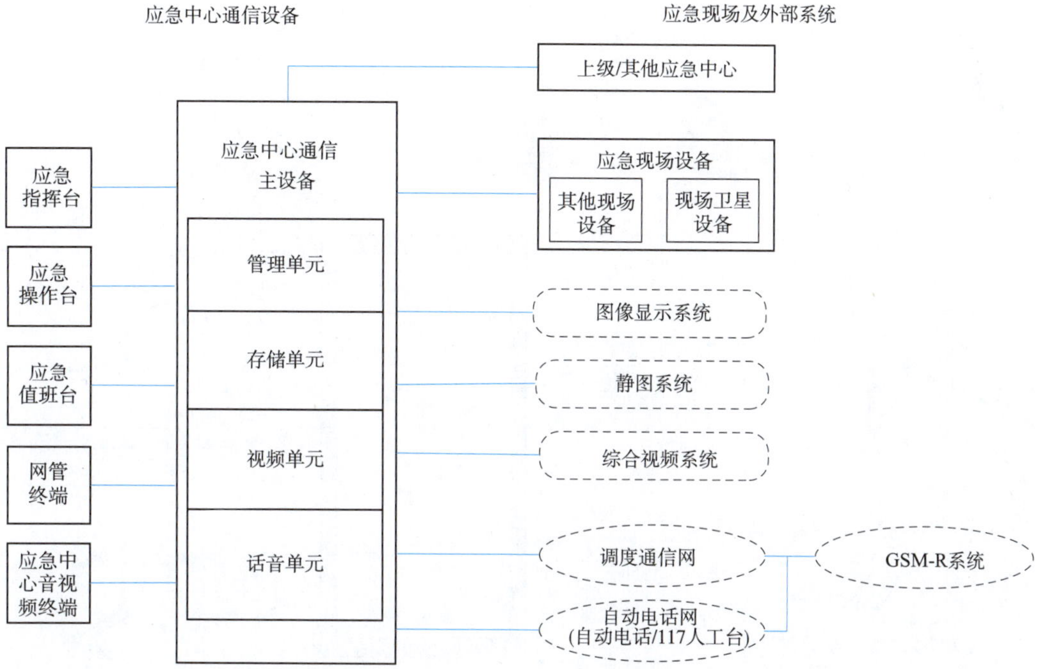

图 17—2　应急中心通信设备构成

主设备从逻辑上可划分为话音单元、视频单元、存储单元和管理单元。

终端设备包括应急指挥台、应急操作台、应急值班台、应急中心音视频终端和网管终端等。

（二）应急中心通信设备的功能

应急中心与突发事件现场、应急中心之间话音、图像和数据信息的实时交互及系统管理等。

话音单元能实现应急通信系统与铁路自动电话网和调度通信网的话音通信。

为已经注册的现场设备分配相应的电话号码，具有单呼、组呼、强插等调度功能，并能同时接入三个现场设备。

视频单元具有实时接入现场视频图像的功能，并具有视频分发、转发、实时调看和回放功能。

（三）应急中心通信设备的配置

应急中心通信设备的配置和接口如图 17—3 所示。

终端设备通常配置如下：

(1)应急指挥台一台，设于应急救援指挥中心，供应急中心指挥人员使用。

(2)应急操作台一台，设于应急救援指挥中心或通信机房，供应急中心通信人员使用。根据需要，也可选配应急值班台，设在应急值班室，供应急值班人员使用。

(3)音视频终端 2 ~ 6 台（数量可选），设在应急救援指挥中心，供应急中心其他人员

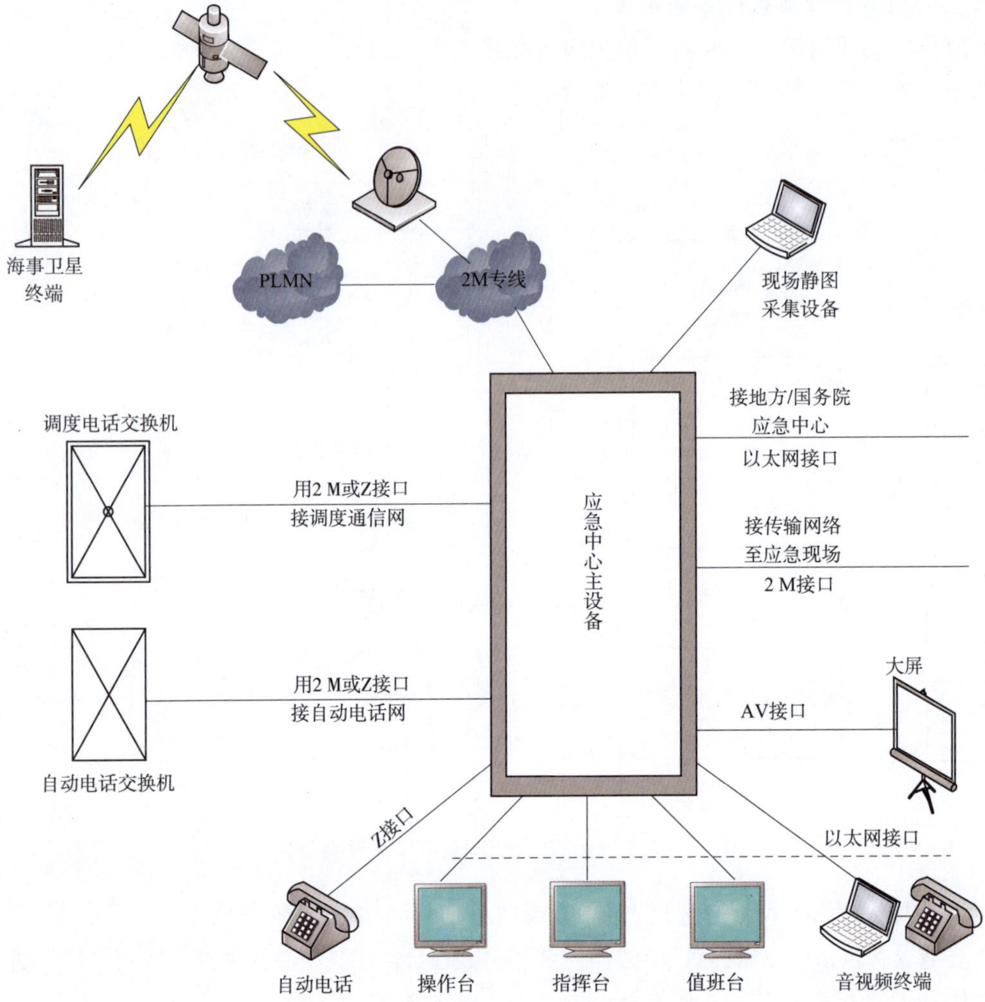

图 17—3 应急中心通信设备的配置和接口

使用。

二、传输网络

传输网络将中心设备和现场设备连接起来。应急通信业务应优先通过数据通信网承载,在条件不具备的情况下,可采用 SDH 传输资源。

(一)铁路总公司应急通信网络

铁路总公司应急中心通信设备与各铁路局应急中心通信设备,通过数据通信网互联,不具备条件时,采用专线互联。如图 17—4 所示。

(二)铁路局应急通信网络

铁路局应急中心通信设备与应急通信现场设备应采用数据通信网统一承载,不具备条件时可通过 2 M 链路相连。如图 17—5 所示。

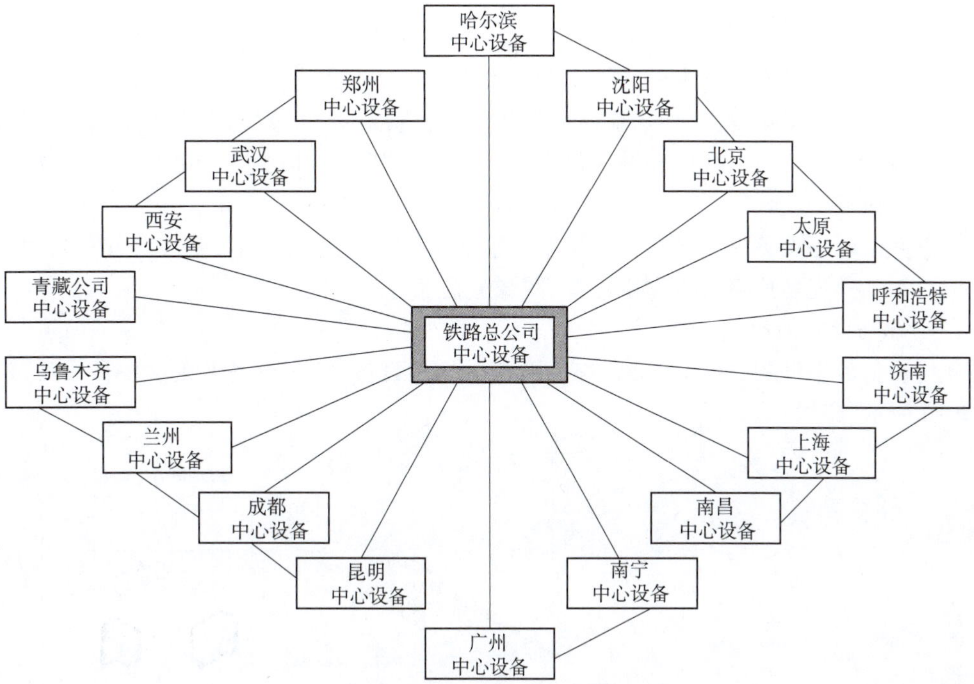

图 17—4　铁路总公司应急通信网络

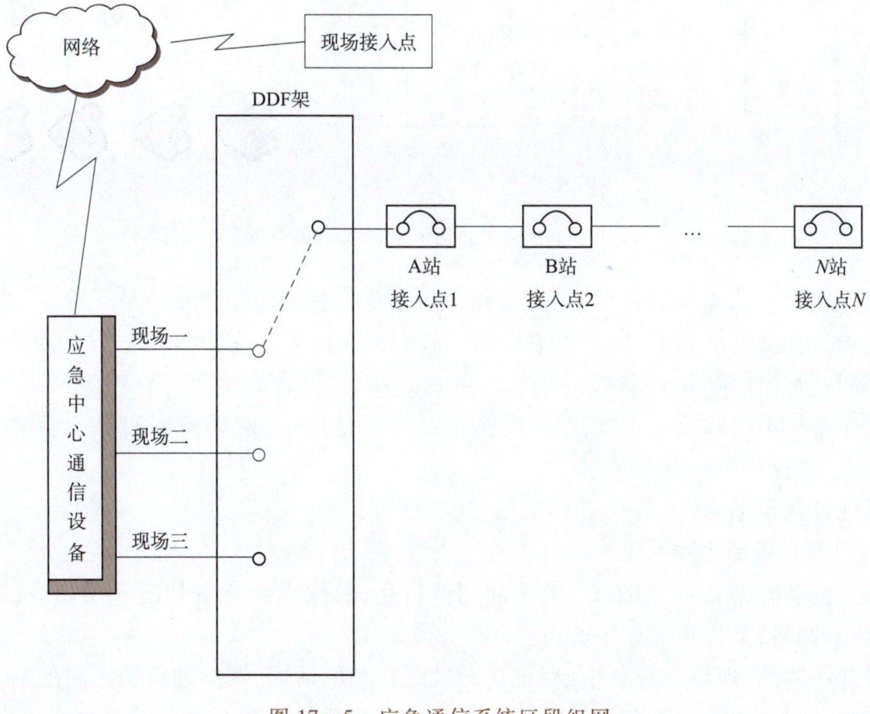

图 17—5　应急通信系统区段组网

三、应急通信现场设备

应急通信现场设备配置在铁路沿线通信维护单位，个别区段也配置给其他专业工区。在接到应急通信启用命令后，现场应急通信保障队伍应立即出动、赶赴现场，迅速开通应急通信业务，将现场的话音、数据和图像信息上传到应急中心，同时接收应急中心的话音、数据等决策指挥信息。

应急通信现场设备由主设备（或称为综合接入平台）、终端设备、接入设备及附属配件等组成。为事件现场抢险人员提供语音、图像通信业务。

（一）现场设备的组成

现场设备由主设备（或称为综合接入平台）、终端设备、接入设备及附属配件等组成，如图 17—6 所示。

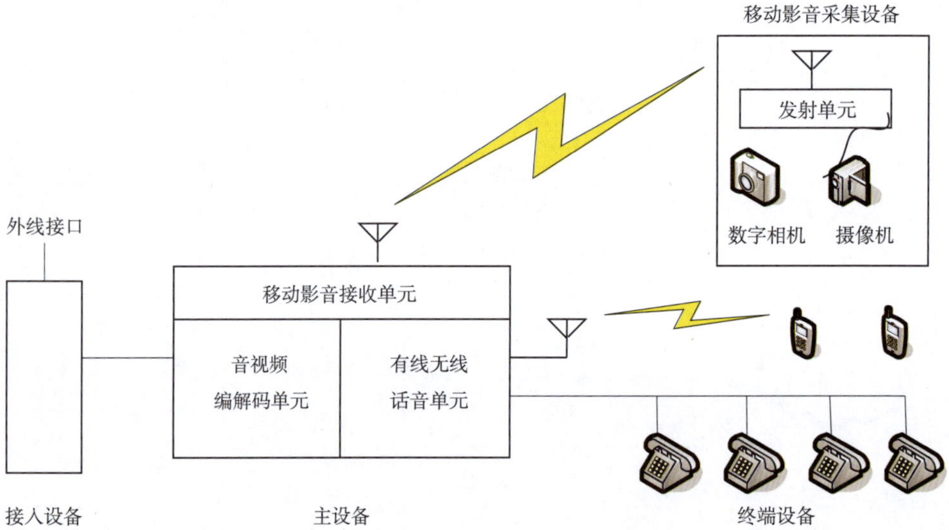

图 17—6 应急通信系统现场设备组成

主设备包括有线无线话音单元、音视频编解码单元和移动影音接收单元等。

终端设备包括电话机和无线手持终端、移动影音采集设备（摄像机、移动影音发送单元、耳麦等）、静图传输设备（含数码相机）、数据终端设备（传真机、计算机）。

接入设备按本区段接入方式配置，可选择铁路通信网、公众通信网和卫星通信等方式，具体接口有 FE、E1、Wifi、电缆等。

附属配件包括电池（一主一备）、天线、连接线等。

（二）现场设备的主要功能

在应急抢险时，将现场的语音、数据和图像信息，根据线路传输情况采用相应的接入方式，通过传输网络，上传到应急中心。

实现现场内部、现场与应急中心、现场与铁路自动电话网、调度通信网之间的话音通信；静止图像和动态图像的采集和传送功能；文件发送、接收及传真的数据通信功能。

(三)现场设备的接入方式

1. 电缆接入

电缆接入有两种接入方式,一种是基于电缆数字复用设备,利用区间电缆应急线对,提供4个音频通道,这是目前常用的应急通信系统;另一种是基于高比特率数字用户设备的接入方式,在区间通话柱与车站成对设置高比特率数字用户设备,利用区间通话柱的非加感区间应急线对,为现场到车站提供不小于1 Mbit/s 的数字传输通道,是现场设备的接入部分,如图17—7所示。

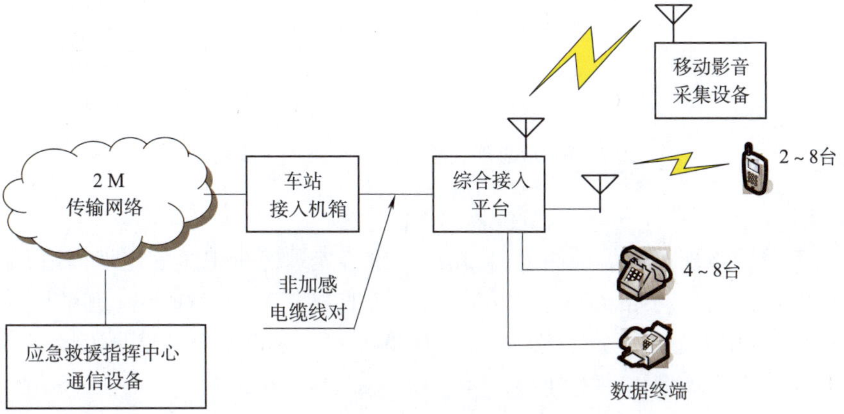

图17—7 应急通信系统现场设备的电缆接入

2. 光缆接入

在铁路GSM-R区段,通信传输线路是纯光缆,没有电缆,又没有光通话柱,利用野战光缆的应急接入设备,将现场设备接入既有传输网络,提供2 Mbit/s 及以上传输通道。如图17—8所示。

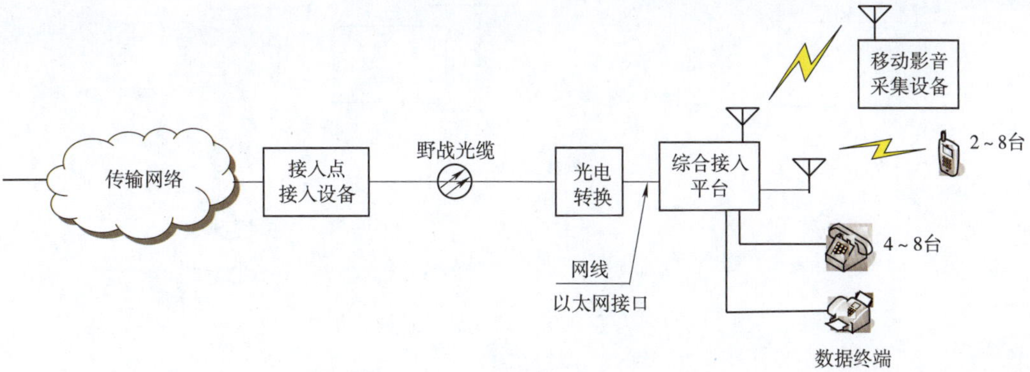

图17—8 应急通信系统现场设备的光缆接入

3. 宽带无线接入

不具备有线传输的区间,地形条件比较好,可考虑用5.8 GHz 的无线接入,接入设备实际上是一套有线无线转接设备,将现场设备接入既有传输网络,提供不小于1 Mbit/s 的传输通道。如图17—9所示。

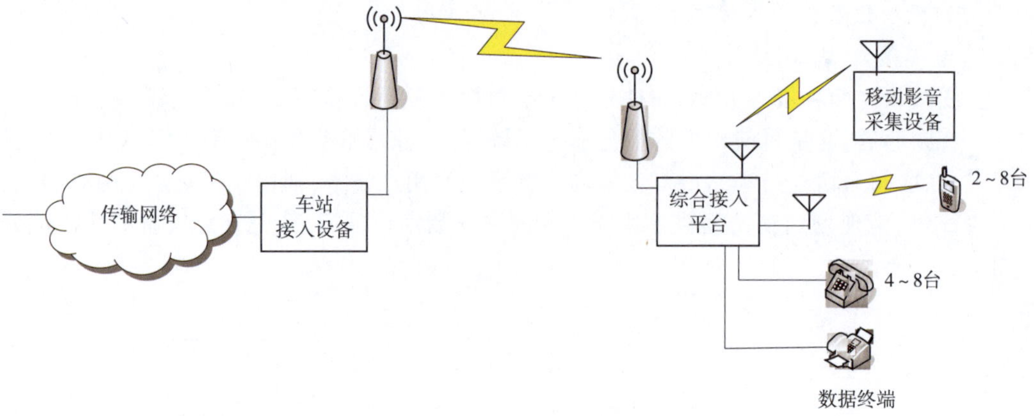

图 17—9 应急通信系统现场设备的无线接入

4. 宽带卫星接入

此方式不受铁路现有通信条件限制，在应急中心安装宽带卫星固定地面站，在现场配置便携式宽带卫星远端移动站，现场设备由卫星通道直接接入应急中心。卫星接入设备由卫星天线、卫星调制解调器、功放三部分组成。便携方式卫星设备单件重量不大于 20 kg，宽带卫星接入方式示意图如图 17—10 所示。

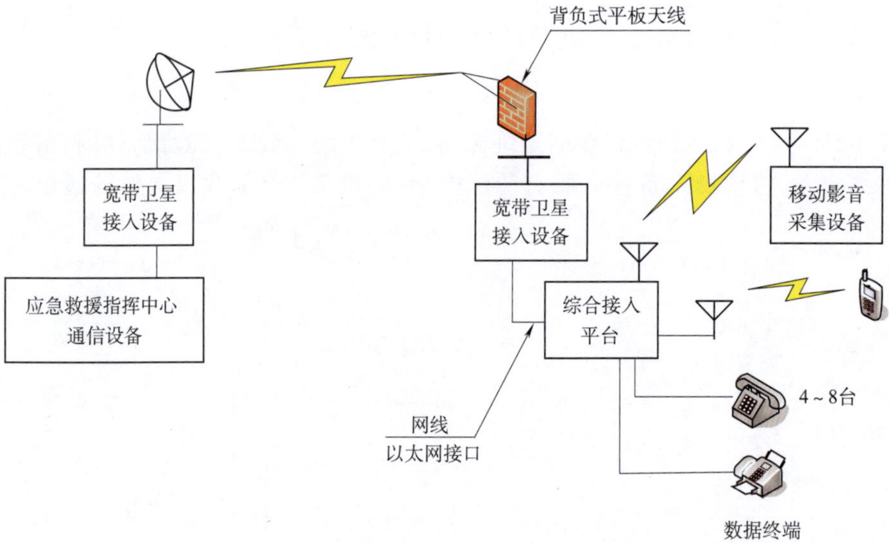

图 17—10 应急通信系统现场设备的卫星接入

（四）应急现场设备分类

应急现场通信设备分为 A、B、C、D 四类。

A 类设备是搭载在应急通信车以及救援列车上的应急通信设备，提供图像（动图、静图）、数据、多路语音、内部通信、视频会议等业务，主要设备有：宽带卫星、B 类设备、电视会议终端以及显示器等。

B 类设备是用于现场指挥通信的应急通信设备，提供图像（动图、静图）、数据、多路语音、内部通信等业务，主要设备有：现场通信平台、图像采集设备、接入设备以及移动、固定语音终端等。

C 类设备是便携应急通信设备，提供语音、静图等业务，主要设备有：静图终端、海事卫星数据终端、照相机、公网移动终端、GSM-R 移动终端等。

D 类设备提供语音业务，主要设备有：自动电话机、磁石电话机、海事卫星语音终端、区间复用设备及区间引入线缆等抢险设备器材等。

(五)现场设备的配置

1. 整套现场设备的配置

为保证应急通信时限，可根据线路运输密度、线路级别、覆盖范围、历史突发事件发生情况等诸多因素确定现场设备的配置数量。

2. 接入设备的配置

现场设备的接入部分，要针对现场设备配置的地点、该区段的线路传输状况，选择相应的接入设备。目前铁路的传输线路基本上以光电缆为主，生产厂家将电缆接入设备内置在现场设备中，也有的还内置了光缆接入设备。

在电缆区段宜优先采用电缆接入方式。

在纯光缆区段，只能采用光缆或宽带无线接入方式，野战光缆较笨重，无线受环境因素限制，要综合比较优劣，因地制宜作出选择。

由于体积、对星等限制，宽带卫星接入方式的使用需要慎重选择。

3. 终端设备的配置

语音设备：可提供 8 个语音信道，其中 4 个给固定电话用，通常提供 1 台与应急指挥台的热线电话、1 台调度电话、2 台自动电话，配备 4 部固定电话机；另外还有 4 个信道留给移动用户使用，通常 1 台给单兵用、1 台直接接入自动电话网，另外 2 个信道给其他移动用户。

配置 1 套无线影音采集设备，用于现场动静态图像采集。

根据需要可配计算机，实现文件等信息的传送。

第二节　铁路应急通信系统拨号原则

一、应急现场用户拨号原则

应急现场用户拨号采用直接拨号方式，具体为：自动电话网用户按照自动电话拨号方式呼叫应急现场内部的自动电话网用户；调度电话网用户按照调度电话拨号方式呼叫应急现场内部的调度电话网用户；特殊情况下，应急现场用户可以拨打用户的识别号进行呼叫。

二、应急中心/应急分中心用户拨号方式

应急中心/应急分中心的用户终端同时具有三个号码，即自动电话网号码、调度电话网号码和设备识别号，应急中心/应急分中心呼叫自动网用户时，直接拨打自动网用户号码；呼叫调度网用户时，需要在被叫号码前加拨前缀号，前缀号暂定为“019”；呼叫应急通信网内

用户时，必要时也可直接拨打用户的系统识别号。应急中心与应急分中心和应急分中心之间电话用户通信时可选择三个网络，优先选择调度电话网，其次选择自动电话网，必要时也可以使用应急通信网。

第三节 公网移动通信网在铁路应急通信中的运用

随着公用移动通信网技术的发展，以及我国3G、4G网络的建设和运用，公网移动通信网在应急通信中的运用也越来越广泛。为了提高铁路应急抢险的效率，实现指挥中心快速、动态掌握事故现场情况，压缩故障延时，减少损失，根据运营商网络的覆盖情况，选择合适的移动通信网作为铁路应急通信的补充。它实现了语音通信，静图、动图的传送，以及终端GPS定位等功能。语音业务可采用VPN方式，也可开通短号码业务，采用5~7位的内部编号方案实现。终端可用普通移运终端和专用移动终端，专业移动终端具有一键操作的功能。

第十八章　铁路应急通信设备和维护

第一节　铁路应急通信设备简介

一、应急中心通信设备

应急中心通信设备主要包括应急中心通信主设备、应急指挥台、应急操作台、应急值班台、应急中心音视频终端。应急中心通信主设备从逻辑上可划分为话音单元、视频单元、存储单元和管理单元。

应急中心通信设备的主要功能是实现应急中心与突发事件现场、应急中心之间话音、图像和数据信息的实时交互及系统管理等。主设备可通过外部接口实现与自动电话网、调度通信网的通信;实现综合视频系统、静图系统图像信息的接入,并为图像显示系统提供图像信息。

二、应急通信现场设备

应急通信现场设备由现场接入设备和终端设备组成。现场接入设备分为卫星接入设备、有线接入设备(包括光纤、电缆)和无线接入设备等,以满足不同情况下接入需要;终端设备包括移动影音采集设备、数据终端和话音终端等。

应急通信现场设备的主要作用是采集现场语音图像,进行编码及码型变换,控制交换与接续,实现现场音视频信号与应急中心通信设备用户终端的音视频交互通信。

第二节　铁路应急通信设备维护

一、设备管理

1. 应急通信系统的主要设备应符合铁路总公司相关技术规范,经铁路总公司质检中心检测合格后方可入网使用。

2. 应急通信系统(包括图像传送设备、应急抢险电话设备等)属抢险设备,应有专人负责维护、管理,建立严格的维护、检修制度,并列入计表。应急通信抢险的物资、器材、工具等应储备足够数量并固定存放地点,设专人保管并列有清单,应保证良好使用状态随时可投入使用。

3. 应急通信图像传送设备的配置地点,由通信(电务)段根据实际需要提出申请,铁路局审核批准,并报铁路总公司备案。

4. 各单位应为应急通信配备交通工具,并建立相应的管理制度。

5. 电缆区段的区间回线数量,必须满足同时开放 4 台电话业务(行调、抢险直通、两台自动电话)的需要,当达不到要求时,应有相应保障措施。

6. 应急通信技术资料应指定专人负责保管,发生变化时应及时更新,每年修订一次。

7. 各级通信管理部门应建立以下资料:

(1)管内铁路线路示意图(行政区划图)、行车调度区段示意图、管内区间通话柱(或GSM-R基站)的编号示意图(表)及到达方式。

(2)本部门及相关部门的应急通信预案。

(3)区间运用回线台账、接续方式、芯线色别等图纸。

(4)管内及各区段的应急通信设备配置一览表。

(5)区间自动电话号码表、管内重要地段的看守电话号码表。

(6)本单位救援指挥系统组成人员名单和电话,各级值班电话。

(7)应急通信保障部门、行政部门的组织机构、主要成员名单和电话。

8. 电话所应掌握有权使用117立接台的用户电话台账,并及时更新,同时严格保密。

9. 铁路总公司、铁路局图像服务器管理人员在每次事件救援、抢险演练后进行图像整理归档,清空图库,以便保证下一次突发事件的使用。

10. 图像保留时限:事故救援图像保留一年,演练图像保留三个月。

二、设备维护

1. 应急通信设备、器材按照日常检修、集中检修、重点整修三种方式纳入维修体系。防洪、防寒季节及遇有重要繁忙通信保障任务期间,应增加检查频次。

2. 区间通话柱、光电缆线路以及传输、接入等应急通信经由的设备按各专业维修项目周期执行计表,发现问题时应及时通知相关部门处理,确保应急通信系统畅通。

3. 应急设备的维修项目与周期

(1)应急中心通信设备的维修项目与周期见表18—1。

表18—1 应急中心通信设备的维修项目与周期

类别	序号	项目与内容	周期	备注
日常检修	1	设备巡检	日	
	2	告警实时监控、分析、处理		网管
	3	设备(含网络设备及附属设备)外部清扫检查	月	
	4	连接缆线、连接件检查		
	5	设备风扇和防尘滤网清洁		
	6	系统数据检查及数据备份		
	7	各种终端设备(应急指挥台、应急值班台、音视频终端等)清扫检查、数据核对及功能试验		

续上表

类别	序号	项目与内容	周　期	备　注
集中检修	1	输入电压测试	年	
	2	主备冗余通道切换试验		
	3	主备冗余板件切换试验		
	4	应急中心通信设备功能试验		
	5	各种终端、附属设备检修、调整		
	6	地线测试、保安单元检查调整(雷雨季节前)		
	7	应急 2 M 电路,数据链路检查试验以及数据链路的性能测试		
	8	中继线(与 PSTN、调度交换机、移动运营商、卫星)检查,呼叫通话试验		
	9	总公司至局间应急通信主要功能试验		
重点整修	1	整机检查、调整及更换部件,软件升级,IP 地址核对	根据需要	
	2	更换老化配线		

(2)应急现场通信设备的维修项目与周期:

①应急现场 A、B 类设备维修项目与周期见表 18—2。

表 18—2　应急现场 A、B 类设备维修项目与周期

类别	序号	项目与内容	周　期	备　注
日常检修	1	各种设备连接线、插件检查与清洁	月	
	2	各种设备检查、清扫、试验		
	3	抢险光电缆检查、数量核对		
	4	电池电量检查以及对电池进行充电		
	5	抢险工具等其他器材性能检查、数量核对		
	6	联机进行语音呼叫通话试验		
	7	联机进行图像(静图、动图)、数据、电视会议传输试验		
集中检修	1	抢险光电缆检查、测试	季	
	2	现场演练(主要包括现场内部、现场与应急指挥中心间的呼叫通话试验,静图、动图传输试验)		
	3	移动影音采集设备非视距传输试验	年	
	4	移动影音采集设备连续工作时间试验		
	5	便携式卫星终端开机捕获并锁定时间试验		
	6	车载卫星终端开机铺获并锁定时间试验		
重点整修	1	抢险光电缆缆更换	根据需要	
	2	设备整修,不良配件更换		

②应急现场 C、D 类设备维修项目与周期见 18—3。

表 18—3 应急现场 C、D 类设备维修项目与周期

类别	序号	项目与内容	周 期	备 注
日常检修	1	设备及部件检查、清扫	月	
	2	磁石电话机电池电压、铃流电压测量，振铃通话试验		
	3	电池电量检查以及对电池进行充电		
	4	抢险电缆检查、数量核对		
	5	自动电话机、磁石话机、海事卫星终端、公网移动终端、GSM-R 移动终端等语音终端设备呼叫通话试验		
	6	图像采集设备功能试验		
集中检修	1	联机进行全部功能试验	季	
	2	抢险电缆检查、测试		
重点整修	1	设备内部、部件配线检查更换	根据需要	

三、质量指标

1. 应急中心通信设备的质量标准应符合表 18—4 的规定。

表 18—4 应急中心通信设备的维护质量标准

序号	项 目	标 准	备 注
1	设备安装	牢固、位置适当、维护方便	
2	设备部件连接	部件紧固，完整，接触良好	
3	触摸屏	表面清洁，无明显划痕，透明度、透光率好，显示内容完整清晰可辨，操作响应灵敏	
4	话音质量(MOS)	≥4	
5	语音呼叫接通率	≥99%	
6	应急指挥台、应急操作台保持的路数	≥4 方	
7	同时接入现场设备数量	≥3	
8	支持的会议组数	≥4	
9	音视频终端与应急现场固定用户的呼叫响应时延	≤2 s	
10	视频的分发和转发	分发≥30 路 转发≥4 路	

2. 应急现场通信设备质量标准应符合表 18—5 的规定。

表 18—5　应急现场通信设备的维护质量标准

序号	项　　目	标　　准	备　　注
1	设备部件连接	部件紧固,完整,接触良好	
2	触摸屏	表面清洁,无明显划痕,透明度、透光率好,显示内容完整清晰可辨,操作响应灵敏	
3	引入线缆、配线、话机绳、耳机绳	表皮无破损,无半断,无焊接	
4	终端按键、叉簧	接点断续良好,动作正确灵活	
5	G.652(B1.1、B1.3)单模光纤 1 310 nm衰减系数最大值(dB/km)	Ⅰ级,0.35;Ⅱ级,0.38	
6	被覆线绝缘电阻(两线间)	≥10 MΩ	
7	被覆线环路电阻	不超过标准值的 10%	
8	被覆线不平衡电阻	≤3 Ω	
9	移动影音采集设备非视距传输	≥1 km	
10	移动影音采集设备连续工作时间	≥1 h	
11	接入设备移动语音终端通信距离半径	≥500 m	非视距
12	宽带无线设备无线信道的传输带宽	≥1 Mbit/s	
13	数码照相机图像分辨率	≥1 280 × 980 像素	
14	数码相机光学变焦	≥3 倍	
15	数据终端显示屏分辨率	≥1 024 × 768 像素	
16	便携式卫星终端开机捕获并锁定时间	≤90 s	
17	车载卫星终端开机捕获并锁定时间	≤60 s	
18	卫星链路通道开通时间	≤2 min	重新捕获时间应小于 20 s
19	静止图像传送分辨率	≥640 × 480 像素	
20	动态图像传送分辨率	≥352 × 288 像素	
21	动态图像传送的帧频	≥12 帧/s(PAL)	
22	共电电话机直流环阻: 回线环路电阻≥500 Ω 时 回线环路电阻 < 500 Ω 时	 ≤300 Ω ≤500 Ω	外线要求:实线环路电阻≤2 000 Ω
23	磁石话机送话输出电平	≥0 dB	话机外线端接 600 Ω 测试
24	磁石话机受话灵敏度	听话清晰	加 30 dB 衰耗时
25	磁石话机手摇发电机输出电压	≥60 V	以正常速度,加 1 000 Ω 负载测
26	共电、磁石话机绝缘电阻(单线对机壳)	≥10 MΩ	用 250 V 兆欧表测

参考文献

[1]TB/T 3204—2008 铁路应急通信接入技术条件.

[2]铁总运〔2014〕295 号. 铁路通信维护规则. 北京:中国铁道出版社,2014.

[3]铁运〔2005〕232 号. 铁路运输应急通信管理办法. 北京:中国铁道出版社,2005.

[4]中国铁路总公司. 高速铁路通信概论. 北京:中国铁道出版社,2014.

[5]中国铁路总公司. 高速铁路通信技术——无线通信终端. 北京:中国铁道出版社,2014.

[6]中国铁路总公司. 高速铁路通信技术——承载网. 北京:中国铁道出版社,2013.